Frédérique Apffel-Marglin
y
Randy Chung Gonzales

Iniciación chamánica

Sanación psicodélica
y los males de la modernidad

Traducción del inglés al castellano
de Rensso Chung Gonzales y Jorge Coaguila

Ilustraciones de Randy Chung Gonzales

Para mis nietos Noah, Mira, Louise, Micah, Jordan, Jasmine, Suzanne y Emmanuelle.

Para mis padres Jaime Chung Rengifo e Ida Gonzales Flores y para La Doctora.

© 2022 by Frédérique Apffel-Marglin y Randy Chung Gonzales
All rights reserved

© de la edición en castellano:
2022 by Editorial Kairós, S.A.
www.editorialkairos.com

© de la traducción del inglés al castellano: Rensso Chung Gonzales y Jorge Coaguila

Fotocomposición: Florence Carreté
Diseño cubierta: Editorial Kairós
Imagen cubierta: Visión pasajera de Randy Chung Gonzales
Impresión y encuadernación: Índice. 08040 Barcelona

Primera edición: Octubre 2022
ISBN: 978-84-1121-056-0
Depósito legal: B 13.106-2022

Todos los derechos reservados.
Cualquier forma de reproducción, distribución, comunicación
pública o transformación de esta obra solo puede ser realizada
con la autorización de sus titulares, salvo excepción prevista por
la ley. Diríjase a CEDRO (Centro Español de Derechos Reprográficos,
www.cedro.org) si necesita algún fragmento de esta obra.

Este libro ha sido impreso con papel que proviene de fuentes respetuosas
con la sociedad y el medio ambiente y cuenta con los requisitos necesarios
para ser considerado un «libro amigo de los bosques».

«Una conclusión fue forzada a mi mente en ese momento, y mi impresión de su verdad ha permanecido, desde entonces, inquebrantable. Es que nuestra conciencia normal de vigilia, la conciencia racional como la llamamos, no es más que un tipo especial de conciencia, mientras que, separada de ella por las pantallas más ligeras, existen formas potenciales de conciencia muy diferentes... Ninguna descripción del universo en su totalidad puede ser definitiva, que deja a otras formas de conciencia muy desatendidas».

WILLIAM JAMES[1]

«Puhpowee... se traduce como "la fuerza que hace que los hongos se levanten de la tierra durante la noche". Como bióloga, me sorprendió que existiera tal palabra. En todo su vocabulario técnico, la ciencia occidental no tiene tal término, no hay palabras para contener este misterio. Uno pensaría que, de todas las personas, los biólogos tendrían palabras para la vida. Pero en el lenguaje científico, nuestra terminología se usa para definir los límites de nuestro conocimiento. Lo que está más allá de nuestro alcance permanece sin nombre... Los creadores de esta palabra entendieron un mundo del ser, lleno de energías invisibles que vivifican todo».

ROBIN WALL KIMMERER[2]

1. James, 1985: 388.
2. Kimmerer, 2013: 49.

«La civilización occidental, que produce la crisis de la globalización, está ella misma en crisis. Los efectos egoístas del individualismo destruyen las antiguas solidaridades. Un malestar psíquico y moral se asienta en el corazón del bienestar material… La crisis de la modernidad occidental hace que las soluciones modernizadoras a esas crisis sean ridículas».

EDGAR MORIN[3]

«¿Cómo y cuándo un pequeño grupo de humanos llegó a creer que otros seres, incluido la mayoría de su propia especie, eran incapaces de articulación y agencia? ¿Cómo pudieron establecer la idea de que los no humanos no tienen ni voz ni mente, como la sabiduría dominante de nuestro tiempo…?
Esto es, esencialmente, otra idea de la élite que ganó terreno con el avance de la metafísica mecanicista».

AMITAV GHOSH[4]

3.   Morin, 2011: 22.
4.   Ghosh, 2021: 201.

Sumario

PARTE 1. Sección introductoria   11

Breve introducción general a este libro   13
El chamanismo en la Alta Amazonía   30
Las relaciones entre los kichwa-lamas y los mestizos   38
Situándonos en nuestros contextos sociales   55

PARTE 2. La voz de Randy y sus ilustraciones   77

PARTE 3. La voz de Frédérique: 149
**Reflexiones sobre la erradicación del chamanismo
en Occidente**

1. Las destrucciones más antiguas
   del chamanismo en Occidente   151
2. La Época de la Hoguera
   como un fundamento para la Revolución científica   169
3. Los cercamientos en la Europa de entonces
   y en Sudamérica hoy   194
4. El cercamiento del yo
   y la reciprocidad cosmocéntrica   209
5. Implicaciones para la sociedad
   y el mundo no humano   237
6. Espíritus y otros seres desencarnados   254
7. La memoria colectiva en el cosmos   281

8. La academia y sus descontentos	304
9. Psicodélicos y la curación de males de la modernidad	338
Conclusiones	365
Bibliografía	379
Agradecimientos	393

Parte 1
Sección introductoria

Breve introducción general a este libro

Este libro se centra en la transformación en la vida de los autores. En el caso de Randy Chung Gonzales, se dio de una manera muy repentina y radical, no bienvenida al principio, pero finalmente aceptada. Él fue iniciado contra su voluntad por seres desencarnados en una ceremonia chamánica de ayahuasca a la que le insistí que me acompañara. Este tipo de iniciación es extremadamente escasa en la región, donde, por lo general, un chamán neófito busca las enseñanzas de un chamán mayor vivo.[1]

Su iniciación, realizada por seres incorpóreos, se produce durante un viaje iniciático de tres años, pasando de ser una persona secular materialista a un curandero efectivo, un chamán empoderado y una persona profundamente espiritual. En lo que a mí respecta, me llevó a formular nuevas interrogantes sobre los esfuerzos sostenidos para erradicar el chamanismo en la tradición occidental. Esta nueva mirada resultó ser extremadamente reveladora, al reconocer que el chamanismo es una herramienta poderosa para abordar algunos de los males más intratables de la modernidad: la crisis ecológica y las crecientes epidemias de enfermedades mentales, incluida la adicción a las drogas.

Una última actualización, hecha en el año 2000, del estudio científico de las sustancias psicodélicas chamánicas, conocido como «el

---

1. Sin embargo, como veremos, la iniciación de los espíritus está bien atestiguada en la literatura antropológica, pero casi desconocida en esta región, la Alta Amazonía peruana, ecuatoriana y brasileña.

14   Sección introductoria

renacimiento psicodélico», con otros avances neurocientíficos, me han permitido reconocer el papel del chamanismo en el tratamiento de los males de la modernidad. Estas sustancias chamánicas todavía están clasificadas como drogas ilegales en la mayoría de los países, no en el Perú. Este renacimiento psicodélico está alimentado por la epidemia de enfermedades mentales combinadas con la ineficacia de los tratamientos legales. Su aceptación ocurre en muchas universidades y hospitales en América del Norte y Europa, y algunos en América Latina. Soy parte de un proyecto de investigación interdisciplinario financiado por la Universidad Nacional Autónoma de México (UNAM) que se enfoca en los «hongos mágicos» que contienen psilocibina. El nombre náhuatl de esos hongos es *teonanácatl*. Este proyecto es único, pues propone trabajar en colaboración con los chamanes indígenas mexicanos y sus comunidades, algo que no sucede en el renacimiento psicodélico en el norte global.[2]

La experiencia de Randy se registra en la segunda parte del libro y consiste en volver a contarme sus visiones más importantes y otras experiencias vividas durante sus tres años de viaje iniciático. Como artista visual, ha dado forma a muchos de sus espectros con dibujos en blanco y negro, incluidos en este libro. Randy no es locuaz. Su medio de comunicación no es la palabra, sino las expresiones visuales: pictóricas, arquitectónicas y paisajísticas. Ha diseñado y supervisado todas las edificaciones y paisajismo de nuestro centro en la localidad de Lamas,[3] en el departamento de San Martín, en la Alta Amazonía peruana. Sin embargo, ahora, debido

2.   Soy parte de un proyecto interdisciplinario patrocinado por la Universidad de México en México que se centra en el hongo que contiene psilocibina, utilizado durante milenios por los chamanes indígenas allí. Vea nuestro sitio web: Proyecto Teonanácatl.

3.   Algunos se pueden ver en nuestro sitio web <asociacionsachamama.org>, especialmente haciendo clic en el botón Hospedaje Sangapilla.

a su iniciación, está también sanando a un número creciente de pacientes que buscan su ayuda en las ceremonias de ayahuasca.[4,5] Es importante señalar que el chamán que dirige estas ceremonias ingiere la poción de ayahuasca, lo que lo diferencia radicalmente del médico o el psicoterapeuta, quien mantiene cierta distancia con el paciente, al no ingerir los medicamentos que receta ni seguir los tratamientos que recomienda.

Mi voz en la tercera parte del libro es más intelectual y pretende reflexionar sobre el significado, las implicancias y el resultado de la erradicación sostenida y exitosa del chamanismo en Occidente. Examino, especialmente, el papel del exterminio del chamanismo durante la «Revolución científica» de los siglos XVI y XVII en Europa occidental, conocida como la Época de la Hoguera. Aquello destruyó una cosmovisión bastante similar a la visión del mundo de los

4. La ayahuasca es un brebaje que se elabora al hervir dos plantas: una es la ayahuasca, una enredadera, y la otra es un arbusto llamado chacruna. Sus nombres científicos, respectivamente, son *Banisteriopsis caapi* y *Psychotria viridis*. La enredadera crece abundantemente en los árboles de la selva tropical del Amazonas, al igual que el arbusto de la misma familia de plantas que el café. La planta de chacruna contiene demetiltriptamina (DMT). La DMT también es un componente natural que se encuentra en el cerebro humano, como en la glándula pineal. Además, es un psicodélico. Existen, sin embargo, algunas sustancias llamadas monoamino oxidasa (MAO) en el hígado humano y el intestino que inhiben la DMT en la planta chacruna para producir visiones. Resulta que la vid de ayahuasca contiene potentes inhibidores de la MAO. Así, combinando estas dos plantas, se pueden producir los conocidos efectos psicodélicos de este brebaje. El antropólogo Jeremy Narby, curado de un problema de espalda insoluble en la Amazonía peruana por un chamán que usaba ayahuasca, escribió el libro *La serpiente cósmica*, en el que hace un cálculo de probabilidades sobre la posibilidad de que una combinación tan precisa de plantas haya surgido a través de prueba y error. Concluye que el número es tan astronómico que el tiempo requerido sería más largo que la existencia de nuestra especie. Escribe lo que le dijo su chamán: las propias plantas comunican sus propiedades a los chamanes.

5. En el capítulo 4 de esta primera parte (pág. 55), doy los detalles de cómo sucedió esta iniciación, así como otros detalles relevantes para este suceso extraordinario.

indígenas amazónicos. La erradicación exitosa de la cosmovisión medieval y renacentista conocida como *anima mundi* («El alma del mundo»), así como las guerras de religión, fueron fundamentales para la invención de una naturaleza/cosmos mecánica, insensible y puramente material, lo que permitiría la creación de un sistema de conocimiento totalmente ajeno a la religión, lo sagrado, la metafísica, la ética y la estética, percibidos como necesarios durante estos tiempos de guerras endémicas de religión.

Este nuevo paradigma del conocimiento se consideró indispensable para restablecer la necesaria certeza a fin de lograr la ley y el orden. Una figura clave en el establecimiento de las reglas del método científico experimental es la de Robert Boyle en la Inglaterra de mediados del siglo XVII. Boyle creó el «laboratorio público», con reglas que debían ser estrictamente cumplidas. Una fue la separación completa entre el buscador de conocimiento y el objeto de conocimiento. Se necesitó aproximadamente un siglo para que este método fuera aceptado en toda Europa y fuese considerado indispensable en la búsqueda de la ciencia.

En su juventud, Boyle fue un filósofo oculto, un alquimista. Hay que recordar que, a mediados del siglo XVII, la alquimia estaba teñida con el pincel de la herejía, pues los filósofos ocultistas compartían la cosmovisión de *anima mundi* con las llamadas brujas. Entre la variedad de curanderos, las brujas solo representaban una vertiente. Muchos quizá fueran chamanes. La cosmovisión de *anima mundi* vio el mundo/cosmos como un ser completamente integrado, donde las plantas, minerales, animales, humanos, planetas, estrellas y otros estaban conectados entre sí y relacionados con lo divino. Aun así, en 1484, el papa había declarado herejes a las brujas, y con ellas a la mayoría de los filósofos ocultistas.

Es necesario dejar muy claro que, por los tiempos de Boyle, su «laboratorio público» era lo opuesto al gabinete de los experimentos del filósofo oculto, donde en su juventud había perseguido simultáneamente un conocimiento del mundo y un refinamiento o purificación de su propia alma.

Este desarrollo se produjo inmediatamente después de que René Descartes sentara las bases filosóficas de este nuevo conocimiento. En su momento, también fue llamada teoría «corpuscular» de la realidad, palabra que en la actualidad reemplazaríamos por «atómico» o quizá «materialista». Este nuevo conocimiento se inició mucho antes con la teoría del heliocentrismo de Copérnico, publicada a mediados del siglo XVI, que fue seguida por muchos otros, incluido Galileo Galilei a principios del siglo XVII. Esto significó que la cosmovisión de *anima mundi* fuera completamente ilegítima y reemplazada por una mecánica, materialista, reduccionista radicalmente separada de lo sagrado y lo ético.

Este nuevo avance abrió un amplio espacio para la completa alienación entre los buscadores de conocimiento –entonces conocidos como filósofos naturales y hoy conocidos simplemente como científicos– y el objeto de su conocimiento: la verdad sobre la naturaleza o el cosmos. Buscar el conocimiento del mundo ya no podría ser simultáneamente un refinamiento del alma y la mente del buscador. Este nuevo conocimiento pronto llegó a ser conocido como «ciencia» en general. Es decir, no un sistema de conocimiento más entre los muchos que existen en el mundo, sino el único correcto, universal, totalmente separado de cualquier tradición religiosa, cultural o histórica, extendido por todo el mundo.

Desde el punto de vista de este nuevo conocimiento científico, el chamanismo se encuentra en las antípodas de la mente.[6] Ha sido erradicado en Europa durante lo que algunos eruditos denominan la Época

---

6. El estudio sociológico *Las antípodas de la mente*, de Benny Shanon, sobre los participantes de ayahuasca se publicó en 2003.

18 Sección introductoria

de la Hoguera, que duró aproximadamente hasta fines del siglo xvii.[7] Sin embargo, en América, aunque se aprobaron leyes al comienzo de la Conquista para erradicar el chamanismo, especialmente en las colonias españolas y portuguesas, a diferencia de Europa, ese esfuerzo fracasó y el chamanismo pudo sobrevivir.

El chamanismo y el conocimiento de las plantas y los hongos psicodélicos fueron preservados por las sociedades indígenas de América frente a una persecución severa. Las últimas brasas de esta antigua furia occidental contra el chamanismo se pueden reconocer en la situación ilegal de las plantas y hongos chamánicos, clasificados como drogas peligrosas de la lista 1. Esta ley, que fue aprobada en 1970 en Estados Unidos e imitada en la mayoría de los demás países,[8] no distingue entre sustancias adictivas y destructivas –como cocaína, heroína u oxicodona– y plantas y hongos chamánicos no adictivos y sustancias derivadas de aquellas, como el LSD. En esta vieja batalla histórica entre el nuevo conocimiento, generalmente referido solo como ciencia, y el chamanismo, este último ha resurgido, de forma irónica, como el único remedio aparentemente eficaz para curar una larga lista de enfermedades mentales, incluida la adicción a los estupefacientes.

La adicción a las drogas y muchas otras enfermedades mentales han adquirido proporciones epidémicas en las partes más modernizadas del mundo. Me refiero aquí a lo que se conoce como «el renacimiento psicodélico», estudio científico de las sustancias chamánicas, iniciado en la década de 1950 e interrumpido durante casi 30 años en 1970. Estas sustancias chamánicas siguen siendo ilegales, pero cada vez es más evidente que, debido a la ineficacia de las terapias

---

7. Como veremos en la tercera parte del libro, la Iglesia luterana sueca erradicó a los chamanes samis en Escandinavia en los siglos xviii y xix.
8. Sin embargo, en el Perú el brebaje psicodélico de la ayahuasca es legal.

legales para abordar la creciente epidemia de enfermedades mentales, la eficacia de las sustancias chamánicas está siendo reconocida y certificada por su renovado estudio científico. En algunos estados de Estados Unidos, como en Oregón, se votó para que se legalicen con fines terapéuticos en las elecciones de 2020.[9]

He incluido la crisis ecológica en la lista de males de la modernidad y, para introducir este aspecto del efecto curativo de las sustancias chamánicas, me referiré aquí al trabajo de la neurocientífica Jill Bolte Taylor. En su segundo libro, *Whole Brain Living: The Anatomy of Choice and the Four Characters That Drive Our Life* (2021), ella profundiza en los conocimientos que obtuvo a través de un ataque cerebrovascular, conocido también como derrame cerebral, sufrido en 1996, que le incapacitó el hemisferio izquierdo del cerebro. En su libro, indaga en nuestra comprensión del papel de los hemisferios izquierdo y derecho. Además, ofrece instrucciones de autoayuda para desarrollar lo que ella llama un cerebro íntegro que nos permite fomentar la paz en el mundo.[10]

Taylor tardó ocho años en recuperarse por completo de su accidente cerebrovascular y en recuperar el habla, la movilidad, el equilibrio y varias otras capacidades controladas por nuestro hemisferio izquierdo. En un video de YouTube y en su primer libro, ambos titulados *Mi derrame de iluminación* (*My Stroke of Insight*), esta neurocientífica detalla lo vivido. Lo que quiero resaltar de su investigación es que este derrame evidenció el papel del hemisferio derecho del cerebro. En los minutos siguientes al derrame cerebral, describe vívidamente cómo percibe su cuerpo como no separado

---

9. Mi propia asociación de larga data con el centro Takiwasi en Tarapoto, Perú, cerca de mi propio centro en Lamas, me hizo consciente de la eficacia terapéutica de la ayahuasca hace muchos años.

10. Taylor, 2021 y 2008.

del resto del entorno: la pared de la ducha y todo lo demás. Ella describe cómo se siente después del derrame cerebral. Ella llama a este sentimiento nirvana.[11] Esta caracterización de su estado es muy sorprendente, pero también totalmente inesperada por parte de una neurocientífica que es consciente de lo que le ha sucedido y se da cuenta de que está gravemente incapacitada.

Aquí cito algunas de sus palabras de su libro *Whole Brain Living: The Anatomy of Choice and the Four Characters That Drive Our Life*:

> Cuando mi red de pensamiento izquierdo se desconectó [...] mi yo-ego también desapareció [...]. Ya no pude identificar los límites físicos de dónde comencé y dónde terminé [...]. Me percibí como una bola gigantesca de energía que se mezclaba fluidamente con el resto del universo [...]. Mi percepción de mí misma superó todos los límites y literalmente me volví tan grande como el universo.[12]

No soy neurocientífica, soy antropóloga. Así que mi respuesta a lo que he aprendido no solo de Jill Bolte Taylor, sino también de otro neurocientífico, Iain McGhilchrist, de quien hablo en la tercera parte del «renacimiento psicodélico» y de la historia de la erradicación del chamanismo en Europa occidental, es para hacer una especie de análisis cultural de la modernidad occidental. Trato en particular cómo las implicaciones de la erradicación del chamanismo persisten al ser institucionalizado en la academia y otras instituciones de la Nación-Estado.

Lo que surge del relato de Jill Taylor y de otros autores, que trataré más adelante, es que la modernidad occidental no solo ha negado que somos parte del cosmos/naturaleza, sino que pensar o sentir así

---

11. Taylor, 2008: 51.
12. Taylor, 2021: 47, 48.

es permanecer en un estado mental, no solo declarado herético por ambas Iglesias cristianas –católica y protestante–, sino también falso, confuso, atrasado, primitivo por la ciencia. Es decir, lo que revelan las palabras de Jill Taylor, citadas antes, es que con la invención de la ciencia no solo hemos promulgado reglas estrictas para separarnos de lo que estudiamos, además, hemos determinado que esta separación no solo es necesaria para lograr la verdad, sino que, de hecho, refleja nuestra realidad actual en el mundo. Nosotros, o nuestras mentes, estamos totalmente separados del mundo que nos rodea. Esto es lo que el filósofo canadiense Charles Taylor ha llamado «la zanja ontológica» entre los humanos y el cosmos en su libro *Sources of the Self: The Making of Modern Identity* (1989).

Esta zanja ontológica pronto significó que este mundo mecánico e insensible recién creado, totalmente separado de las mentes de los humanos, podría ser manipulado, extraído y utilizado de cualquier manera que nos pareciera más útil o ventajosa a los humanos. Tal extractivismo y manipulación no provocó la sensación de haber lastimado una parte de nosotros mismos, ya que somos completamente distintos a ella. En mi opinión, este es el origen profundo de nuestra desastrosa crisis ecológica actual. Me apresuro a añadir que otras culturas no occidentales, donde no surgió la ciencia occidental, también han sufrido crisis ecológicas, pero la actual es la única de proporciones planetarias y está provocando una destrucción masiva.

Lo anterior deja en claro que el chamán debe tomar la sustancia psicodélica con el paciente. También aclara por qué el científico, médico, psicoterapeuta o psiquiatra moderno no hace tal cosa y no puede participar de una sustancia que le haga compartir la experiencia de pertenecer al cosmos con un paciente. Incluso en el renacimiento psicodélico, esta regla se mantiene desde que esta tenía que ser científica. Por lo tanto, las experiencias que Randy compartió conmigo y que comparto con el público no pueden manifestarse con el científico

22 Sección introductoria

que realiza esta investigación. Todo lo que tenemos es el testimonio de los voluntarios de los hospitales y universidades del norte a los que se les ha inyectado, por lo general, un extracto de psilocibina o LSD. Pero tenemos el agradecido testimonio de la neurocientífica Jill Bolte Taylor, que informa sobre los efectos de su accidente cerebrovascular en el hemisferio izquierdo.

Uno de los efectos más llamativos de la ayahuasca y los psicodélicos en general[13] es que poco después de ingerirlos uno experimenta la disolución del ego, del yo o de la mente. La parte del ego, del yo, está en el lado izquierdo del cerebro, como escribe Jill Taylor. El filósofo de las religiones Christopher Bache escribe en su libro *LSD and the Mind of the Universe: Diamonds from Heaven* (2019), basado en sus experiencias con LSD durante 20 años, lo siguiente sobre el yo-ego:

> Nuestro mundo dividido y dañado fue creado por una especie que opera desde el nivel egoico de la conciencia. A pesar de todas sus virtudes y fortalezas, el ego es una conciencia fragmentada aislada del tejido subyacente de la vida que nos une [...]. Si el ego privado mantiene el control de nuestras vidas, seguiremos siendo un pueblo dividido, y, si eso sucede, probablemente perezcamos. El ego del yo privado construyó nuestro mundo dividido y está siendo consumido por los fuegos que están consumiendo este mundo.[14]

La descripción de Bache del yo-ego corresponde a lo que ha escrito Jill Taylor. Sin embargo, cuestionaría su primera oración, que afirma que es una característica de nuestra especie operar desde el nivel

---

13. Yo solo he ingerido la infusión de ayahuasca, al igual que Randy. En el capítulo 4 de la primera parte (pág. 55), doy detalles al respecto.
14. Bache, 2019: 232-233.

egoico de conciencia. Este nivel egoico de conciencia es, de hecho, un fenómeno de toda la especie, pero su dominio sobre el hemisferio derecho de nuestro cerebro es mucho más reciente y específico del Occidente moderno. Gran parte de mi participación en este libro habla de las implicaciones de los esfuerzos para erradicar el chamanismo en Occidente. También sostengo que el nacimiento de la modernidad en Europa occidental debe mucho a esta erradicación, cuya última fase coincidió con lo que se conoce como la Edad de la Razón, es decir, el periodo de la Revolución científica. Este periodo también fue el de la Época de la Hoguera, la última fase violenta de un esfuerzo más antiguo para erradicar el chamanismo en Occidente. Para introducir este aspecto de mi argumento, hablaré sobre mi propia experiencia con el chamanismo en la Alta Amazonía del Perú.

Al comienzo de mi experiencia con la ayahuasca, en general viví esto como un momento intensamente aterrador en el que sentí que me estaba muriendo. Con el tiempo y muchas más ceremonias de ayahuasca, al final entendí que esto era la disolución de mi ego-mente. Me di cuenta de que, después de la ceremonia, mi hemisferio izquierdo del ego volvía a estar en línea. Como veremos en la siguiente sección, sobre el chamanismo de la Alta Amazonía, el conocido chamán yanomami Davi Kopenawa, en su autobiografía, refiere que tomar su psicodélico equivale a morir. Kopenawa escribe también que aquellos a quienes él llama «los blancos» ven esto como «volverse loco», lo que, de hecho, es literalmente cierto.

Por supuesto, lo que estos blancos, es decir, los habitantes de la modernidad, no ven es que tal eclipse temporal de nuestra mente del lado izquierdo del cerebro es terapéutico. Jill Taylor escribe también en la cita anterior que su yo-ego desapareció cuando tuvo su derrame cerebral. Esta desaparición temporal del hemisferio izquierdo con psicodélicos chamánicos nos permite experimentar con seguridad algo parecido a lo que le sucedió a Jill Taylor. Una diferencia crucial, por supuesto, es que experimentamos solo un eclipse temporal de nuestra mente egocéntrica. Dado que nuestra mente egocéntrica moderna se construye abrumadoramente dentro del paradigma moderno occidental y la visión del mundo de un cosmos mecánico del cual nuestras mentes están separadas por completo, su pérdida se considera como la pérdida de la mente, literalmente.

Sin embargo, como en el derrame cerebral de Jill Taylor en su hemisferio izquierdo, este eclipse temporal de nuestra mente egocéntrica revela un paisaje completamente diferente imbuido de numinosidad. La elección de Jill Taylor de la palabra budista «nirvana», así como la palabra «gloria», no es una coincidencia. Ella es explícita, en su libro *Whole Brain Living* (2021), sobre la numinosidad que se revela a través del eclipse de nuestro cerebro izquierdo. Esas palabras están impregnadas de sacralidad y el testimonio de voluntarios que mueren de cáncer, que cito en la tercera parte, confirma que se trata tanto de una experiencia numinosa como de una terapéutica. Aquellos pacientes de cáncer con enfermedades terminales que habían sufrido una ansiedad aguda por la muerte perdieron su ansiedad aguda por la muerte después de una sola inyección de psilocibina.

En la tercera parte de este libro, donde intento un análisis cultural del surgimiento del paradigma occidental moderno, sostengo que es precisamente este silenciamiento temporal de nuestro cerebro izquierdo lo que permite la curación. Esta curación, como muestran los ejemplos que voy a tratar, se debe a la liberación de la jaula mental que sufren muchos voluntarios. También se debe a que este enmudecimiento de nuestro hemisferio izquierdo nos permite experimentar nuestra integralidad con el cosmos. Con este eclipse temporal de nuestro cerebro izquierdo, nuestra mente, llega una inmersión en lo que muchos voluntarios llaman Dios o el Corazón/Mente del Universo, o alguna expresión similar. Experimentamos que ambos son una parte integral del universo y que ese universo tiene un corazón/mente numinosa. Una experiencia así es curativa. Creo que es significativo que nunca se haya informado de que tal experiencia consistiera en un ser particular con atributos específicos. Por lo general, se habla de ella como una inmersión experiencial en una realidad numinosa inefable.

Si tal experiencia se hiciera común en nuestro tipo de sociedad, sabríamos que los humanos somos completamente fluidos con el universo y estamos integrados en él. Creo que esta es una experiencia común entre las sociedades indígenas que típicamente practican el chamanismo y entre muchas sociedades campesinas. La cosmovisión de ese tipo de sociedades, como la del campesinado europeo premoderno oral, junto con los filósofos ocultistas, era similar. El cosmos estaba vivo, consciente y numinoso. Extraer cosas violentamente de la tierra o verter materiales tóxicos en su atmósfera, aguas y suelos se vuelve mucho más difícil de imaginar. Tal comportamiento se experimentaría como algo bastante reprensible e incluso pecaminoso, ya que ignora la naturaleza numinosa del cosmos.

Las experiencias chamánicas nos ayudan a tomar conciencia de que somos parte del tejido del universo. La erradicación del chamanismo en Occidente, además de que a menudo se percibe como una práctica precientífica, no ilustrada, primitiva e, incluso, satánica, ha hecho que el uso desenfrenado, y, a menudo, violento del cosmos/naturaleza, parezca racional. Dado que un uso tan violento del planeta tiene como objetivo el progreso, el aumento de la producción y la ganancia económica no solo se alientan, sino que también se aplauden. Estos objetivos son totalmente antropocéntricos. Estas actividades se han extendido por todo el mundo y se han realizado en Occidente durante más de dos siglos. Esta es la cosmovisión y las acciones derivadas de ella que nos han llevado al actual desastre ecológico planetario en el que nos encontramos.

Mi disciplina de antropología ha considerado desde el principio estas prácticas como mágicas, incapaces de afectar la realidad, sea el mundo o el cuerpo humano. La misma palabra «magia» es un legado de la erradicación del chamanismo en Occidente desde hace mucho tiempo. Una de las figuras paternas de la antropología, Bronislaw Malinowsky, en su libro sobre la agricultura de los isleños de Trobriand, cerca de la isla de Nueva Guinea, titulado *Los jardines de coral y su magia* (1935), utiliza la palabra «magia». Esta palabra se refiere a acciones diseñadas para afectar al mundo material externo. Señaló que había dos partes claramente distintas en estas prácticas: una que afecta al aspecto material de la agricultura, y la otra la declaró ser puramente simbólica, sin ningún efecto real en el mundo material externo, la magia. Un ejemplo de lo último: invocaciones, cánticos o danzas, y un ejemplo de lo primero, haciendo un agujero en el que se coloca la semilla. Esta separación entre acciones mágicas o simbólicas y acciones materiales reales ha sido canónica en la antropología hasta hace relativamente poco tiempo.[15]

Mi experiencia personal directa al ingerir la bebida psicodélica ayahuasca durante un periodo de unos 25 años, combinada con mi testimonio de primera mano de la transformación de Randy de ser un típico mestizo secular materialista a ser un chamán espiritual y efectivo, me llevaron a involucrarme en el análisis cultural de lo moderno a la luz de esas experiencias. La antropología es una disciplina

---

15. El fallecido antropólogo Stanley Tambiah, de Harvard, criticó a Malinowsky en este punto con su teoría performativa del ritual. Véase Tambiah, 1985. Sin embargo, esto es solo una corrección parcial, ya que en esta teoría performativa Tambiah solo considera su efecto en los humanos y no en el mundo. Tambiah se deshace con razón de la descripción de tales acciones como «ciencia falsa», así como de la distinción entre magia y ritual, un logro enorme. Sin embargo, mantuvo un dualismo materia/mente. Tambiah también me señaló que, en su historia de la «magia», Keith Thomas conserva esta misma distinción malinowskiana en su muy influyente libro *La religión y el declive de la magia* (1971), algo que confirmé después de leer este libro de Thomas.

moderna que surgió en la segunda mitad del siglo XIX en Europa, al principio para ser una sirvienta de los esfuerzos de colonización, principalmente de Inglaterra y Francia. Por lo general, ha visto que su «objeto de estudio» debe estar separado de la vida personal y las creencias del antropólogo. Mis experiencias escuchando y observando a Randy, así como haciendo ceremonias de ayahuasca con él, y con muchos otros antes de su iniciación, han alterado drásticamente la luz bajo la cual realizo el acto más bien antropológico del análisis cultural. Me ha permitido ver la modernidad occidental desde fuera de sus premisas básicas, por así decirlo, cuestionándolas a la luz de lo que me han mostrado el chamanismo y la neurociencia.

Sin duda, el nuevo conocimiento forjado en la Europa de los siglos XVI y XVII ha evolucionado y cambiado mucho desde entonces y de manera muy considerable. Hablo de algunos de esos cambios en la tercera parte. Sin embargo, este nuevo conocimiento científico se ha convertido en parte integrante de la mayoría de las instituciones del Estado-Nación y, por lo tanto, de la modernidad. La propia universidad moderna está implicada en esta trayectoria histórica. El peso de esos acontecimientos e ideas fundacionales se ha institucionalizado allí y requerirá más que un paradigma de conocimiento distinto para comenzar a hacer mayores cambios sistémicos. Personalmente, he experimentado la separación radical entre la espiritualidad y las actividades intelectuales durante mis 35 años en la academia estadounidense como, en última instancia, insoportable. Esto me ha llevado a jubilarme de la academia bastante temprano y crear un centro en la Alta Amazonía peruana al que nombré, en honor al espíritu indígena de la selva tropical, Sachamama.

Uno de los avances que he experimentado al presenciar la transformación de Randy es darme cuenta de que las diversas entidades desencarnadas que aparecieron –y siguen apareciendo– para él y le dan poderes no son alucinaciones o imaginación o creencias. He abandonado mi antigua visión, más bien antropológica, de que estas entidades consisten principalmente en las «creencias» culturales colectivas de los pueblos indígenas. Randy ha sido visitado y recibido poderes de entidades que no conocía, pero que otras personas a su alrededor han podido identificar y que pertenecen a culturas lejanas. Mantener mi punto de vista actual es inaceptable en el ámbito académico. Rápidamente se descarta como New Age, una forma intelectual de deslegitimar a quienes sostienen tales puntos de vista. Sin embargo, mi testimonio directo de la profunda transformación de Randy, combinado con mi conocimiento personal de él desde que tenía 15 años (ahora tiene 39), y el hecho de que haya trabajado en mi centro desde que se creó, simplemente no me dejaron otra alternativa.

Debo agregar que viajé por primera vez al Perú en 1994, invitada por la ONG peruana Proyecto Andino de Tecnologías Campesinas (PRATEC). Este grupo me llevó primero a Lamas, departamento norteño de San Martín, donde ahora se encuentra mi centro, y, finalmente, creamos un centro allí, al otro lado de la ciudad. Mis anfitriones me pidieron que me uniera a su práctica de participar regularmente en las ceremonias de ayahuasca. La ayahuasca es el brebaje psicodélico amazónico utilizado por un gran número de grupos indígenas amazónicos y ahora también por muchos mestizos peruanos. Los mestizos son descendientes de uniones entre europeos e indígenas y ahora son el grupo dominante en la región.

Descubrí que la ayahuasca me abrió horizontes espirituales extraordinarios. He tenido profundas experiencias místicas y he sido sanada durante periodos difíciles de mi vida por esta práctica chamánica. Sin embargo, me apresuro a agregar que nunca fui iniciada para ser chamana ni he recibido poderes para curar a otros en estas ceremonias. Tampoco me formé nunca la idea de que quería escribir sobre estos; eran demasiado inefables y personales. Sin embargo, este no es el caso de Randy, cuyas experiencias iniciáticas son extremadamente precisas, claras y le otorgaron poderes para curar a otros que no solo nunca había poseído antes, sino que nunca había estado interesado en perseguir. Además, esos poderes curativos demostraron ser muy efectivos.

Debo dejar en claro que Randy es un mestizo y no un indígena, también que él tenía un conocimiento bastante vago sobre la espiritualidad y el chamanismo indígena, aunque en la actualidad existen muchos chamanes mestizos. Randy fue criado sin religión y sus padres tienen una visión negativa del chamanismo –conocido localmente como curanderismo–. En la siguiente sección haré un breve retrato del chamanismo en la Alta Amazonía. Me enfocaré primero en cómo el chamanismo es entendido entre los grupos indígenas. A esto le seguirá un retrato de la relación entre los indígenas kichwa-lamas y los mestizos en el departamento de San Martín. La pequeña ciudad colonial de Lamas tiene un sector indígena, Wayku, donde originalmente todos los indígenas se congregaban y con el tiempo se catequizaron. En este pueblo se encuentra nuestro centro, y Lamas es parte del nombre del grupo indígena local más grande: los kichwa-lamas. Los mestizos viven en el centro de Lamas, aunque hoy la separación entre las dos poblaciones se mantiene mucho menos estricta.

En la última sección, de la primera parte, se presenta a los personajes principales que aparecen en este libro, especialmente cuando Randy me cuenta su viaje iniciático en la segunda parte del libro, y esto es, además, relevante para mi propia transformación y viaje. Con estas cuatro secciones iniciales, espero que sea más fácil para el lector adentrarse en el extraño y muy diferente mundo que Randy experimentó durante su viaje iniciático de tres años y ubicarlo a él –y a mí también– en el contexto local.

El chamanismo
en la Alta Amazonía

Aunque la región de Lamas, con sus numerosos habitantes kichwa-lamas –el más grande grupo de indígenas locales–,[1] ha sido profundamente penetrada por la modernidad, la economía de mercado y el conocimiento moderno que se enseña en el sistema escolar estatal, existe un conocimiento vernáculo, distribuido muy ampliamente, de los principales fundamentos de la cosmovisión indígena. Esta cosmovisión, sin embargo, se mantiene en la actualidad debida a los ancianos kichwa-lamas.

Para hacer visible tal cosmovisión, y especialmente el chamanismo en ella, recurriré a los escritos de la comunidad Kichwa de Sarayaku, en Ecuador. Este pueblo es el mismo que el pueblo de los kichwa-lamas en el departamento de San Martín en la Alta Amazonía peruana: hablan la misma variante del quechua y recuerdan los lazos ancestrales entre ellos.[2] Ambos lugares solían ir juntos en peregrinaciones al mismo cerro de sal, ubicado en la cordillera Escalera en el departamento de San Martín en Perú, y han mantenido relaciones

---

1. Los otros dos grupos indígenas más pequeños son los aguajunas en el norte y los shawis en el sudeste del departamento de San Martín.
2. Durante mi colaboración con el PRATEC había enviado a uno de sus colaboradores kichwa-lamas de Lamas que filmaba un video en el lugar de Ecuador cerca de Sarayaku que había sido devastado ecológicamente por las empresas petroleras a hacer un reportaje. Esta persona se asombró al descubrir que hablaban el mismo idioma y solían ser un solo pueblo antes de que el Perú y Ecuador fueran creados por los descendientes de los conquistadores.

El chamanismo en la Alta Amazonía   31

maritales entre estas dos ramas hasta muy poco. Elegí las palabras escritas de este grupo kichwa en Ecuador porque todavía no he encontrado a ninguno de los kichwa-lamas locales que hayan capturado de manera tan sucinta y hermosa su cosmovisión.

La comunidad de Sarayaku durante muchas décadas (unos 70 años o más) sufrió la destrucción en su territorio provocada por las compañías petroleras. Esta comunidad ganó un juicio, en 2012, que duró mucho tiempo en la Corte Interamericana de Derechos Humanos (CIDH), con un pago considerable de varios millones de dólares. Con este acuerdo, comenzaron a reorganizar su territorio siguiendo los valores indígenas tradicionales centrales. La prolongada batalla contra las compañías petroleras y el Estado de Ecuador, así como la destrucción sufrida durante varias décadas, los habían preparado para ese tipo de esfuerzo. Ellos habían experimentado de primera mano los terribles efectos destructivos de la modernidad. El siguiente breve extracto de su declaración comunitaria, hecha pública en junio de 2018, transmite un aspecto fundamental de lo que ellos llaman su «cosmovisión».[3]

> Para los pueblos y nacionalidades originarios que habitamos en la Amazonía, la selva es viviente, es Kawsak Sacha. Está habitada por seres protectores que aseguran celosamente el equilibrio en la fragilidad de los ecosistemas y las relaciones con los seres humanos. Las cascadas, las lagunas, los ríos, los pantanos, los moretales, los saladeros, los grandes árboles y las montañas tienen sus seres protectores: son Runayuk. Estos sitios son pueblos [«llaktakuna»] constituidos por los seres que tienen una vida semejante a la del ser humano.

---

3.   Doy las gracias profundamente a Stefano Varese, quien trajo de su visita a Sarayaku estudiantes de la Universidad de California en Davis en julio de 2018. Este documento fue un obsequio para mí y para nuestro centro.

32   Sección introductoria

De la relación continua con los seres protectores de la selva, depende la perpetuidad de Kawsak Sacha. Por tanto, el mantenimiento de la diversidad de la vida. Ello, a su vez, permite el equilibrio natural y la armonía vital entre los seres y nuestra propia continuidad como pueblos. La Selva Viviente es donde empieza y donde se ejerce la vida de los pueblos originarios. Kawsak Sacha es, en sí mismo, un ser con quien se comunican los *yachakkuna* [«chamanes»] para recibir los conocimientos y transmitirlos, con el apoyo de otros sabios y sabias. Todo este aprendizaje orienta y guía a los pueblos amazónicos hacia el Sumak Kawsay. Kawsak Sacha es la fuente principal del Sumak Kawsay y, como tal, proporciona un espacio de vida para sus poblaciones diversas y revitaliza sus aspectos emocionales, psicológicos, físicos y espirituales.

Este fragmento enfatiza el papel crucial de los chamanes (*yachakkuna*)[4] para mantener la vida de la comunidad humana, también la vida del monte y su increíble diversidad de vida que abarca no solo los animales y las plantas. Además, las cascadas, los lagos, los ríos, los pantanos, los humedales, las fuentes de sal y los cerros. Todos estos últimos tienen sus propios seres protectores, que son *runayuk*. La raíz de esta palabra es *runa* y significa «persona». Los seres humanos, los animales, los árboles y otras plantas son también personas, así como las partes «no vivas» del paisaje, como los ríos y los cerros. Es decir, toda la naturaleza (o el cosmos) no solo está viva, sino que tiene también sensibilidad y voluntad, igual que los humanos.

Las personas que pueden hablar con los seres no humanos y traducir su conocimiento a los humanos son los *yachakkuna*, los cha-

---

4. La palabra quechua *yachakkuna* se compone del sustantivo *yachak*, que significa una persona con *yachay,* es decir, conocimiento/poder chamánico. El sufijo *-kuna* hace el sustantivo plural.

manes. Su papel es fundamental para el bienestar de los humanos y de los no humanos. Los chamanes entre los kichwa-lamas peruanos y los sarayaku kichwa de Ecuador –así como entre muchos otros grupos indígenas de la región amazónica– preparan un brebaje sagrado de una liana psicotrópica amazónica mezclada con el arbusto de chacruna y, a menudo, también con otras plantas, un brebaje conocido como ayahuasca entre los kichwa, aunque otros grupos pueden usar diferentes nombres.[5]

Las visiones y otras comunicaciones que reciben los chamanes durante las ceremonias de ayahuasca son las que transmiten conocimiento, protección y sanación de los seres no humanos. Los chamanes llevan a cabo también sesiones de ayahuasca para otros humanos que pueden recibir conocimiento. Estas ceremonias son claves para mediar o comunicarse entre el bosque vivo y sus diversos habitantes humanos y no humanos. Como indica la última oración de la cita anterior, el bosque enseña cómo vivir correctamente. Las líneas anteriores dejan claro que esta enseñanza es transmitida por los chamanes que ingieren sus plantas sagradas psicotrópicas. El bosque vivo a través de la mediación de los chamanes revitaliza el bienestar emocional, psicológico, físico y espiritual de todos los seres que habitan el *Kawsak Sacha* (Monte Viviente) y no solo el bienestar de los humanos. Esto deja claro que los no humanos, como el bosque, los ríos, los cerros y demás, pueden necesitar también revitalizar o sanar sus emociones, su psique y su espíritu, así como su físico.

Me gustaría enriquecer lo anterior con las palabras de un chamán de un grupo vecino: los yanomamis de la Alta Amazonía brasileña. Sus palabras fueron grabadas y traducidas por un antropólogo francés

---

5.   Para una explicación científica de las sustancias químicas que componen este brebaje, consulte McKenna, 2007: 21-44.

34 Sección introductoria

que ha trabajado unos 30 años con este chamán y habla su idioma con fluidez, y que produjo una autobiografía en francés (ahora traducida al inglés) que captura bellamente la forma de hablar de este chamán.[6] Los yanomamis no usan la liana de la ayahuasca, sino la corteza de cierto árbol que, como la ayahuasca, contiene dimetiltriptamina (DMT),[7] llamado *yakoana*, preparada como un rapé que se sopla en las fosas nasales. Las visiones y palabras de Davi Kopenawa, el chamán yanomani,[8] a diferencia de la declaración de la comunidad de Sarayaku, contrastan explícitamente la cosmovisión de su pueblo con la de aquellos a quien él llama los «blancos»:

> Desde el principio de los tiempos, Omama [espíritu creador/deidad] ha sido el centro de lo que los blancos llaman ecología [...]. Para los chamanes, estas siempre han sido palabras que vinieron de los espíritus para defender el bosque [...]. En el bosque los seres humanos somos la «ecología». ¡Pero son igualmente los *xapiris* [«espíritus»], los animales, los árboles, los ríos, los peces, el cielo, la lluvia, el viento y el sol! Es todo lo que aún no está rodeado de cercos.
> ¡Si el bosque estuviera muerto, estaríamos tan muertos como él! Pero está realmente vivo. Es posible que los blancos no lo escuchen quejarse, pero siente dolor al igual que los humanos.[9]

Kopenawa expresa una cosmovisión que es común en la mayoría de los pueblos indígenas amazónicos, tanto a los kichwas de Sarayaku en Ecuador como a los kichwa-lamas en el Perú. Esta es una cos-

---

6. Kopenawa y Albert, 2013.
7. Dimetiltriptamina, sustancia que se encuentra también en el cerebro humano y que altera la conciencia.
8. Su suegro le enseñó a Davi Kopenawa a ser chamán. No fue iniciado directamente por los espíritus, como lo fue Randy.
9. Kopenawa y Albert, 2013: 393, 382.

movisión en la que los humanos, los no humanos y los «distintos de los humanos», como los espíritus, son todos parte del mismo mundo y están todos vivos y conscientes. Esos mundos no están divididos en un mundo de humanos y sus pensamientos y artefactos (lo que llamaríamos un mundo «cultural»), por un lado, y el mundo natural, por el otro, así como separados de un «mundo sobrenatural» de inmateriales e invisibles seres por encima de la naturaleza.

Además, este mundo viviente no solo está compuesto por animales y plantas, pues incluye la lluvia, el viento, el sol, la luna o el cielo. Todo el cosmos está vivo. Todo el cosmos siente como los humanos y los humanos son, como dice Kopenawa, la ecología. Luego subraya que los humanos somos la ecología con todo lo demás en el cosmos. La ecología no es exterior a los humanos. Más bien, los humanos son una parte integral del cosmos y su ecología. Kopenawa dice: «¡Si el bosque estuviera muerto, estaríamos tan muerto como el!». Es decir, si el mundo no humano fuera un objeto insensible, mecánico y muerto, los humanos estarían tan muertos como ese mundo mecánico insensible. Es decir, para Kopenawa y los pueblos indígenas amazónicos, el bosque o la naturaleza no es el medio ambiente, sino, más bien, los seres humanos son parte del medio ambiente. Están en este y no rodeados por este.

Kopenawa ha visto la llegada de los europeos a su boque con el desastroso resultado para la supervivencia de su pueblo y la supervivencia del bosque, como ocurrió con el primer contacto, en el siglo XVI. Este primer contacto diezmó la población indígena. Así, murieron nueve de cada diez personas y la selva Amazónica se encuentra hoy en grave peligro.[10] Kopenawa a menudo se pregunta por qué los que él llama «blancos» no creen en los espíritus y, por

---

10. Véase Mann, 2006: 3-30, sobre lo que los académicos denominan eufemísticamente «el colapso demográfico» de los pueblos indígenas.

lo tanto, no los llaman. Él comenta la percepción de los «blancos» sobre las ceremonias chamánicas de los yanomanis como «volverse loco». En sus propias palabras:

> Los blancos se sorprenden al vernos convertidos en espíritus con el *yãkoana* [«su psicotrópico sagrado»]. Ellos piensan que nos estamos volviendo locos [...]. Pero, si entendieran nuestro idioma y se preocuparan lo suficiente como para preguntar, podrían entender las palabras que los *xapiris* [«espíritus»] nos traen desde los confines de la tierra, la espalda del cielo, y el inframundo de donde ellos vienen. Pero [...] los blancos prefieren permanecer sordos porque se encuentran demasiado inteligentes con sus pieles de papel, sus máquinas y sus mercancías.[11]

Kopenawa se pregunta por qué ellos, «los blancos», no pueden darse cuenta de que uno se comunica con los espíritus del bosque ingiriendo plantas psicotrópicas sagradas bajo la guía de los chamanes. Esta ceguera o negación lleva a «los blancos» a destruir el bosque. Acerca de esto, Kopenawa dice que es posible que estos «blancos» no escuchen al bosque quejarse, pero el bosque siente dolor, como los humanos. Los «blancos» que consideran las sesiones chamánicas como «volverse loco» y, por lo tanto, rechazan el conocimiento que los chamanes traen a los humanos desde el bosque, son sordos al bosque, que para ellos no puede sentir ni comunicar.

La curación o revitalización –la palabra usada en la declaración de Sarayaku– resulta de lo que los chamanes transmiten, de lo que los espíritus les dicen. Se aplica al cosmos, a la naturaleza y a los humanos. El cosmos tiene una psique –es decir, una conciencia o alma (*psyche* en griego antiguo)– como los humanos; por lo tanto,

---

11. Kopenawa y Albert, 2013: 418.

tiene emociones como los humanos. Como dice la declaración de Sarayaku, el delicado equilibrio de los muchos ecosistemas amazónicos, que, por supuesto, incluyen a los humanos, está resguardado por los seres protectores, todas las personas e integrantes del cosmos.

Las relaciones entre los kichwa-lamas y los mestizos

Volvamos a Lamas. La escolarización, la penetración de las Iglesias evangélicas en la región, así como la modernidad en general, han erosionado profundamente esta cosmovisión. Lo que he observado, en mis más de 25 años de visitar regularmente Lamas varias veces al año, es que hay una internalización creciente por parte de muchos kichwa-lamas de la mirada colonial que la sociedad mestiza dominante apunta sobre ellos. Esto ha sido detallado con precisión, y sin piedad, en un extenso artículo de un antropólogo peruano, Luis Calderón Pacheco, quien realizó un trabajo de campo en Lamas, de manera intermitente de 1997 a 2001, sobre la relación entre los kichwa-lamas y los mestizos.[1]

La situación histórica de los kichwa-lamas es marcadamente diferente a la de los kichwa-sarayakus o los yanomamis, cuyos territorios son de difícil acceso, lo que ralentiza la penetración de la sociedad dominante. La única forma de acceder al territorio de Sarayaku es por avión, helicóptero o transporte fluvial. Llegar toma mucho tiempo. Desde su victoria judicial contra el Estado ecuatoriano y las compañías petroleras, el pueblo de Sarayaku tiene el control total de sus fronteras y nadie puede ingresar a su territorio sin el permiso de su líder. Antes de su victoria, las empresas petroleras llegaban a su

---

1. Calderón Pacheco, 2003: 1-100.

territorio impunemente a través del aire. Ahora, el control de acceso a su territorio por aire, agua y tierra está en manos de la dirección de Sarayaku, incluso los representantes del Gobierno ecuatoriano requieren permiso para visitar.

La ciudad colonial de Lamas fue fundada en 1656 por el conquistador Martín de la Riva y Herrera después de tres campañas militares, de 1653 a 1659, contra los indígenas locales. Los españoles reagruparon seis subgrupos distintos de pueblos indígenas y los redujeron a la condición de menores bajo la tutela de las autoridades españolas. Poblaciones nativas enteras fueron entregadas personalmente a los colonos españoles y se vieron obligadas a asentarse en la periferia de la ciudad de Lamas, en su lado occidental, y que hasta hoy se conoce como el sector indígena de Wayku.

Los blancos –también conocidos como criollos– y los mestizos vivían en el centro de la ciudad de Lamas, pero separados en dos sectores. La población indígena se vio obligada a rendir tributo a los españoles y mestizos de Lamas en forma de productos cultivados o alimentos cazados o recolectados. La población indígena proporcionó mano de obra esclava a la sociedad dominante. Escuché de personas en Lamas, de 60 a 70 años, que habían crecido en casa con esclavos kichwas y que sus padres copulaban con las mujeres para producir más esclavos.

Los jesuitas establecieron una misión en Lamas que duró dos siglos y donde los kichwas fueron adoctrinados en la religión católica. La única instrucción que recibieron los kichwas fue en esa misión.[2] No es hasta la década de 1970 cuando los niños y jóvenes indígenas fueron admitidos en las escuelas de Lamas.[3] Con la independencia

---

2. Esta información es de los historiadores aficionados locales en Lamas. No existe ningún trabajo académico publicado sobre esta misión jesuita.

3. Solo después de que unos pocos hombres kichwa-lamas obtuviesen títulos universitarios, hasta fines del siglo xx el racismo manifiesto hacia ellos comenzó a cambiar lentamente.

del Perú en 1821, la situación de los indígenas empeoró debido a la apertura de la zona amazónica a la economía mercantil extractiva, que tuvo un efecto devastador para los indígenas amazónicos. Poco después, en 1824, el nuevo gobierno republicano creó incentivos para que los pueblos de la sierra migraran a la Alta Amazonía. Si estos migrantes deforestaban al menos 100 hectáreas de bosque y lo cercaban, se les otorgaba el título de propiedad de la tierra.

Los criollos y los mestizos continuaron una tutela señorial sobre los indígenas a pesar de que la nueva Constitución afirmaba que los indígenas eran iguales a todos los demás peruanos. La sociedad dominante consideraba a los kichwa-lamas como funcionales al trabajo servil del siglo XVII al XX. Así, se mantenían como bestias de carga para transportar mercancías entre los diferentes centros comerciales, llevaban sacos de hasta 80 kilos y también personas. Calderón Pacheco incluye una fotografía de un hombre kichwa llevando a una mujer blanca en una silla de madera en su espalda.

A pesar de los 400 años de contacto permanente con criollos y mestizos, los kichwa-lamas han conservado buena parte de su cultura y su propia organización social. En la década de 1990, los kichwa-lamas iniciaron un proceso de afirmación cultural/étnica creando una organización nativa, escuelas bilingües, demarcación del territorio indígena y la regeneración de instituciones que se habían deteriorado por las prácticas etnocidas del Estado y la sociedad mayoritaria. Sin embargo, Calderón Pacheco comenta que la regeneración cultural de los kichwa-lamas ha resultado muy difícil por los cambios ambientales, particularmente por la drástica reducción de sus territorios ancestrales que se los apropió la sociedad dominante o fueron transformados en reservas biológicas.

Los expertos locales de la Universidad Nacional de San Martín, en Tarapoto, afirman que, para un uso sustentable del método indígena de roza y quema, una familia necesita un mínimo de 50 hectáreas de tierra. Hoy, el tamaño promedio de la tierra de los kichwa-lamas es de 3 a 10 hectáreas, con un promedio de una hectárea de tierra cultivada. En un territorio tan reducido, es imposible tener periodos de rotación suficientemente largos entre los claros para permitir una regeneración fuerte del monte. Después de entre 40 y 50 años, los periodos cortos de rotación conducen a una tierra degradada, donde el bosque ya no se regenera y nada crece, excepto las malas hierbas. Esta deforestación y degradación de la tierra se puede ver claramente con solo conducir o caminar por la región de Lamas.

Todos los latifundistas son mestizos y la mayoría de ellos cría ganados, práctica introducida por los españoles, ajena a los indígenas. Los mestizos poseen las tierras mejor ubicadas, con mejores suelos –y más cercanas a los mercados–, mientras que los indígenas deben hacer sus chacras en pendientes extremadamente empinadas o en bosques primarios con difícil acceso a los mercados. Calderón Pacheco afirma que los mestizos más ricos empujan a los kichwa-lamas al hambre para obligarlos a vender su fuerza de trabajo y aceptar el salario impuesto. A principios del siglo XX, los kichwa-lamas comenzaron a migrar a tierras boscosas vírgenes de la región en busca de libertad y caza. Ahora viven en unas 300 comunidades en el departamento de San Martín, con una población estimada de alrededor de 30.000. Debido a la Ley de Comunidades Nativas, aprobada en 1974 por la dictadura militar de Juan Velasco (1968-1975), se permitió a las comunidades indígenas de la región amazónica demarcar su territorio y dirigir sus asuntos según parámetros tradicionales. Varias comunidades kichwa-lamas en San Martín iniciaron el proceso de reconocimiento de sus comunidades.[4]

---

4. Mi amigo y colega el antropólogo ítalo-peruano Stefano Varese fue clave en la nomenclatura y creación de esta ley, pues trabajó para la organización creada por Velasco para proteger a los pueblos indígenas de la Amazonía durante su régimen.

Sin embargo, los pequeños agricultores mestizos y pobres, pequeños propietarios de entre 3 y 4 hectáreas, mantienen estrechos lazos de amistad con sus vecinos kichwa-lamas a través de un intercambio de productos por servicios y mantienen un intercambio continuo de patrones socioculturales. Muchos hablan quechua, conocen y respetan las prácticas indígenas, recurren al chamanismo y practican la cocina autóctona.

Aunque existe un vibrante movimiento indígena nacional que fomenta una reapropiación de las categorías nativas en sus propios términos, la historia local ha marcado profundamente a los kichwa-lamas de la región. Muchos se han convertido a una de las muchas Iglesias evangélicas que consideran las prácticas y creencias indígenas como obras del diablo. Al principio de mis esfuerzos de regenerar el suelo antropogénico precolombino, uno de mis primeros colaboradores kichwa-lamas me puso en contacto con una organización de agricultores kichwa-lamas. En una reunión en la que les mostré una película sobre esta tierra negra y usé los términos *pachamama*, *sachamama* y otros nativos, la mayoría me respondió con risitas. Eso me sorprendió; luego le pregunté a mi colaborador indígena, quien me informó de que todos ellos pertenecían a Iglesias evangélicas y consideraban a sus propias deidades/espíritus indígenas como demonios.[5]

Con el contragolpe que derrocó a este gobierno (con la ayuda de la CIA), Varese se convirtió en persona no grata y buscó refugio en México, donde fue invitado por colegas de la universidad de ese país. Posteriormente se convirtió en profesor del Departamento de Estudios Indígenas en la Universidad de California en Davis. Véase Varese, 2020.

5. Como aprendí después, muchas empresas y ONG deben demostrar una colaboración con una organización indígena para asegurar el financiamiento extranjero y que la organización de agricultores kichwa-lamas se creó rápidamente para cumplir con este requisito: ser una empresa agrícola mestiza; y los únicos agricultores indígenas que se unirían a un negocio mestizo eran los evangélicos.

Cuando se publicó el ensayo de Calderón Pacheco, solo había una organización kichwa-lamas. Desde entonces se crearon muchas más, ahora son media docena. Los territorios ancestrales de los kichwa-lamas están siendo explotados por empresas petroleras, madereras, fábricas de aceite de palma y otras que a menudo han comprado el liderazgo indígena. Los líderes de tales organizaciones son generalmente evangélicos. Los valores tradicionales se encuentran hoy, sobre todo, entre la población de los kichwa-lamas mayores, aunque no exclusivamente, como Royner, Girvan y muchos otros jóvenes kichwa-lamas. Uno de ellos es el chamán, en cuya ceremonia de ayahuasca fue iniciado Randy, en concreto don Aquilino Chujandama, de una comunidad nativa a media hora río abajo del pequeño pueblo de Chazuta, en el Huallaga.

La población indígena del departamento de San Martín sigue siendo considerada en el nivel más bajo de la jerarquía social local. Muchos de mis amigos kichwa-lamas me han dicho que sufrieron discriminación en la escuela secundaria que recuerda al racismo en Estados Unidos hacia los afroamericanos. La primera escuela secundaria, en el sector indígena del Wayku, fue creada en 2011. En las otras dos escuelas secundarias, mucho más antiguas en Lamas, no se enseña el quechua, a pesar de ser considerado, con el español, uno de los dos idiomas oficiales del Perú, una ley ignorada en la mayoría de las escuelas secundarias y también en la mayoría de las universidades del país.

Este proceso de devaluación de las cosmovisiones indígenas se inició con la promulgación de las leyes de la extirpación de la idolatría, promulgadas pocos años después de la llegada a lo que hoy es el Callao –el puerto de Lima– del primer «conquistador» español en Sudamérica, Francisco Pizarro, en 1532. El arzobispo Jerónimo de Loayza promulgó esas leyes en 1545, trece años después del desembarco de Pizarro. Estas leyes continuaron la práctica de la Santa Inquisición, que se dedicó a erradicar prácticas consideradas

44   Sección introductoria

heréticas en Europa. La primera Inquisición en Europa data de fines del siglo XII, creada para combatir a los herejes del sur de Francia. El tipo de Inquisición que llegó al Perú en el siglo XVI se originó en España con los reyes Fernando e Isabel, para erradicar a los criptojudíos y musulmanes. Sin embargo, la Inquisición continuó erradicando también a las llamadas brujas, algo que se inició en Europa y se tratará con más detalle en la tercera parte. Las leyes de extirpación de la idolatría en Sudamérica se dirigían a las prácticas de la población nativa de lo que hoy es el Perú. Estas son las palabras del arzobispo Loayza:

> Trabajarán de saber si ay hechizeros o yndios que tengan comunicación con el Demonio, y hablen con él, y asy mesmo los alumbren desta ceguedad y torpeza, haciéndoles entender la gran ofensa a Dios en tener comunicación con el Demonio y creer mentiras que les dize [...] y también los amenazarán con la pena y castigo que se hará en los que hizieron.[6]

Como han demostrado los estudios de la historiadora Irene Silverblatt sobre las mujeres durante el periodo de transición entre los últimos años del periodo Inca y el inicio de la invasión española, los españoles señalaron especialmente a las mujeres sacerdotisas y chamanes para la persecución. Muchas de ellas huyeron a la puna, región de los pastizales de la sierra alta, donde siguieron la práctica con la que estaban familiarizadas.[7]

La antropóloga Bonnie Glass-Coffin presenta un breve relato

---

6.   Pablo José de Arriaga, de la compañía de Jesús con estudios preliminares y notas de Henrique Urbano *La Extirpación de la Idolatría en el Pirú* (1631) Cuzco, Perú: Centro de Estudios Regionales Andinos Bartolomé de las Casas, 1999, XXIV-XXV.
7.   Silverblatt, 1987.

histórico sobre la señalización de las mujeres por parte de la Inquisición a comienzos de su etnografía sobre chamanismo en el norte peruano.[8] Aunque me he encontrado con pocas curanderas –en una de las cuales confío y admiro profundamente, que vino al Centro Sachamama y dirigió a un grupo de visitantes en una serie de ceremonias–, es cierto que en Lamas las dos únicas curanderas conocidas son generalmente consideradas brujas. Es mucho más difícil para una mujer convertirse en curandera de confianza que para un hombre.

Un remanente revelador de este legado histórico en el idioma utilizado por todos en Lamas y la región es lo siguiente: todas las deidades y espíritus nativos fueron y son todavía llamados diablos o demonios. Actualmente, en Lamas, la palabra «diablo» se refiere a los espíritus o deidades locales y es utilizada por todos, kichwa-lamas y mestizos por igual. Sin embargo, parece que su aura herética se ha mitigado en gran medida. La palabra española «diablo» hoy solo identifica un espíritu nativo. No obstante, esto no es cierto para las Iglesias evangélicas, para las que todas las deidades o espíritus nativos son considerados demonios. Para la mayoría de los mestizos, como para Randy antes de su iniciación, estos espíritus simplemente no existen y creer en ellos es supersticioso.

Como es evidente al pasear por la antigua ciudad del Cuzco, los templos y deidades incas fueron destruidos y sobre sus cimientos se construyeron iglesias y monasterios. El historiador Henrique Urbano afirma que todos los españoles que llegaron al Perú en el siglo XVI conocían las leyes de extirpación de la idolatría, conocidas por la práctica de la Inquisición en España en ese momento. Debo agregar que las prácticas heréticas que la Inquisición se dedicó a exterminar no fueron solo de los cátaros, judíos y musulmanes, sino también las consideradas paganas. Las prácticas paganas fueron especialmente

8.   Glass-Coffin, 1998.

46 Sección introductoria

evidentes entre las llamadas «brujas». En la tercera parte veremos más de cerca la erradicación de esas prácticas de «brujería» europea y su naturaleza chamánica. Esto queda claro en el uso de la palabra «hechicero» en la cita del arzobispo Loayza. La cita es del muy respetado académico Henrique Urbano y se hace eco de las prácticas inquisitoriales en la España de los siglos xv y xvi.

Aunque las leyes de extirpación de la idolatría nunca han sido eliminadas de las leyes en Perú, estas ya no se aplican. Con la imposición del catolicismo en el Perú colonial, continuada luego de la Revolución republicana en 1821, la práctica entre el campesinado indígena ha sido continuar sus prácticas ancestrales bajo la fachada de catolicismo, sus santos y figuras sagradas. En Lamas, el festival anual de la región indígena del Wayku, a fines de agosto, es la Fiesta de Santa Rosa. La figura de Santa Rosa –una santa católica– es llevada en procesión por todo el barrio indígena al inicio de la fiesta inaugurada con una misa en la pequeña iglesia católica del Wayku.

Sin embargo, los bailes, los disfraces, las fiestas comunales, los cantos y los múltiples intercambios siguen las líneas tradicionales indígenas durante los siguientes cinco días de festividades. La mayoría de las familias de las muchas comunidades nativas de la región vienen al Wayku para este festival indígena. En este medio mayoritariamente oral, la conciencia de la diferencia entre ciertas figuras católicas y las indígenas es borrosa y la conciencia del legado histórico parece existir solo en los que han concluido el nivel de educación secundario. En la gran mayoría de las prácticas kichwa-lamas, como las que he observado en los últimos 25 años, ya sean practicadas por curanderos o en festivales, la inclusión de santos católicos y vírgenes se ha convertido en parte del panorama espiritual local y no es percibido como algo ajeno. Por lo tanto, el término «fachada» no es exactamente apropiado, ya que implica una conciencia del estatus ajeno de los elementos católicos, una conciencia que no siempre, o incluso usualmente, está presente.

En el sistema de educación pública, la instrucción religiosa es obligatoria, al igual que el bautismo en el catolicismo. Randy me dijo que la única razón por la que se bautizó fue porque era un requisito en la escuela; de lo contrario, sus padres no lo hubieran bautizado. No hace falta decir que la instrucción religiosa es enteramente cristiana. Desde que estuve colaborando con la unidad de gestión educativa local (UGEL) en 2012, enseñando en varias escuelas primarias y secundarias de la provincia de Lamas, la regeneración del suelo amazónico antropogénico precolombino, que regeneramos en mi centro, constantemente me he encontrado con la actitud mestiza dominante hacia las prácticas y conocimientos indígenas. Se me había preguntado si el uso de términos indígenas no resultó ser un obstáculo para comunicar mis hallazgos en Estados Unidos, dejándome claro así que, para los maestros que hicieron ese comentario, los términos indígenas se percibieron como una barrera para la aceptación de la práctica.

Este suelo precolombino está lleno de cerámicas rotas que mis colaboradores kichwas me enseñaron que provienen de las ofrendas a los espíritus de la chacra, el campo cultivado. He fracasado completamente en tratar de inducir en las escuelas a realizar tales ofrendas. Esto ha sido rechazado, sistemáticamente, por supersticioso y contrario a las reglas de la escuela, incluso en las escuelas primarias ubicadas en comunidades nativas donde todos los estudiantes son indígenas. Aunque en sus propias comunidades y familias los indígenas pueden seguir practicando costumbres ancestrales –es decir, si no se han vuelto evangélicos–, públicamente la práctica sigue siendo católica.

Es notable, sin embargo, que exista en la región andina y amazónica una tendencia conocida como catolicismo andino. Me di cuenta de esto durante mi periodo de conferencias en los cursos del PRATEC sobre cultura y agricultura andina-amazónica de 1994 a 2004. Uno de sus conferencistas invitados regularmente era un sacerdote católico neerlandés que había vivido entre campesinos andinos en la frontera entre Chile y el Perú durante los últimos 30 años. El sacerdote abogó por tal fusión de prácticas católicas y andinas y fue tremendamente popular entre los participantes en el curso; a pesar de la predilección del PRATEC por el rechazo a todo lo europeo-norteño-cristiano, quedó notablemente claro para todos.

El PRATEC no solo fue mi anfitrión en el Perú, me invitó a dictar conferencias en su curso, pues colaboré también con ellos de 1999 a 2004 en la creación de una organización sin fines de lucro en Lamas, llamada Waman Wasi, en honor al *apu*, cerro local. Esta organización es también la única en Lamas –además de mi propio centro– que ofrece talleres y otros medios para intentar revalorizar e incentivar lo que el PRATEC llama la «afirmación» de la cultura indígena andino-amazónica. La mayoría de las ONG están, en un grado u otro, vendidas a la ideología del desarrollo que viene con el sistema de conocimiento moderno occidental –del cual ahondaremos más en la tercera parte– y la economía de mercado; es decir, con las principales instituciones de la modernidad occidental.

Debo mencionar aquí que el centro Takiwasi, en la vecina ciudad comercial de Tarapoto, trabaja también para revalorizar el sistema de conocimiento medico indígena. El catolicismo en Takiwasi honra plenamente el conocimiento médico y espiritual indígena, y puede describirse como una hibridación exitosa del catolicismo con el conocimiento médico y espiritual indígena, como también algunas formas de psicoterapias occidentales, especialmente de las variedades junguiana y transpersonal. Takiwasi siempre cuenta con un equipo de cinco a seis psicoterapeutas, quienes ellos mismos asisten a ceremonias de ayahuasca, así como a dietas en el monte y ayudan a los pacientes internados a procesar su recuperación. Nunca he sentido, sin embargo, ninguna presión para convertirme al catolicismo por parte de ningún miembro de esta organización.

El efecto pretendido que perseguía la Inquisición con la práctica de la extirpación de la idolatría, ahora se puede ver, básicamente fracasó en el Perú, muy diferente de lo que sucedió en Europa, como se tratará en los dos primeros capítulos de la tercera parte. Existe más influencia reciente y extremadamente fuerte de la ideología de la modernización a través de la muy positivamente valorada ideología del desarrollo. El desarrollo es muy defendido por el Gobierno peruano y se enseña en las universidades. Hace varios años, uno de los miembros de mi personal kichwa me pidió que viera, con un amigo suyo, un ingeniero kichwa, un documental que ellos habían visto, pero no podían decidir qué pensar. Los tres nos sentamos y vimos el documental realizado por el economista peruano Hernando de Soto. El video trataba de persuadir a los líderes indígenas para que adoptaran una ideología y prácticas económicas capitalistas. El economista entrevista a varios líderes kichwa-lamas, así como también a líderes indígenas de Estados Unidos y Canadá que habían creado empresas exitosas en sus territorios. El énfasis principal estaba en la necesidad de que los kichwa-lamas fueran dueños de propiedades privadas y renunciaran a la noción de bienes comunes, lo que les permitiría obtener préstamos bancarios y así mejorar sus perspectivas.

Tras trabajar con líderes indígenas de las Seis Naciones, en el estado de Nueva York y Canadá durante muchos años, con el profesor John Mohawk, me había dado cuenta de las consecuencias del legado histórico para los pueblos indígenas en Estados Unidos, cuando el gobierno los empujó a la propiedad privada. El resultado fue una grave pérdida de organización y coherencia de la comunidad, así como una grave pérdida de cultura.

En la versión de Hernando de Soto, estaba ausente la comprensión de que obtener préstamos de los bancos es casi imposible para los pueblos indígenas, por la severa discriminación descrita antes, también porque los describen como clientes de alto riesgo. Había,

50   Sección introductoria

además, un total desconocimiento por parte del economista peruano del efecto de la imposición de la propiedad privada en la organización y la cultura de las comunidades indígenas en Estados Unidos, o, tal vez, esa perspectiva era irrelevante para él.

Para ilustrar lo anterior, permítanme tratar el ejemplo de cómo comenzó la comunidad indígena de Yurilamas, fundada por un pequeño grupo de familias del Wayku en la década de 1960. Esta comunidad se sitúa al noroeste de Lamas, a unas ocho horas de caminata de la comunidad más cercana por carretera. Royner[9] pertenece a esta comunidad y nació allí, y sus difuntos padres se encontraban entre los fundadores. Al principio, el territorio que rodea a Yurilamas, densamente arbolado, se trataba como tierra comunal y tradicionalmente los ancianos daban en usufructo una porción de tierra a cada familia según sus necesidades.

La propiedad privada no existía. En la actualidad, según Royner Sangama Sangama, después de haber visitado recién su comunidad ancestral (a principios de 2021), solo quedan dos familias kichwa-lamas, todas las demás son los que se llaman «colonos». Es decir, mestizos que venían de la sierra en busca de tierra. Este movimiento fue incentivado por el Gobierno peruano a lo largo del siglo XX como una forma conveniente de no tener que implementar una verdadera y amplia reforma agraria. Los colonos de Yurilamas han estado exigiendo en voz alta la construcción de una carretera para tener un mejor acceso a los mercados. Estas familias inmediatamente comenzaron a deforestar y reemplazar el monte con pastos para criar ganado y, por supuesto, erigir cercos entre sus propiedades privadas individuales.

A pesar de todas estas incursiones de los mestizos en los territorios y en las vidas indígenas, la tradición del chamanismo entre los

---

9.   Royner Sangama Sangama es parte de la asociación Sachamama desde hace muchos años.

indígenas kichwa-lamas sigue siendo muy fuerte. Royner participó en varias ceremonias de ayahuasca dirigidas por un curandero indígena de su natal Yurilamas. En el relato de Randy sobre su iniciación en el centro de don Aquilino, así como en su segunda visita allí, este curandero indígena tuvo un efecto poderoso en él, a pesar de que Randy no aceptó su oferta de convertirse en su aprendiz y nunca regresó con el curandero.

Mi propia interpretación de la negativa de Randy es que su maestro desencarnado asháninka ya era su «maestro», su propio maestro chamán personal, el que le dio su *yachay* y el que continuó instruyéndolo como también curándolo durante su periodo de aprendizaje. La visión de Randy de la mujer que avizoró y que resultó ser la Virgen de Guadalupe –como informa Jacques Mabit mientras exorcizaba a Randy–, y de su maestro asháninka acercándose a la Virgen y arrodillándose frente a ella, para mí encarna y representa poderosamente la relación contemporánea entre el chamanismo indígena y el catolicismo. Sin embargo, debo reconocer de inmediato que es posible que lo que se está afirmando en esa visión sea la naturaleza indígena de la Virgen de Guadalupe. Esto Randy lo aprende del maestro Juan Ernesto Arellano en la Ciudad de México en setiembre de 2018. Es decir, la Virgen de Guadalupe es la diosa precolombina de la tierra, Tonantzin. Esto, claramente, se volvió muy importante para Randy, como lo demuestra el hecho de que él inscribió el nombre de la Virgen en la capilla al aire libre que construyó para ella como Tonantzin, Virgen de Guadalupe, dando prioridad a su identidad indígena. También lo demuestra el uso regular que hace Randy del íkaro náhuatl de Tonantzin-María que le dio el maestro Juan Ernesto en México. Cualquiera que sea el caso de la identidad de la Virgen de Guadalupe, no hay duda de que ella desempeñó un papel fundamental en el viaje iniciático de Randy, al recibir sus dos tipos de poder y cuando la Virgen le pide a Randy que construya su imagen.

Randy recibe también un poder extremadamente fuerte del cerro Waman Wasi, sagrado para los kichwa-lamas, que llega a él en forma de una enorme águila. Randy, además, recibe enseñanzas sanadoras y silenciosas sobre las plantas de varios espíritus vegetales. La mujer-pájaro verde es también un espíritu indígena que le otorga poderes, identificados por su amigo Carlos como poderes de diagnóstico, que le permiten diagnosticar a los pacientes con solo mirarlos. En los momentos clave de este viaje iniciático, Randy es acompañado por mujeres abuelas indígenas que sacuden la shacapa rítmicamente. En resumen, caracterizaría el camino de Randy hacia el curanderismo como uno en el que la rama indígena es extremadamente fuerte, pero, al mismo tiempo, entrelazada con una rama claramente católica al referirme a la Virgen de Guadalupe, una rama casi indistinguible de la indígena debido a su origen como la diosa madre precolombina náhuatl Tonantzin.

La rama indígena introdujo a Randy a una cosmovisión que le era completamente ajena antes de su iniciación, la cosmovisión que mi amigo y colega Stefano Varese, conocido etnógrafo de los pueblos indígenas amazónicos y mesoamericanos, ha llamado cosmocentrismo. El cosmocentrismo se refiere a un cosmos vivo, en el que la diversidad y la reciprocidad son centrales. Así es como Varese define el término:

> En contraste con el antropocentrismo euroamericano [de larga fecha en la herencia cultural judeocristiana-islámica y científica], los pueblos indígenas, durante milenios, construyeron cosmologías cosmocéntricas y policéntricas basadas en la lógica de la diversidad y en la lógica de la reciprocidad. Este es un cosmos diverso, en el que no hay centro privilegiado, ni singularidad hegemónica.[10]

10. Varese, 2013: 61-81.

Para ilustrar la actitud anterior de Randy hacia un cosmos viviente, utilizaré una anécdota mundana. Una de las primeras iniciativas que traté de presentar al personal mestizo de mi centro fue algunas nociones básicas y simples de reciclaje y compostaje. Le pedí al personal que creara abono reciclando desperdicios de comida de la cocina principal y hojas, esquejes y demás residuos del mantenimiento de la tierra. Compré dos basureros para la cocina y así separar lo que era biodegradable y lo que no, pues no existe recojo reciclable por parte del municipio. También construimos cercas y vallados para recortes de tierra.

Mi personal indígena no tuvo problemas para entender mi solicitud sobre el césped y otros esquejes, y colocarlos en el recinto adecuado para que pudiera convertirse en abono. Sin embargo, el personal de la cocina, dirigido por Ida, madre de Randy, era un asunto completamente diferente. Resultó muy difícil instituir este cambio, aprender a distinguir entre lo que era biodegradable y lo que no, resultó ser sorprendentemente difícil de aprender y, más aún, difícil de convertirlo en un hábito. Cabe señalar que el municipio de Lamas tiene solo una categoría de basura y una máquina para recoger los desperdicios cada semana. La discriminación entre algo reciclable y algo que no lo es simplemente no se implementa en Lamas y, por supuesto, en la mayoría de los hogares de sus habitantes principalmente mestizos.[11]

Cuando Randy y Kemy[12] se mudaron al apartamento de Sangapilla, en enero de 2016, se encontraron con la misma dificultad. Kemy ignoro el requisito y Randy no insistió en ello. Aunque una

---

11. Debo agregar que recientemente varias de las escuelas con las que trabajamos han introducido a los estudiantes en el reciclaje y compostaje, y otras prácticas ecológicas básicas. Sin embargo, la Municipalidad Provincial de Lamas no exige que los hogares reciclen, y la basura es de un solo tipo.

12. La pareja de Randy hasta enero del 2020.

54 Sección introductoria

anécdota tan doméstica y mundana puede no hablar de un tema tan vasto como la actitud de la gente hacia un mundo viviente no humano, ilustra una falta de conciencia muy generalizada entre la población mestiza de Lamas sobre la destrucción causada en el planeta por los modernos modos de vida. A esto no ayuda el hecho de que la mayoría de los mestizos consideren que las ideas de los kichwa-lamas sobre la conciencia de las entidades naturales son una superstición tonta.

Sin embargo, a Randy nunca se le habría ocurrido, antes de su iniciación, pedir permiso a una planta antes de cosecharla. Esto es algo que él mostró cuando hicimos, en agosto de 2017, nuestro primer taller de plantas medicinales. Como informo en la siguiente sección de esta parte del libro, Randy nunca acompañó a Royner, ni a los estudiantes ni a mí, a cosechar microorganismos del monte pidiendo permiso con un ritual y, luego, otro ritual de gratitud al irnos con nuestros microorganismos recolectados o, para el caso, cualquier otro ritual que involucre al mundo no humano al que Royner nos condujo. Randy cambió por completo en algún momento durante su viaje iniciático y en el ritual de cierre de ese taller, a fines de agosto de 2017, nos llevó a todos a una quebrada donde dirigió la palabra al agua, le cantó y la derramó sobre cada uno de nosotros. Es decir, Randy fue profundamente transformado por su viaje iniciático y tuvo lo que yo, siguiendo a Stefano Varese, llamaría una cosmovisión cosmocéntrica, abandonando su otrora materialista antropocéntrica. Como muestra su propio relato de haber sido curado por espíritus vegetales, estaba profundamente agradecido con ellos y también profundamente transformado.

Situándonos en nuestros contextos sociales

Para transmitir lo inesperado de la iniciación de Randy, necesito dibujar su retrato y describir qué tipo de persona era antes de ser iniciado en contra de su voluntad. Necesito, además, esbozar la historia de nuestra relación y de otras personas que son fundamentales para el centro que fundé y donde Randy desempeña un rol importante. Randy es un mestizo y no un indígena. Para resaltar las diferencias, esbozaré otro retrato de otro miembro del personal del centro Sachamama y que es indígena.

Conocí a Randy en la casa de sus padres, en el pequeño pueblo de Lamas, en el departamento de San Martín en la Alta Amazonía del Perú, hacia 1998, cuando él tenía 15 años. Me habían invitado a colaborar con una ONG peruana, PRATEC,[1] en 1994. Dos años antes había conocido al fundador de esta organización en una conferencia internacional en Canadá. Por esos tiempos, había decidido abandonar la práctica de la etnografía convencional en la India por razones que analizo en el capítulo 8 de la tercera parte, sobre la academia. El PRATEC participó durante dos años con nuestro grupo de investigación con mi exmarido, hasta que finalmente los de PRATEC me invitaron a colaborar con ellos en el Perú en 1994, cuando visité este país por primera vez.

Me fascinó su trabajo, repensando las culturas indígenas del Perú como alternativas viables a la modernidad occidental. Fue con los

---

1.   Este acrónimo significa Proyecto Andino de Tecnologías Campesinas.

miembros del PRATEC con los que visité por primera vez Lamas, en el departamento nororiental de San Martín en la Alta Amazonía. El PRATEC y yo, unos años después, comenzamos a ofrecer pequeños cursos en esa ciudad. Nos alojamos en la casa de los padres de Randy, ahí su madre preparaba el desayuno. Rápidamente descubrí que la madre de Randy, Ida Gonzales Flores, era una cocinera maravillosamente talentosa, así como también una persona cálida y amigable.

Unos años más tarde, el fundador y director del PRATEC, Grimaldo Rengifo, decidió comprar un terreno en Lamas para construir un centro comunitario, local del PRATEC. Me invitó a unirme a él, comprar un terreno contiguo y ayudarlo a construir este centro. Cuando los fondos de Grimaldo y los míos se agotaron, decidí realizar cursos en el extranjero en este centro recién construido, pero aún no terminado, para ayudar a completarlo. Traje a grupos de estudiantes de la Universidad Smith, donde enseñé antropología. Sabía también que la madre de Randy sería la persona perfecta para cuidar de la alimentación y el cuidado de los estudiantes. Ida demostró ser indispensable en la cocina, así como también me ayudó a atender a los estudiantes. Ella fue central en el éxito de estos cursos y, desde entonces, ha permanecido a mi lado… hasta la fatídica iniciación de Randy.

Hacia el año 2000 había invitado a Randy a que nos acompañara, a una amiga indígena y a mí, a una ceremonia de ayahuasca en la casita que ocupaba en el centro que Grimaldo y yo habíamos construido. El curandero era indígena, uno de aquellos que habitualmente venía invitado por el PRATEC. Randy había demostrado una seria pasión por la pintura y el dibujo. Pensé que al tomar la ayahuasca profundizaría su creatividad artística. De hecho, produjo varias pinturas hermosas inspiradas en sus visiones en esa sesión. Estaba claro, sin embargo, que no estaba interesado en repetir la experiencia y no mostró interés en la ayahuasca en sí. Creo que Randy tenía 18 años cuando hicimos esta ceremonia de ayahuasca.

Mucho más tarde, en 2009, después de que dejé de colaborar con el PRATEC, compré un terreno al otro lado de la ciudad y, con la ayuda de Randy, construí un centro. Lo llamé Centro Sachamama para la Regeneración Biocultural (CSRB). *Sachamama* es el nombre indígena local para el espíritu de la selva tropical. Desde entonces he estado trayendo estudiantes estadounidenses y canadienses. Ida ha sido mi mano derecha en este esfuerzo, al igual que Randy. Ese periodo fue, personalmente, difícil para mí y decidí hacer un retiro de ayahuasca en el centro Takiwasi, ubicado en la cercana ciudad de Tarapoto. Había conocido a su fundador, el médico francés Jacques Mabit, en 2004, y había comenzado a asistir a las ceremonias de ayahuasca allí. Pero la primera vez que asistí a una ceremonia de ayahuasca fue cuando los miembros del PRATEC me dijeron que lo hacían regularmente y ellos insistieron en que participara. Nunca había consumido ningún psicodélico, salvo algún porro ocasional en las fiestas. Tampoco había oído hablar de la ayahuasca y no tenía idea de cuáles serían sus efectos. Sin embargo, pronto descubrí que las ceremonias de ayahuasca me abrían horizontes hasta ese momento insospechados y desde entonces he seguido esta práctica.

En febrero de 2009, pasaba por un doloroso momento en mi vida, y, siguiendo el consejo de Jacques Mabit, decidí participar de mi primer retiro en el monte de Takiwasi con la esperanza de que pudiera ayudarme. Me sanó profundamente. Tomé una «planta maestra» conocida como la «memoria del corazón», que me mostró cosas sobre mí misma que en años de terapia no había logrado. Regresé a mi centro con una nueva oportunidad de vida. Ese diciembre sería la anfitriona del primer curso de estudios en el extranjero en esa tierra, aunque aún estaba inconcluso: requería una nueva cocina-comedor y muchas más habitaciones para alojar a los estudiantes. Dejé a Randy a cargo de la construcción con temor. Cuando regresé en el verano,

58   Sección introductoria

me sorprendió lo mucho que había avanzado la construcción, y, cuando los estudiantes llegaron a fines de diciembre, todo estaba listo. Era obvio que Randy era confiable y competente. Además, tenía una sensibilidad estética que coincidía con la mía.

Durante mi colaboración con el PRATEC había aprendido que uno de los principales problemas de los agricultores indígenas era la falta de tierra suficiente para que la duración de su rotación entre claros en el monte, para hacer sus chacras,[2] sean lo suficientemente largos como para que el monte se regenere de manera robusta. Para ello, una familia necesita al menos 50 hectáreas y la mayoría de ellos tenía solo entre 3 y 10 hectáreas. Esto estaba provocando el crecimiento de tierras degradadas donde el monte ya no se regenera y los cultivos alimentarios no vuelven a crecer.

Cuando fundé el centro Sachamama, adonde llevé a mis estudiantes extranjeros, los líderes de las comunidades indígenas me pidieron que los ayudara con la rápida propagación de la deforestación y la creciente incapacidad para practicar su método de agricultura, la roza y la quema. Inmediatamente reconocí que esto se convertiría en el foco de mi centro. Mientras tanto, me enteré de que uno de los suelos antropogénicos más fértiles y sostenibles del mundo lo habían hecho habitantes precolombinos de la cuenca del Amazonas. Esto ha sido establecido por excavaciones arqueológicas a lo largo de la cuenca amazónica.[3] Significaba que no estaríamos importando alguna tecnología extranjera novedosa, sino redescubriendo su tecnología ancestral. Inmediatamente me dispuse a averiguar la posibilidad de regenerar este suelo antropogénico precolombino en mi centro.

---

2.   La chacra es el huerto alimenticio abierto con un claro en el monte, que puede durar unos pocos años, pero no es permanente.

3.   Véase mi libro con Tindall y Shearer, *Sacred Soil* (2017). En 2020 se publicó una traducción al español por Apus Graph en Lima, con el título de *Yana Allpa: el biocarbón, una solución ancestral amazónica a la crisis climática.*

Me enfrenté de inmediato a un desafío sustancial. Uno de los ingredientes claves, y el más responsable de la capacidad del suelo para secuestrar una cantidad importante de gases de efecto invernadero, requirió la carbonización de la biomasa a altas temperaturas con poco o nada de oxígeno. Para ello, necesitaríamos hornos especializados. Aquí es donde Randy reveló su notable ingenio. Una búsqueda rápida en la web reveló que se corrió la voz en todas partes, y la gente había estado ideando hornos de biocarbón asequibles en todo el mundo. Randy y yo nos conectamos a internet y examinamos los muchos ejemplos de hornos de biocarbón caseros. Randy me dijo que investigaría mientras yo estuviera de regreso en Cambridge. Lo que hizo durante los meses de mi ausencia fue diseñar, probar y construir un horno casero a base de lo que aprendió del internet.[4] El horno de Randy ha seguido produciendo el biocarbón que necesitamos para nuestra Terra Preta do indio precolombino regenerada, que significa «Tierra Negra de los Indios» en portugués.[5]

Había otro ingrediente importante en este suelo negro antropogénico y ese era el micelio, que se adhiere a las raíces de las plantas como redes de micorrizas.[6] Había escuchado que existían agricultores en Costa Rica que podían cultivar alimentos de manera permanente y orgánica mediante la creación de un fertilizante natural utilizando micelio del suelo del bosque. Sin embargo, nadie pudo encontrar al agrónomo que había ido a Costa Rica y sabía cómo

---

4. He reproducido el diagrama que hizo Randy de su horno con la explicación de cómo funciona, cómo recicla y neutraliza los gases emitidos en la carbonización en el barril con la biomasa. Véase mi libro con Tindall y Shearer, 2020: 324.

5. Porque las primeras excavaciones arqueológicas donde encontraron esta tierra negra fueron en Brasil.

6. Normalmente he usado la versión de la palabra «microorganismos» que usan los agricultores costarricenses que me enseñaron a cosecharlo del suelo del bosque. Pero el término científico es *micelio*, que se adhiere simbióticamente a las raíces de las plantas como redes de *micorrizas*.

60   Sección introductoria

se hacía. Finalmente decidí ir a Costa Rica yo misma armada con el nombre de uno de los agricultores que usaba este método. Allí, este agricultor me enseñó a recolectar micelio del suelo del bosque, fermentarlo y hacer una infusión que transformó el suelo con una productividad confiable y permanente. Sin embargo, el agricultor costarricense no había oído hablar del biocarbón. El método era simple y el micelio era de libre acceso en el monte.

Un tercer ingrediente encontrado en todo este suelo arqueológico fue la cerámica rota. Tras repasar cuidadosamente la literatura publicada sobre este suelo, solo había un artículo sobre una posible procedencia y era de la cerámica rota y colocada en la sepultura de la mujer que la hizo a su muerte en un grupo indígena de la Amazonía brasileña. Sin embargo, esa explicación de las cerámicas rotas en las tumbas, con otra explicación de esos fragmentos de cerámica que provienen de basureros, no podrían explicar el hecho de que esas cerámicas rotas se encontraron dondequiera que se descubrió este suelo negro. Estos fragmentos de cerámica se encontraron independientemente de que hubiera tumbas de mujeres o no, o si esos sitios estaban cerca de asentamientos donde hubiera basureros.

Una explicación mucho más convincente vino de unos de los miembros de mi personal indígena de entonces, Girvan Tuanama, que pertenece al grupo indígena local kichwa-lamas. Girvan me dijo que su abuela siempre traía cerámicas rotas para ofrecer a los espíritus de su chacra.[7]

Con mis alumnos, acordamos una visita de unos días a las comunidades indígenas con las que colaboramos. Al consultar el tema

---

7.   En mi libro *Suelo sagrado* (*Sacred Soil*), reúno una serie de evidencia correlativa para hacer que esta práctica contemporánea de los kichwa-lamas sea más que plausible como una explicación de la presencia de cerámica rota dondequiera que los arqueólogos hayan encontrado esta tierra negra antropogénica precolombina; véanse las páginas 134-136.

con estas comunidades, los comuneros expresaron un vivo deseo de hacer estas ofrendas una vez más. En este lugar nos enteramos de que solo lo practicaban las personas mayores, tras haberse marchitado la costumbre bajo una combinación de las fuerzas de la modernidad y la mirada de la sociedad mestiza dominante que la consideraba una práctica supersticiosa. Los mestizos, en general, se identifican con su ascendencia europea y prefieren olvidarse de sus raíces indígenas, o al menos no enfatizarlas.

Con mis estudiantes extranjeros, hicimos ofrendas de cerveza de maíz precolombina, conocida como chicha, muy consumida actualmente, en vasijas de cerámica que luego rompíamos, enterrando los trozos en la tierra. Este ritual fue dirigido por uno de los jóvenes miembros del personal kichwa-lamas, Royner Sangama Sangama.

Mi curso se titulaba Espiritualidad Indígena y Ecología. No solo aprendimos a través de lecturas y discusiones en seminarios, sino también con el personal indígena de mi centro, también con nuestros anfitriones en las comunidades que visitamos y realizamos las ofrendas. Luego nos trasladábamos a una zona cercana de la selva tropical y recogíamos los micelios del suelo, como me habían enseñado en Costa Rica. Antes de entrar y al salir del monte, siempre hacíamos un breve ritual ofreciendo humo de tabaco –la comida de los espíritus– a la Sachamama, primero pidiendo permiso y, antes de salir, expresando gratitud.

También hicimos estos pequeños rituales en el huerto de nuestro centro. Estos rituales fueron siempre dirigidos por Royner Sangama, quien a menudo invocaba a los espíritus en su quechua nativo. Royner solía traer a su esposa Cindy y juntos hacían invocaciones en quechua a los espíritus.[8] Además, celebramos ritualmente la luna

---

8.   En el documental que hicimos de este trabajo en el CSRB, se puede ver a Royner y Cindy haciendo esas ofrendas en presencia de mis estudiantes. El documental

llena que se elevó dramáticamente de color naranja brillante en nuestro centro. También celebramos los solsticios. En todas esas celebraciones rituales indígenas, fuimos guiados por Royner, que conoce los gestos y las palabras. Él también ofrecía a los estudiantes interesados un curso de introducción al idioma quechua en el que siempre he participado. Royner es un profesor de idiomas inmensamente dotado.

Otra de las contribuciones de Royner al aprendizaje de mis alumnos, así como al mío, fue que nos guió en recorridos por las muchas plantas medicinales que se encuentran en el terreno del centro Sachamama. Royner daba sus nombres, su uso y las prácticas rituales asociadas con ellos.

Dicho todo esto, se puede ver que Royner se convirtió en el eje central para mi aprendizaje sobre la espiritualidad y el lenguaje kichwa-lamas, y también para mi enseñanza en nuestro centro. Ha permanecido muy cercano a mí y ha participado en mi proyecto de regenerar el suelo negro antropogénico precolombino conocido internacionalmente como Terra Preta y rebautizado por Royner como Yana Allpa, que significa «tierra negra» en quechua. Royner se convirtió en un experto en hacer *yana allpa*, desde recolectar ritualmente los micelios del suelo del monte, fermentarlos aeróbica y anaeróbicamente y preparar la infusión que se agrega al suelo, dirigir las ofrendas de cerámicas rotas, hasta preparar biocarbón en el horno construido por Randy, y más.

Dado que la ayahuasca está clasificada como una droga de la lista 1 en Estados Unidos, y, por lo tanto, es ilegal su ingestión –como cualquier otra planta medicinal indígena–, estaba totalmente fuera de los límites en mis cursos. Las universidades de donde provenían los estudiantes fueron categóricas sobre este tema y yo, por supuesto, fui

---

se titula «Re-Weaving the Web» y se encuentra en el sitio web del CSRB: <www.asociacionsachamama.org>

muy rigurosa al mantener la ayahuasca y el chamanismo completamente fuera de la experiencia de mis estudiantes.

También cabe señalar que Royner, aunque muy conocedor de las tradiciones de su cultura indígena kichwa-lamas, no es curandero (chamán). Por supuesto, el conocimiento del chamanismo amazónico no es necesario para realizar las actividades de regeneración del suelo negro precolombino o dirigir rituales de ofrendas en el momento de la siembra, la luna llena o los solsticios. Por experiencia personal, al participar en las ceremonias de ayahuasca, sabía que las realizaba por razones puramente personales y nunca se me ocurrió escribir sobre ellas, eran demasiado mías como también inefables, y, por supuesto, nunca ocurrieron durante mis cursos.

Randy nunca participó en esos rituales dirigidos por Royner y nunca nos acompañó a las comunidades indígenas que visitamos con los estudiantes, mientras que Royner lo hizo regularmente. Royner no solo era indispensable para guiarnos en las ofrendas, sino que conocía a los miembros de la comunidad y, por lo tanto, era clave para ser aceptados como visitantes temporales. Randy nunca expresó ningún disgusto o desaprobación por tales rituales, pero tampoco expresó ningún interés en ellos, simplemente nunca se unió a nosotros en las prácticas rituales indígenas. Más bien, Randy iba con anticipación a las comunidades que visitaríamos para, por ejemplo, construir un inodoro de compostaje sin agua en una caseta o reconstruir su cocina para que pudiéramos acomodar a un mayor número de estudiantes u organizar los dormitorios para los estudiantes y maestros. Randy –a diferencia de Royner– no participó directamente en mis actividades docentes. Solo proporcionó la infraestructura necesaria.

Por supuesto, Randy no es indígena, sino mestizo. Su bisabuelo paterno proviene de China, de ahí el apellido paterno Chung. Curiosamente, Randy nunca mostró ese sentimiento de superioridad que muchos mestizos hacen notar hacia los pueblos indígenas, pero sí mostró el laicismo total de sus propios padres. Yo había visitado a Ida y a su esposo muchas veces en su casa y pude notar con sorpresa que no celebraban Navidad ni Pascua, ni siquiera los cumpleaños. Parecían rechazar cualquier celebración ritual. En Lamas, donde la mayoría de la gente es católica o pertenece a una de las muchas Iglesias evangélicas de la ciudad, este secularismo total no era típico.

Supe por Randy la fecha aproximada de la llegada al Perú del Chung original de China y que fue enviado por su madre para escapar de una probable muerte en los tiempos al inicio de la guerra civil china entre Chan Kai-shek y Mao Zedong, a fines de la década de 1920. Además, Randy me comentó que este antepasado chino era un revolucionario. Esto significaba que tenía que haber adoptado alguna forma de ideología maoísta antirreligiosa. Asumo que la actitud antirreligiosa proviene de allí y se transmitió de generación en generación por parte del padre. La madre de Randy, Ida, proviene de un entorno agrícola mestizo y originalmente no habría compartido esa actitud, pero, como suelen hacer las mujeres de su generación, adoptó las costumbres de su esposo. Ambos son profesores de secundaria jubilados, él de Historia y ella en economía doméstica con especialización en cocina.

Debo agregar que nunca traté de convencer a Randy para que se integrara en las ofrendas rituales, dirigidas por Royner, en que mis estudiantes y yo participábamos. Respeté sus preferencias sin cuestionarlas. Esto no era en absoluto la especialidad de Randy y esto estaba claro para mí. No se me habría ocurrido pedirle a Randy que estuviera presente durante estas ofrendas ritualistas y menos pedirle que las dirigiera. En cualquier caso, siempre confié en Royner, quien siempre estaba listo e, incluso, ansioso por participar en esos rituales y compartir su cultura con los estudiantes extranjeros y, en el proceso, escapar de la actitud muchas veces desdeñosa y menospreciadora de la sociedad mestiza dominante hacia los rituales indígenas. Siempre sentí que esto era una situación normal y totalmente sin importancia.

No solo se debe a que mis cursos tratan sobre espiritualidad indígena (además de ecología), sino que, como antropóloga, asocié la espiritualidad indígena con los pueblos indígenas. Por supuesto hubo la excepción no solo del Centro Takiwasi, fundado y dirigido por un médico católico francés, sino también el ejemplo de los muchos curanderos mestizos de la región, con algunos de los cuales había hecho sesiones de ayahuasca. Obviamente, cuando se trataba de ayahuasca, la espiritualidad a menudo la practicaban personas no indígenas. Sin embargo, esto se aplica solo en el caso de la ayahuasca y el chamanismo y no se extiende a otros aspectos de la espiritualidad indígena, específicamente no a las ofrendas para los espíritus de la chacra.

El chamanismo es fundamental para la espiritualidad indígena amazónica, por eso invité a los estudiantes a que leyeran ensayos antropológicos sobre la ayahuasca, así como también los llevé a un recorrido por el centro de Takiwasi, en la cercana ciudad de Tarapoto. En Takiwasi nos llevaron a un recorrido dirigido generalmente por uno de los psicoterapeutas que trabajan allí, quien nos explicó el protocolo terapéutico desarrollado en este centro para curar la adicción a las drogas a través de una combinación de medicina indígena amazónica que incluye ayahuasca y psicoterapia occidental.[9] El recorrido concluyó con una conferencia a cargo del doctor Jacques Mabit. Randy nunca estuvo conmigo en estas giras. No se interesó en aprender el uso de la ayahuasca y otras terapias indígenas para tratar la adicción a las drogas o para cualquier otro propósito. Royner tampoco nos acompañó en estos recorridos, porque ya conocía las plantas.

Antes de resumir el papel de Randy y Royner en nuestro centro y mis actividades, sería negligente no incluir una de las construcciones

---

9.   Le pedí a los estudiantes que leyeran el ensayo Mabit, 2007: 87-105.

principales de las que Randy fue responsable. Después de solo tres años de fundar el centro Sachamama, todos nos dimos cuenta de que las instalaciones se estaban utilizando solo durante unas pocas semanas de diciembre a enero y otras varias semanas de mayo a agosto, dependiendo de la cantidad de cursos que se ofrecían.[10] Debo aclarar que a partir de 2013 comencé a tener otras universidades, además de la mía, impartiendo cursos en mi centro, dirigidos por colegas y amigos míos. Una pareja era de la Universidad de Columbia Británica y otra, de la Universidad de Victoria, ambas de Canadá.

En esos cursos universitarios yo sería una de los coprofesores. Sin embargo, seguí ofreciendo mis propios cursos, de ahí la variación del número de semanas durante las cuales se impartían los cursos en el centro. Siendo así, había épocas del año que no se utilizaban las instalaciones. El costo del personal necesario para nuestro proyecto principal de regeneración de Yana Allpa tuvo que pagarse durante todo el año. Lo mismo ocurría con el personal que atendía las necesidades de los estudiantes durante los cursos que se ofrecían en el Centro Sachamama; es decir, cocinar y limpiar. Era imposible tener una ayuda temporal confiable, y por eso tuvimos que pagar salarios durante todo el año. Ida y Randy sugirieron abrir las instalaciones a los turistas cuando no hubiese estudiantes usándolas. Esta fue una solución obvia a la tensión en mis finanzas y la adopté de inmediato.[11]

Decidimos que la parte no dedicada a la regeneración del suelo, es

---

10. Estos periodos del año corresponden a las vacaciones universitarias durante las cuales era posible ofrecer cursos «al extranjero» a estudiantes de los EE. UU. y Canadá.

11. Desde el principio decidí no apoyarme con fondos blandos, es decir, depender de subvenciones temporales. Así es como funcionaba el PRATEC. Fui testigo de lo que implicaba, es decir, viajes constantes y estrés para recaudar dinero. Aprendí con mis primeras pruebas de hacer cursos de estudio en el extranjero en el primer centro del PRATEC en Lamas, llamado Waman Wasi, que podía mantener un centro a través de tales cursos y ser autosuficiente, y eso es lo que he estado haciendo desde entonces.

decir, el chacra-huerto y el horno de biocarbón, todos ellos situados en la parte baja del terreno, se reservarían para esas actividades y la gran casa de dos pisos, el comedor, las habitaciones, la cocina y los bungalós se convertirían en un «hospedaje» u hostal para turistas el resto del año. Ida y Randy decidieron que la parte del albergue necesitaba su propio nombre a efecto de reconocimiento. De hecho, hay un incidente revelador en torno a la necesidad percibida de un nuevo nombre de mi centro que nombré Sachamama en referencia al espíritu de la selva tropical para los kichwa-lamas. Sachamama es uno de los espíritus invocados por Royner durante las ofrendas a la chacra. Este espíritu de la selva tropical está representado como una enorme serpiente.

Randy me dijo que una vez, mientras recogía a los estudiantes en el aeropuerto de Tarapoto, sostenía un cartel que decía «Centro Sachamama» para que los estudiantes lo identificaran. Me informó de que varias personas, algunos de los cuales conocidos suyos, al ver el letrero, se rieron de ese nombre. Me quedé perpleja, pero me explicó que para la mayoría de los mestizos esta palabra quechua suena ridícula, como los rituales que implica el nombre. Dado que era más probable que muchos de los turistas esperados fueran mestizos de Tarapoto, sería mucho más seguro darle al hospedaje un nombre más aceptable para los posibles clientes, uno libre de implicaciones identificadas por indígenas. Uno de los tíos de Randy sugirió el nombre Sangapilla. Sangapilla es una planta local que florece a fines de agosto con flores deliciosamente fragantes. Esta flor se nombra en el himno de Lamas y no tiene connotaciones indígenas especiales. De hecho, esa fue la razón por la cual el tío de Randy la sugirió. Era muy local y evocaba una flor aromática.

Así que ahora teníamos un hospedaje seguro con un nombre bonito. En una ocasión, llegó a visitarme una conocida mía alemana y me dijo: «Este es un lugar hermoso. Me estoy quedando en este hotel en

68   Sección introductoria

Tarapoto y estoy pagando un buen dinero. Creo que si construyes una piscina como la que tiene ese hotel, podrías cobrar tarifas similares». Su argumento fue muy persuasivo y decidí que debíamos hacerlo.[12] Sin embargo, quería que esta piscina fuera ecológica, libre de los químicos habituales a los que soy alérgica, sin contar lo terrible que son para el medio ambiente.

Entonces, Randy y yo recurrimos a internet para buscar modelos de piscinas ecológicas. Corría 2012. Todos los modelos requerían que estas piscinas estuvieran rodeadas por plantas acuáticas que limpiaran el agua de forma natural.[13] Antes de regresar a Estados Unidos, dibujé en la tierra el contorno de la piscina. Tenía la forma de un riñón y era el único lugar plano disponible. Randy supervisó la construcción. Cuando regresé varios meses después, nunca olvidaré mi reacción al ver lo que había conseguido. Quedé asombrada por la belleza que había creado. Además de la piscina rodeada por un lugar estrecho y poco profundo donde crecían abundantes plantas acuáticas, rodeado de palmeras enanas, había ajardinado la tierra circundante con una cascada de aspecto totalmente natural, con una abundancia de árboles y muchos tipos de plantas. El conjunto era simplemente hermoso.

Poco después de la finalización de la piscina, Randy le pidió a su compañera de varios años, una mestiza llamada Kemy, que se había formado como técnico en Contabilidad, que administrara el albergue. Randy era brillante en la construcción, la pintura y cosas

---

12.   Mi madre había fallecido recientemente y heredé lo suficiente para construir una piscina.

13.   Algunos años más tarde, Randy se enteró de una máquina que hidrolizaba agua con sal marina que podía purificar y desinfectar completamente el agua. Compramos la máquina cuando las plantas acuáticas empezaron a desprender un olor nocivo. Desde entonces, esa máquina ha desinfectado la piscina con esa agua salada hidrolizada. El anillo circundante menos profundo se convirtió en una piscina para niños pequeños.

así, pero no tenía talento para la contabilidad y la administración. Kemy demostró ser extremadamente buena en ambas cosas. Pronto tuvo un sitio web creado para el albergue, que figura en Booking y más. Con el genio de la construcción de Randy y el don gerencial de Kemy, el albergue comenzó a ser frecuentado lentamente por turistas, en su mayoría de Tarapoto, pero también con visitantes ocasionales de Lima, incluso extranjeros.

Concluyo esta reseña de mis dos principales colaboradores de mi centro. De ella se desprende claramente que Randy era el especialista secular mestizo en el diseño y construcción de estructuras, así como también de máquinas, y Royner era el especialista en la cultura y espiritualidad indígena kichwa-lamas. Dejaré que la propia voz de Randy cuente el acontecimiento totalmente inesperado que cambió gran parte de esta reseña. Esto cambió también radicalmente la vida de Randy y, por lo tanto, también afectó a la mía, como quedará claro en las siguientes páginas. Decidí que Randy contara la historia en español, sobre todo porque me resulta difícil sentir que estoy siendo fiel a la voz de Randy en un idioma totalmente ajeno al que nunca aprendió. Los acontecimientos que vuelve a contar son tan extraordinarios e inusuales que quería asegurarme de que se transmitieran en su idioma original.

El acontecimiento decisivo en el que Randy fue iniciado por seres desencarnados ocurrió en junio de 2016 y yo desempeñé un rol clave. Mi insistencia en que me acompañara al centro de don Aquilino Chujandama en Chazuta, ese fatídico día de junio de 2016, fue atípica. A menudo me he preguntado por qué me comporté así, pensando en lo que sucedió. Sin embargo, la única razón que encuentro es, simplemente, que no quería estar sola con personas que conocía muy poco durante un largo viaje nocturno. Íbamos a ese centro debido a la visita de una pareja de estadounidenses. El programa de doctorado requería que la mujer hiciera un estudio de campo de dos semanas y ella eligió nuestro centro, ya que su esposo era peruano. Ella iba a hacer un estudio de campo sobre las plantas medicinales amazónicas y Randy sugirió que un amigo suyo, Carlos, le enseñara. Royner estaba ocupado con nuestro proyecto Yana Allpa. Como apenas conocía al matrimonio estadounidense y a Carlos, le pedí a Randy que nos acompañara en el viaje de dos días para hacer una sesión de ayahuasca. Carlos decidió que sería en el centro de su maestro, donde estaba aprendiendo a convertirse en curandero. Este lugar estaba bastante lejos de nuestro centro y yo me mostraba reacia a ir sin alguien de mi entera confianza. Cuando le pedí a Randy que me acompañara, se negó. Insistí e insistí hasta que terminó accediendo a regañadientes.

Nunca había insistido a Randy para que me acompañara a mis sesiones de ayahuasca ni a las visitas con los alumnos al centro Takiwasi. Tampoco le había pedido que nos acompañara a las comunidades indígenas que visitábamos por unos días y con las que participábamos en ofrendas rituales a los espíritus de la chacra. Fue totalmente inusual que lo presionara para que nos acompañara en esta fatídica visita al centro de don Aquilino. Por supuesto, siempre existe la posibilidad de que, inconscientemente, quisiera que él hiciera esta ceremonia de ayahuasca. Por mi parte, no existía el deseo inconsciente de que Randy fuese iniciado, ya que nunca había oído hablar de tal suceso, ni ninguno de mis amigos en Takiwasi. Ni para Randy, Carlos o para mí existía ni la mínima intención de que se iniciara. Todos los curanderos que habíamos conocido habían buscado maestros vivos para iniciarlos en ese camino, una iniciación que no implicaba golpes mortales, como ocurrió en la iniciación de Randy. Estábamos totalmente desconcertados al saber lo que le había sucedido a Randy ese fatídico día en Chazuta. Lo que Randy dice en la segunda parte sobre lo que los espíritus le dijeron en esta primera noche de iniciación sobre mi papel en este acontecimiento me sorprendió. Sin embargo, es en extremo intrigante ya que, definitivamente, pareció que los espíritus vieron mi rol como clave al traer a Randy a esta ceremonia fatídica.

Aunque no se ha oído hablar de este tipo de iniciación por seres desencarnados en esta región, Jacques Mabit nos mencionó, a Randy y a mí –cuando le pedí a Randy que le contara al médico sobre su experiencia con don Aquilino–, que había oído hablar de algo así solo una o dos veces. Jacques se sorprendió completamente con la historia de Randy, al igual que su esposa, la doctora Rosa Giove, cuando se unió a nosotros. Ella exclamó:

–¡Este tipo de cosas nunca pasan!

Sin embargo, varios de los temas de la iniciación de Randy son bien conocidos en la literatura antropológica. En su capítulo sobre la iniciación, en su libro clásico sobre el chamanismo, Mircea Eliade describe iniciaciones terroríficas y espantosos ejemplos de muchas culturas de desmembramiento, desollado, decapitación y otras pruebas horribles sufridas por chamanes novatos que, en comparación con la experiencia de Randy, la severa paliza comienza a parecer leve.[14] De manera similar, el libro de Joan Halifax *Chamán, el sanador herido* (*Shaman: The Wounded Healer*) ofrece muchos ejemplos transculturales de tortura iniciática y muerte en manos de espíritus que, de esta manera violenta, transforman el cuerpo del neófito en un chamán.[15] Sin embargo, me apresuro a agregar que, como no había nunca intentado escribir sobre mis propias experiencias con la ayahuasca o las de nadie más, no había explorado la literatura relevante. Comencé a investigar para escribir este libro. Esto significa que, en el momento de la iniciación de Randy, no tenía conciencia de la naturaleza clásica de la tortura y la muerte iniciática chamánica.

14. Eliade, 1972, capítulo 2: 33-66.
15. Halifax, 1991.

72　Sección introductoria

Debo aclarar que Randy me ha estado contando todos los detalles de su viaje iniciático después del suceso decisivo de junio de 2016 –es decir, cada vez que yo estaba en la ciudad–. Sin embargo, estaba tan atónita y asombrada que no pude escucharlo y, al mismo tiempo, tomar notas de lo que me estaba diciendo. Entonces, programamos varios momentos especiales en los que ambos estábamos libres. En un ambiente tranquilo, le pedí que me contará los episodios más importantes de esta transformación que le sobrevino de manera totalmente impredecible, no solicitada ni deseada. Él volvió a contar lo que le sucedió con la suficiente lentitud para que yo pudiera escribirlo todo.[16] He titulado la segunda parte del libro «La voz de Randy». La última parte del libro es mi voz, está constituida por nueve capítulos, en los que me centro en el papel que ha tenido en la creación de la modernidad occidental el esfuerzo sostenido y finalmente exitoso de la tradición occidental para erradicar el chamanismo. Reflexiono sobre cómo ese legado se ha integrado en muchas de nuestras instituciones modernas. La mirada que ofrezco sobre el nacimiento de la modernidad occidental es el resultado de mi transformación al presenciar y experimentar, al mismo tiempo, la transformación de Randy en un poderoso chamán.

Me doy cuenta de que también debería ofrecer brevemente algunos antecedentes sobre mi propia educación espiritual y mis inclinaciones actuales, desde que la espiritualidad es el núcleo mismo de este libro. Me eduqué en la religión luterana de mi padre.[17] Al

---

16.　Desde entonces, Randy ha revisado su parte y ha hecho las correcciones necesarias.

17.　La región de Alsacia de donde provenimos, en la parte oriental de Francia (así como Lorena), a lo largo de la frontera con Alemania; había sido, hasta el siglo XVII, un ducado independiente y pasó a formar parte del reino francés y se le dio permiso para mantener a sus seguidores protestantes que habían sido expulsados del resto del reino francés. La clase alta en Alsacia tiende a ser luterana y la población rural agrícola tiende a ser católica. Los alemanes conquistaron Alsacia y Lorena en 1870,

final de mi adolescencia, rechacé enérgicamente esta educación y me convertí en una laicista ardiente de inclinación revolucionaria. Unos años después de la guerra, cuando era bastante pequeña, mis padres se mudaron de Estrasburgo en Francia a Tánger en Marruecos, donde me pasé por el sistema escolar francés. Allí, bajo la influencia de mi mejor amigo, el hijo de un político musulmán marroquí que luchó contra el dominio francés, así como bajo la influencia de mi profesora de filosofía comunista en el último año del liceo, me di cuenta de que mis padres eran los típicos colonizadores en su actitud, ideología y política. Esto resultó en mi rechazo bastante violento de mi educación religiosa y de la política de mis padres.

Mi padre era un médico que se mudó a Estados Unidos. Mi madre, mi hermana pequeña y yo lo seguimos cuando terminé el liceo. Mi hermano mayor estaba haciendo sus estudios de ingeniería en Suiza en ese momento. Fue solo después de varios años, en Estados Unidos, cuando descubrí el secreto profundamente enterrado de que mi padre había sido juzgado por colaborar con los nazis en Francia después de la guerra y obligado a emigrar. Sabía, desde hacía un tiempo, que su política era de extrema derecha, pero el descubrimiento de que se había adherido al partido nazi fue un golpe brutal y sísmico para mí. Este descubrimiento fue extremadamente difícil de digerir y entender. Como resultado, he estado en algún tipo de psicoterapia durante gran parte de mi vida.

Me casé joven, poco después de llegar a Estados Unidos, básicamente para escapar de mis padres. Mi primer marido me llevó a la India, donde hizo su investigación de doctorado en Economía. Comencé a estudiar danza clásica india. Cuando regresamos a Estados

---

pero volvieron a perder ante Francia al final de la Primera Guerra Mundial. Durante la Segunda Guerra Mundial, Alsacia fue tomada y administrada *de facto* por los nazis en 1940 y finalmente liberada en 1945.

Unidos, nos separamos y me gradué en Antropología Cultural. Me casé nuevamente, con otro economista. Más tarde hice mi primer trabajo de campo del doctorado en Antropología en un famoso centro de peregrinaje en el estado oriental de Odisha, en la India, centrándome en las bailarinas del templo cuya forma de danza había estudiado.

La India me curó de mi secularismo y me enriqueció, así como también me transformó profundamente. Este cambio se logró mediante el estudio de la forma de danza clásica india, conocida como Odissi, así como también por los rituales en este templo. Hice trabajo de campo en la India durante muchos años. Sin embargo, a principios de la década de 1990, ya no podía hacer ninguno más. Sentí que no tenía nada sustancial con lo que corresponder por los profundos dones espirituales que se me habían dado. Decidí que, si alguna vez iba a un país que había sido colonizado por europeos, solo lo haría si me invitaban porque mis anfitriones deseaban algo que yo pudiera ofrecer. Esto sucedió en 1992, cuando conocí en una conferencia internacional sobre alternativas al desarrollo, cerca de Montreal, en Canadá, al fundador de la ONG peruana PRATEC, Grimaldo Rengifo, quien dijo cosas que me parecieron fascinantes. Mi esposo en este entonces y yo invitamos a esta organización a unirse a nuestro grupo de investigación internacional enfocado en alternativas al desarrollo.

Lo que queda por relatar, para que el lector pueda colocar mi voz en su contexto espiritual adecuado, es un breve esbozo de mi propio camino espiritual. Esta historia continúa con Jessica, mi hija. Tuve un hijo varón antes, con mi primer marido, cuando era muy joven, a quien eduqué en la tradición secularista de su padre y abuelo y que en ese tiempo era también la mía. Tras haber sido profundamente transformada espiritualmente por mi experiencia en la India, mi segundo esposo y yo decidimos criar a Jessica en la tradición religiosa de su padre: el judaísmo.

Cuando la rabina de nuestra congregación confirmó a esta hija a los 16 años, ella eligió el judaísmo místico como tema para el estudio de un año con su rabina. Jessica escribió un ensayo para su confirmación dando una interpretación mística judía del *Schema*, la profesión fundamental de la fe judía. Dos semanas después de leer este ensayo, estaba en la oficina de esta rabina diciéndole que quería convertirme. Esta mujer, la rabina, primero me pidió que le contará mi viaje espiritual. Después de escucharla, ella me dijo que no abandonara ninguna de mis prácticas hindúes y *Dzogchen*,[18] sino que considerara este nuevo camino como una iniciación más sin necesidad de abandonar ninguna, y es lo que hice. Después de dos años iniciales de estudio de la tradición mística judía, me sometí a un ritual de conversión tradicional completo con una inmersión total en una *mikveh*.[19]

Me convertí a la misma tradición mística judía de la rabina. Esta tradición se conoce como la renovación judía del judaísmo, una renovación de la muy antigua tradición judía creada por el ya fallecido rabino Zalman Schachter Salomi. Este rabino aprendió no solo del sufismo, el budismo, el hinduismo, el cristianismo místico, sino que también tomó ayahuasca y participó en otras prácticas chamánicas. Por lo tanto, su misticismo neojudío ha incorporado muchas características de estas otras tradiciones, ha cambiado el lenguaje de género del libro de oraciones y está dedicado a la ecología. Así que, siguiendo el consejo de mi sabia rabina, nunca he renunciado a ninguna de las prácticas espirituales que había adquirido en el camino, a las que ahora hay que agregar el chamanismo amazónico, algo que no es ajeno a esta nueva corriente del judaísmo.

---

18. Me habían iniciado, cuatro años antes, en una práctica de Dzogchen de una de las tradiciones budista del Tíbet que enriqueció mi práctica de Shakta hindú (centrada en la diosa) que obtuve de mis años de trabajo de campo en Odisha.
19. Una clase de piscina ritual donde uno se sume enteramente desnudo.

Parte 2
La voz de Randy
y sus ilustraciones

Palabras introductorias por Frédérique Apffel-Marglin

Esta segunda parte consta de 22 secciones, 19 de ellas son palabras de Randy dirigidas a mí para que yo pueda escribirlas. Las otras tres secciones están escritas por mí, pero relacionando los acontecimientos que nos afectan a ambos y que son directamente relevantes para el viaje iniciático de Randy como también para mi propia transformación. Randy estaba dispuesto a volver a contarme sobre los principales acontecimientos en su viaje iniciático de tres años, pero prefiere que yo escriba los que sucedieron en lo que él llama este reino terrenal en el que ambos estábamos involucrados. Obviamente, solo Randy podía hablar de sus experiencias iniciáticas desde que solo él las tuvo.

Lo que se debe enfatizar es que Randy era un mestizo secular materialista al igual que sus padres, que lo criaron así. Sus padres, de hecho, me han dicho claramente, antes del inicio de la pandemia justo antes de que regresara a Estados Unidos, que ellos no creen en el curanderismo. Randy no expresó ningún interés serio por la espiritualidad indígena, ni siquiera por el chamanismo; aunque, a diferencia de sus padres, nunca declaró expresamente que no creía en ello. Esta iniciación nos tomó a los dos totalmente por sorpresa y, al principio, él trató de rechazar lo que le ofrecían los ancianos desencarnados. Además, sus padres, hasta hoy, no han aceptado este cambio en él y lamentablemente han cortado casi por completo la comunicación con él y su nueva compañera, Karen, que había sido seleccionada por los espíritus. Sin embargo, es importante tener en cuenta que Randy solo se acercó a Karen al final de su viaje iniciático de tres años y medio. Esto resultó en su separación de su expareja, a quien sus padres prefieren mucho, justo después de darse cuenta de que estaba enamorado de Karen.

Otro punto que debe enfatizarse es que este tipo de iniciación por seres desencarnados es generalmente desconocido en toda la región de la Alta Amazonía. La abrumadora mayoría de los chamanes han buscado voluntariamente convertirse en aprendices de chamanes con experiencia, aunque es cierto, en general, que en la literatura antropológica sobre el chamanismo es bien conocida esta iniciación por seres desencarnados. En mis 25 o más años de participar regularmente en las ceremonias de la ayahuasca allí, nunca había oído hablar de tal cosa.

Será evidente, por las propias palabras de Randy, que durante al menos un año y medio después de su iniciación inicial vivió una vida algo dividida entre lo mundano y sus experiencias chamánicas. No podía dudar de la realidad de estos últimos, pero integrarlos en su vida cotidiana le llevó algún tiempo. Sufrió depresión durante unos cuatro meses, su primera y única en sus 39 años. Casi abandona este camino por completo después de recibir un dardo mágico que fue intensamente doloroso y aterrador. El punto de inflexión fue su sesión con Grimaldo, el 12 de diciembre de 2017, cuando se le apareció la Virgen de Guadalupe y le dio dos tipos de poder y le pidió que construyera su imagen. Para mí, el hecho de que este suceso decisivo sucediera en la fecha del día de la fiesta de la Virgen de Guadalupe es de importancia trascendental.

Randy, al igual que yo, no sabía que este era el día de la fiesta de aquella Virgen. El secularismo de Randy y el hecho de que yo no fuese consciente del significado de esa fecha me transmiten que sería difícil argumentar que Randy o yo teníamos algún deseo inconsciente de que él tuviera tales experiencias. Es decir, tanto Randy como yo no solo nos hemos visto profundamente afectados por esos sucesos, sino también profundamente transformados. Nuestra peregrinación conjunta al Tepeyac, donde la Virgen apareció por primera vez a un campesino náhuatl en 1531, demuestra cuán profundamente ambos fuimos transformados. Ahora la imagen de Tonantzin está junto a la de la Virgen de Guadalupe en mi altar con varias otras imágenes, mostrando la Teo diversidad que tanto el fundador de la Renovación Judía como el filósofo de la religión Raimon Panikkar han defendido y que he abrazado con gratitud.

1. La sesión inicial en el centro de don Aquilino[1]

Tú, doctora,[2] viniste en mayo a dictar un curso con Jeremy Caradonna [de la Universidad de Victoria en Canadá]. El curso terminó a fines de mayo. En junio, llegó una psicoterapeuta de Nueva York con su esposo peruano para hacer un estudio de campo sobre plantas medicinales por dos semanas. Ella necesitaba eso para sus estudios de doctorado en medicina de cuerpo-mente.

Llamé a Carlos para que les enseñe.[3] Y ellos quisieron tomar ayahuasca. Carlos decidió llevarlos a su maestro, don Aquilino Chujandama, en Chazuta. Yo no quería ir. No tenía ningún interés por la ayahuasca. Dejé a Carlos que los llevara y tú querías ir con ellos. Esperaba que todos se vayan. Pero tú, el día del viaje, viniste a buscarme. Yo no quería ir, pero te pusiste fuerte, insististe y me obligaste ir a Chazuta. Nos fuimos en

---

1.   Los títulos de cada parrafo de la voz de Randy, así como los títulos de las ilustraciones de Randy, fueron escritos por su hermano Rensso Chung Gonzales a base de conversaciones con su hermano Randy.

2.   Randy llama a F.A.M. «doctora». Su madre lo hacía también, pero con ella F.A.M. insistió que la llamara como Federica, lo que tomó unos dos años hasta que ella logró hacerlo.

3.   Carlos es un amigo de Randy.

el carro negro. Fue una hora y media de viaje, pero para mí fue una hora y media de sufrimiento: se me aflojó el estómago, sudé, dolor de cabeza, etcétera. Sufrí ese malestar hasta estar en la sesión. No quería estar ahí. Tomamos y empezó el viaje de iniciación.

La primera visión fue de un óvulo y luego de un esperma entrando en el óvulo. Después me hicieron ver mi vida de niño con mi hermano y mis padres; cosas lindas y cosas no tan lindas, pero simples, nada de trauma. Luego vi mis cosas malas: jugar con las mujeres, vicios, cerveza, billar. Nunca pegaba a las mujeres, pero sí jugaba mucho con ellas.

En seguida empezaron a pegarme algo de diez hombres para sacar de mí todas esas cosas malas. Me pateaban duro y, cuando me pateaban, me elevaban por encima del suelo y luego caía adolorido. Y entonces me acordé de un libro: *Don Tuno, El Señor de los cuerpos astrales* (chamán norteño), que decía que una forma de protegerse es declarando: «Conmigo no vas a poder». Declarar eso me ayudó a resistir la paliza. Ellos dejaron de patearme. Después vinieron dos hombres más y ellos me llevaron en seguida, sujetando mis brazos, a una sala donde había una mesa larga con cuatro viejos de barba blanca, larga y elegante, lucían también hermosos atuendos bordados con hilos brillantes. El lugar parecía un juzgado. Los viejos empezaron a hablarme: «Te hemos elegido; has pasado la prueba de la paliza. Te estamos dando una sabiduría, un don para ayudar a la gente».

Yo no quería recibir y decía: «¿Por qué a mí?».

No me contestaban. Pedía explicaciones: «¿Por qué a mí?». Ellos me hicieron entender también que esto no era casualidad cuando tú me forzaste a venir a Chazuta.

Visión 1. Visión con la ingesta de la ayahuasca. Algunos de los miembros del «tribunal» a donde le llevaron a Randy después de su paliza... *Te hemos elegido; has pasado la prueba de la paliza.*

Tengo otra visión. Veo que me agarras de la mano y me llevas volando. Volamos. Hicimos todo el recorrido, desde Sangapilla hasta el tambo de don Aquilino. Vimos también todo el recorrido: la carretera, el río Huallaga, la quebrada, todo. Y entonces acepto algo: que tenía que ser así. Me sueltas la mano y me dices: «¡Siga! Me da también mucha tranquilidad y la seguridad que me vas a cuidar». Y entonces acepté.

Otro tipo de prueba: dos caminos. Estaba recorriendo un camino y, de pronto, me encuentro en una bifurcación. El primer camino me conducía a un lugar que tenía un cielo radiante, un valle hermoso con árboles, muchas flores de diversos colores y había una cerca que separaba un jardín. Una brisa fresca con aroma agradable también llegaba a ese lugar. Al lado de la cerca había dos jinetes con armadura, como de la época medieval, y cada uno de ellos montaba su caballo. Uno de los jinetes me dice: «Ven por acá; vas a tener de todo: salud, conocimiento, dinero, joyas, mujeres». Por un instante tuve el recuerdo de toda mi vida con mi familia. Y, ante esa situación, la educación de mis padres influenció mucho para mi decisión. Aunque fui tentado, no escogí ese camino. El segundo camino me conducía a un valle oscuro, tenebroso, y una voz humilde y divina me decía: «Ven por acá». Decidí por el segundo camino. Cuando acepto, otra escena entra de inmediato: una calle, cabras, carretas tiradas por caballos, niños, mujeres, ancianos, mucha gente caminando, un peregrinaje en un tiempo antiguo. Caminaba en medio de toda esa multitud y escuchaba también una música parecida al sonido de ese clarinete que usan en la India para encantar a las serpientes. No sabía a dónde iba. Todos nos dirigíamos por un solo camino. Solo caminaba y observaba. De pronto cambia la escena. Me encuentro en otro lugar. Estaba sentado sobre un tronco en el suelo. Todo estaba en calma. Y ahí, en frente a mí, miraba el río Amazonas; era el atardecer; y no se podía ver la otra orilla. Luego miro un inmenso barco con casco de color negro. Mi visión se eleva y puedo ver lo que hay en ese barco: una fiesta de año nuevo. En la fiesta, la música era estridente y había un festín; muchos marineros, camareros llevando licor, hombres con el dorso desnudo, hombres con muchas joyas en el cuerpo y prostitutas. Y yo pensaba en mis visiones, dentro de mis visiones.

Regreso a la realidad. Quiero ir al baño, tenía ganas y dije en voz alta que alguien me lleve al baño. No podía ni levantarme porque tenía una mareación muy fuerte. Carlos me ayuda y me conduce al baño. En el baño tengo visiones difusas. Y ahí estaba sentado, destrozado, agachado. Levanto la vista y veo tres luces, ubicadas de manera vertical, en forma de rombos y de tamaños diferentes: el tamaño más grande en la parte superior y el más pequeño en la parte inferior. En ese momento entendí que esas tres luces eran todo: el único Dios. El creador de todo el universo.

La luz era tan fuerte que no aguanté. Dos veces levanto la cabeza. Mientras ocurría eso, veo abuelitas que tenían todo su cabello recogido en un moño y cada una tocaba su shacapa; eran curanderas antiguas. Me levanto y Carlos me lleva de nuevo a mi sitio. Estaba destrozado.

Visión 2. Visión con la ingesta de ayahuasca. «Curanderas antiguas» (chamanas) tocando su shacapa.

La luz fue encendida. A ti, doctora, te llevaron a descansar después y yo no podía reaccionar. Estaba preocupado. Don Aquilino le dice a Carlos, con una sonrisa tierna: «Llévenle al tigrillo». (Llamar a alguien «tigrillo» es decir que él aguanta golpes; persevera).

Otra vez vienen las visiones. Me muestran escenas de toda mi vida a gran velocidad, como en una película. Veo desde mi concepción, con el óvulo y el esperma, hasta llegar a ver a mi muerte. Me sentía como un hombre viejo de 80 o 85 años; estaba agonizando en una cama y, durante unos 3 segundos, estoy muerto. Escucho el canto de don Aquilino; ese canto era como si dos kintis[4] salieran de su boca y vinieran hacia a mí. Podía sentir la vibración de sus alitas cerca de mi pecho, era como si esas dos aves hicieran una operación en mi corazón y después empecé a revivir. Estaba tranquilo y también estaba vivo. Abro mis ojos, mi cuerpo no podía moverse, vi una nube blanca como a metro y medio de distancia de mis ojos. Y, de esa nube, salía una mano que sostenía una lanza de oro de un metro y medio de largo

---

4. «Kinti» es el nombre quechua para el colibrí. Es una palabra que usábamos en Sachamama desde años por haber creado un proyecto de libritos bilingüe quecha-castellano que llamamos «*Kinti cartunera*».

2. Randy recibe conocimiento/poderes de un maestro desencarnado: junio de 2016

Regresamos a Lamas. Todo estaba tranquilo por una semana. Asimilaba lo que me había ocurrido. Estaba un poco confundido, asustado. Salía todas las noches con mis amigos, un poco para olvidar y para vivir mi vida terrenal, pero no consumía alcohol porque estaba con dieta.[5] Más o menos al cuarto o quinto día, a eso de las doce de la noche, regresé a Sangapilla, tomé un baño, entré al dormitorio y apagué la luz. Kemy estaba durmiendo. A los quince minutos que estoy acostado en mi cama veo un caballo blanco con alas volando en círculos encima de mí. Al rato, el maestro se me aparece por primera vez. El maestro tenía una cara como de 80 años, vestía una cushma[6] con rayas azules, un collar con perlas que parecía un rosario pero sin cruz. Cargaba una talega[7] de algodón, tenía un sombrerito cubriendo la cabeza con un chumbe[8] ancho en el borde. El maestro estaba levitando encima de mí. Mi cuerpo se enfrió en ese momento, mi corazón latía fuerte y me quedé observando, asustado. El maestro sacó algo de su talega, como una

---

5. Despues de una ceremonia de ayahuasca es necesario dietar el alcohol, así como varios tipos de comida y también sexo durante varios días, hasta una semana.
6. La *cushma* es la prenda holgada hasta la rodilla que usan los indígenas de la baja Amazonía.
7. La *talega* es un bolso tejido en algodón que usan los hombres indígenas.
8. El *chumbe* es una banda estrecha confeccionada de algodón cultivado por los indígenas y tejida por las mujeres kichwa-lamas.

Visión 3. Visión sin la ingesta de la ayahuasca. Un caballo volando en círculos encima de Randy previo a la aparición del maestro desencarnado.

planta, y me lo ofreció para mi boca.[9] Desperté a Kemy y le pregunté si veía a alguien en la habitación. «Nadie», dijo ella y luego se volvió a dormir. Como no acepté lo ofrecido, todo desapareció.

9. Cuando Randy vuelve a contar este incidente a F.A.M., él no sabía que este hombre originalmente no identificado era un curandero, un maestro asháninka. Randy hizo un boceto de este hombre y, provisionalmente, F.A.M. lo identificó como perteneciente a un grupo indígena de la baja Amazonía, los conocidos como asháninkas.

Al día siguiente, pensativo, salí a las 9 de la noche a preguntar a alguien que sabía de esas cosas, y al único que conocía era a Carlos. Le cuento lo ocurrido y él me dice de una manera negativa: «¡Tú eres bueno para ser brujo!». «¿Por qué me dices eso si yo no hago mal a nadie?», le dije inmediatamente. Entonces se baja todo su concepto que tiene de mí y me dice: «Recibe; es un mariri[10] que te están ofreciendo». Sentí a Carlos algo celoso. Luego regresé a Sangapilla, lleno de miedo, como a la una de la madrugada, pensando que ya no iba a volver ese maestro. Me bañé y me acosté. Al cabo de unos minutos reapareció el caballo con alas y también el maestro. Luego él saca de su boca un líquido verde y lo vierte en sus manos. En seguida ese líquido lo derrama en mi boca. Sentí que entraba en mi garganta como una energía, como aire, como algo que entra en ti. Y al costado de la pared, a la derecha, había un ramillete de serpientes como helechos. El maestro fumó un mapacho[11] y me sopló en mi cara y ese humo, cuando estaba cerca de mi rostro, se transformó en un pequeño dragoncito formado de ese humo blanco. Después el maestro me ikaró[12] desde los pies hasta la cabeza y luego desapareció.

---

10. *Mariri* es la palabra quechua para conocimiento o poder chamánico; es sinónimo de la palabra quechua *yachay*.
11. El mapacho es un cigarillo ritual elaborado con tabaco orgánico y cultivado localmente. El tabaco es considerado el alimento de los espíritus y el mapacho es una herramienta indispensable para un curandero con el que humea a sus pacientes.
12. El verbo quechua *ikarar* se refiere a la práctica shamánica de derramar el humo del mapacho sobre varias partes del cuerpo de una persona.

Visión 4. Visión sin la ingesta de la ayahuasca. El maestro desencarnado entregando su conocimiento o poderes (el *yachay*) de su boca a la boca de Randy.

3. Primera visita y ceremonia de Randy en Takiwasi: julio de 2016

Visión 5. Visión con la ingesta de la ayahuasca. Randy recibe «latigazos» del doctor Jaques Mabit en la sesión de Takiwasi.

Cuando te conté todo lo que me pasó, tú me llevaste al doctor Jacques. Me pediste también que le contara a él todo lo que me había ocurrido. El doctor Jacques escuchó mi narración y me dijo que tal clase de iniciación era rarísima; y que él solamente había escuchado de uno o dos casos así. Después llegó la doctora Rosa Giove y el doctor Jacques le contó rápido mi experiencia y ella exclamó: «¡Eso es rarísimo! ¡Nunca pasa!».[13]

A la semana siguiente tú me llevas a tomar ayahuasca en Takiwasi. En esa toma, el efecto del primer íkaro[14] del doctor Jacques llega rápido y fuerte. Me asusté. Cuando lo miro, observo que él sostiene un látigo de siete sogas y de varios colores luminosos, como si sostuviera un arco iris en sus manos. Y él me daba duro con ese látigo en mi espalda, podía sentir el dolor y escuchaba también los chasquidos. «¿Qué hice?», pensé. Me provocaba vomitar.[15] Sentía el sabor de la planta en mi garganta. En ese momento, y en mi mareación, escucho una voz tajante como la tuya que me dice: «¡No botes!». Y esa voz me dice que no me preocupara, que él se iba encargar de todo esto y también de protegerme. Él estaba a mi derecha: era mi maestro.

En ese momento tuve una sensación de ego. Tenía una manta que llevé conmigo a la sesión y la puse cerca de mi pecho, con orgullo. Los íkaros del doctor Jacques no me hacían nada. Y yo decía: «No se burlen; les van a castigar». Me sentía seguro y protegido. No tenía mareación, pero sí tenía visiones. Me veo como de la edad de 45 años en un salón, sentado en una silla. En seguida entran algo de quince mujeres a ese salón ataviadas con vestidos largos y floreados. Las mujeres danzaban entre ellas y, luego, el maestro apunta con su mano a esa danza y se abre el círculo de las mujeres y ahí aparece Karen vestida de blanco; ella era la única que vestía así. El maestro, indicando a Karen con su mano, dice: «Ella será tu mujer y tendrás un hijo con ella». Me quedé pensando, pero no le di tanta importancia a la visión. Al final de la se-

---

13. La doctora Rosa Giove es la esposa del doctor Jacques Mabit que también fue enseñada a ser chamana al mismo tiempo que su esposo.

14. Los íkaros son las canciones que canta el chamán durante una ceremonia de ayahuasca.

15. El vómito, después de ingerir el brebaje de ayahuasca, suele ocurrir y se considera una purga, es decir, una limpieza positiva.

Visión 6. Visión con la ingesta de la ayahuasca. El maestro de Randy le muestra un grupo de mujeres danzarinas con Karen en el medio, vestida de blanco.

sión, el doctor Jacques me llama y pide que me acerque hacia él. Acudo un poco mareado. Él me icara la espalda, etcétera... Todos, el doctor Jacques, Jaime, Fabienne, la doctora Giove, el cura, todos cantaban el íkaro «legítimo curanderito...». Y, de pronto, me entra una fuerte mareación. Llega una visión: estoy sentado bajo una cascada, había mucha vegetación alrededor y toda una tribu enfrente de mí cantaba ese íkaro. Me tranquilicé. Sentía que todo eso era como una iniciación.

Cuando terminó la sesión, el doctor Jacques se acercó a mí y me preguntó cómo me fue y yo, molesto, le respondo: «Bien». Luego tú, doctora, te acercas y hablamos.

4. Un suceso devastador, reportado por Frédérique Apffel-Marglin: agosto de 2016

Esta sección no está en la voz de Randy ya que no se trata de una visión o una sesión de Randy, sino de lo que se le mostró en la sesión anterior de ayahuasca y de lo que su maestro le dijo por entonces. Aquí, Frédérique describe un suceso que sucedió ese mismo verano mientras ella todavía estaba en Lamas. Este suceso en la realidad terrenal resonó de una manera aterradora con la visión anterior de Randy. Poco antes de mi regreso a Estados Unidos, a fines de agosto, recibimos la noticia de que el esposo de Karen acababa de morir en un accidente de motocicleta. Asistí al funeral en la casa donde vivían Karen, su esposo y sus dos hijas. Era un médico muy conocido y la ceremonia estuvo repleta.

Nunca olvidaré el sentimiento que se apoderó de mí cuando me enteré de su muerte. Un terror se apoderó de mi corazón. Cuando su maestro desencarnado –me refiero al maestro asháninka de Randy– le mostró a Karen saliendo de un grupo de bailarinas, ella vestida de blanco, y le dijo que iba a ser su esposa y la madre de su hijo, el esposo de Karen estaba vivo. Esa es muy probable la razón por la cual Randy no le dio importancia a esa visión entonces, ya que ese futuro era totalmente imposible. Tanto Randy como yo estábamos aterrorizados por la noticia. Le advertí a Randy que no dijera ni una palabra a nadie sobre su visión con Karen y de lo que había dicho su maestro. No tenía por qué preocuparme; Randy no compartió sus experiencias con la ayahuasca con la gente. Se sintió tan asustado como yo. Dado lo generalizada que está la brujería en Lamas, así como en su asentamiento indígena en su flanco occidental, llamado Wayku, lo más probable es que la gente lo hubiera acusado de haber arreglado el accidente contratando a un brujo. Por supuesto, en ese momento Randy estaba muy feliz establecido en una relación de unos ocho años de duración con Kemy y no estaba ni remotamente interesado en Karen. Veremos cómo esto se desarrolló durante los próximos tres años y medio y en el proceso nos daremos cuenta de que los diseños de los espíritus parecen ser mucho más poderosos que los nuestros.

5. Randy, tutorial del doctor Jacques Mabit y una visión: julio y agosto de 2016

El doctor Jacques me dijo que regresara al día siguiente, a las seis de la tarde, para conversar. Pero al día siguiente tenía ciertas dudas de contarle todo lo que había pasado. Sin embargo, el doctor Jacques me agarro confianza y le dije que él me había dado latigazos y que también el maestro se me apareció en la sesión, etcétera. El doctor Jacques me dijo que pensaba que el yachay[16] podía ser de un brujo y por eso actuó así: para hacerme botar. Después él se quedó mirándome y me hizo algo así como un exorcismo. Sacó un libro de su cajón que puso en una de sus manos y la otra mano la puso sobre mi cabeza. Leyó algo así como un rezo, pero en otro idioma. ¡Y plum! Llega una visión. ¡Todo el ambiente de la visión era rojo! Después se me aparece una mujer cubierta con un manto, de tez morena, tierna, muy hermosa, tenía una sonrisa angelical con dos huequitos en las mejillas. Ella tenía un collar de perlas y aretes de perlas también. Las manos encima, una de la otra, a la altura de su corazón, y me miraba con la cabeza un poquito inclinada hacia delante. Yo le iba describiendo todo lo que veía al doctor Jacques. En seguida el doctor Jacques se calla con sus rezos y dice: «¡Es una Virgen!». De lejos veo que viene el maestro caminando, se acerca a la Virgen y se arrodilla frente a ella. Le digo eso al doctor

---

16. La palabra quechua *yachay* es sinónimo de *mariri* y significa lo mismo, a saber, el conocimiento o poder de un chamán.

Visión 7. Visión sin la ingesta de la ayahuasca. El maestro de Randy se arrodilla ante la Virgen.

Jacques. Él suelta su libro inmediatamente, retira su mano de mi cabeza y se sienta en su sillón con una sonrisa de satisfacción. Apuntándome con el dedo, me dice: «Tu maestro es bueno, no es brujo». Y después vi muchas manos acercándose hacia mí. Le pregunté al doctor Jacques qué significaba eso y me dijo que mucha gente iba a venir a mí. El doctor Jacques me muestra el retrato de la Virgen de Guadalupe que estaba en el suelo, al lado de su sillón, y me pregunta: «¿Es ella?». Le respondo que «sí», que era igualita a mi visión, solo que en mi visión su mirada era de una dulzura increíble.

Después empezamos a conversar con el doctor Jacques de cómo es este camino. Él me decía: «Si el mariri era negro o rojo era de un brujo, pero si era blanco o verde era de un legítimo curandero». También me dijo que tenía que asentar mi vida: anclarme, consolidar, tener una pareja. Finalmente se acercó para hacerme una icarada. Puso su cara muy cerca de mi cara, miraba a mi garganta y ahí colocó un mapacho encendido. En ese momento sentí que él era un maestrazo y me entró un gran respeto hacia él. Era como si hacía una limpieza, pero solo él sabe lo que me hizo. El doctor Jaques me dijo: «El yachay está en tu garganta».

6. Primer encuentro con la brujería: setiembre de 2016

A fines de agosto, después que tú viajaste a Estados Unidos, sentí que debía ir de nuevo a Takiwasi. Y me fui en setiembre. Estaba sentado cuando empezó mi trance, y... ¡plum! Vi a Oscar y el daño que le hacía otra persona que estaba interesado en su mujer. En la visión miro al brujo y converso con él. El brujo me abre la puerta, me hace sentar y le pregunto: «¿Por qué haces esto a Oscar? ¿Quién y cuánto te han pagado?». Yo ya sabía quién era la persona que le había pagado al brujo por el trabajo. En la visión pregunto al doctor Jacques que me enseñe qué hacer en esta situación. Y él me responde que el conocimiento está en mí. Eso me dio cólera. Pero ahora me doy cuenta de que él tenía razón.

En la visión me dijeron que tenía que ir a Chazuta con unos amigos: Oscar, Rafael, Paul, Adler y Teddy. Me encargaron que tenía que llevar a mis amigos a ese lugar. Pensaba: «Si Oscar se iba a Chazuta, él iba a poder ver su daño». La primera sesión en Takiwasi fue a fines de agosto y la segunda, en setiembre.

Después de la mareación, en la segunda sesión en Takiwasi, llamé a Kemy a eso de las tres de la madrugada y le conté todo. Tomé la decisión de llevar a Oscar a Chazuta para ver si lo que veía era cierto. Yo era algo incrédulo sobre esa planta: la ayahuasca. A la semana siguiente le ofrezco a Oscar ir a Chazuta.

7. Segunda sesión de Randy con don Aquilino en Chazuta, adquiere más herramientas y poderes: setiembre de 2016

En setiembre fui a Chazuta con los cinco amigos, los que me mostraron en la segunda sesión en Takiwasi. La sesión empezó a las 8 de la noche. Cuando llegamos, nos recibió el hijo de don Aquilino. El hijo de don Aquilino sigue los pasos de su padre y él también nos acompañó en la sesión. Cuando comenzó la mareación y don Aquilino empezó a cantar, mi trance no era de visión. Solamente, y sin darme cuenta, imitaba los cantos de don Aquilino. Adler me dijo eso al día siguiente, en Lamas. Y, al mismo tiempo, en la mareación, estaba atento con la gente que había traído a la sesión. Oscar estaba a mi izquierda y Paul, a mi derecha. Me acerco a Oscar en plena mareación y le pregunto al oído, despacito, lo que estaba viendo. Él estaba mareadazo y me dijo que se acercó una persona de cuerpo humano con máscara de caballo y un renaco detrás de él; y esa persona le prometía, a cambio de su mujer, que le iba dar un carro, que su negocio iba ir bien (Oscar duro quiere un carro). Le pregunté también: «¿Ves traición de tu mujer?». Y él dice que no, pero me ofrecen eso. Le dije: «No te preocupes, yo te voy a cuidar. Cuidado vas a aceptar eso y malograr tu vida». Y él responde: «No, no voy a abandonar a mis hijitas». Me quedé más consciente con la planta y estaba contento de lo que había comprobado. Regresé a mi sitio.

Paul empezó a gritar; lloraba, llamaba a su padre y a su madre con llantos, y ahí se me sale el curandero y empiezo a visualizar su problema. Comienzo una conversación con don Aquilino: «Aquí veo a un huancaíno que le está haciendo daño a Paul». Sí, dice él. Empiezo a cantar íkaros de la sierra y el huancaíno se quedó sorprendido (son distintos íkaros de los de acá). Yo le dije: «Te voy a matar, te voy a matar, ¡lárgate!». Luego le digo a don Aquilino: «Ya se largó». Y don Aquilino solo estaba escuchando y observando. Pero al rato se aparece el huancaíno de nuevo. El conocimiento viene. Sonidos de viento, de pájaros, producía un sonido semejante al de los cascabeles con mis dientes. Era como si conociera todas esas herramientas desde antes. Y empecé con palabras soeces: «Hijo de puta, concha tu madre, lárgate, ¡te voy a matar!». Y él no quería irse: defendía su trabajo con Paul. Y ahí le digo a don Aquilino: «Don Aquilino, ¿lo mato?». Y él me responde: «No lo mates». Don Aquilino se para, se acerca hacia a mí, me pone un gran pedazo de canela en la boca y me dice: «No lo mates, hazlo ciego».[17] El maestro se fue a sentar a su sitio y me dijo: «Mañana te voy a dar un secreto». Paul empezó a tranquilizarse; y él me llama a su lado y me abraza, y me dice que me quiere y que le cuide. Le dejo tranquilo y voy a mi sitio y me salió un ego fuerte con una visión: vuelo como un pájaro, hago sonidos de pájaro y veo una llanura amazónica; miro el árbol más grande que sobresale en esa llanura y me poso en la copa de ese árbol, tenía un cuerpo de humano, pero con alas y pico, estaba desnudo y hacía cantos de victoria.

---

17. «Hacer ciego», viniendo de un curandero, significa destruir la capacidad de otra persona para tener visiones.

Visión 8. Visión con la ingesta de la ayahuasca. Randy se transforma en un teriántropo… tenía un cuerpo de humano, pero con alas y pico, estaba desnudo y hacía cantos de victoria.

Luego esa visión se desvanece. Me golpeo el pecho con orgullo y digo: «¡Soy un maestro!». Y don Aquilino me dice: «No eres un maestro, eres un maestrito».

Después de escuchar lo que dijo don Aquilino, me pedía disculpas a mí mismo. No soy así, soy humilde y acepté. Al rato don Aquilino nos llama y nos icara a cada uno. Luego salimos todos, sin mareación, a orinar a fuera de la maloca. Cuando regresamos a la maloca, al momento de ingresar, nos agarra a todos una mareación otra vez, una mareación fuerte. Don Aquilino se dio cuenta de la situación y nos mandó a dormir y yo dije: «¡No! No nos vamos a ir; aún no está terminado el trabajo».

Don Aquilino ni se inmutó, solo se levantó y se fue con su hijo. Nos dejaron. Y ahí empecé de nuevo a hacer sonidos y cantos de pájaros, soplos, gestos. Rafael se levanta, va a la mesa de don Aquilino y agarra un mapacho, luego se sienta, lo enciende y lo fuma. Después él siente que esa fumada afectaba su cuerpo y asustado me dice: «Me siento mal desde que agarré este mapacho». Llamo a Rafael y me entrega el mapacho. Al tomar el mapacho sentía que era como un caballo salvaje. El mapacho estaba encendido, lo agarré punta arriba y empecé a hacer soplos y sonidos sobre él. Estaba dominando el espíritu del tabaco que trabajaba con don Aquilino. Quería que trabajase también para mí y que fuese mi aliado, y ese mapacho se convirtió en una niña y yo empecé a hablarle lindo: «Vas a ser mi hijita, de ahora en adelante conmigo vas a trabajar cuando yo te necesite». Y lo puse en el suelo y le dije: «Descansa hijita, descansa». Luego le canté un íkaro que no me acuerdo, ese íkaro era como un regalo. Fumé el mapacho y sentí que me aceptaba y lo dejé en el suelo.

Después de eso sentí que me llamaba el espíritu del agua. Pedía que me trajesen agua. Adler y Rafael, a eso de las tres de la mañana, trajeron de la cocina de don Aquilino una jarra con agua. Puse la jarra y un vaso enfrente de mí. Pedía permiso al agua con soplos y sonidos de pájaros. Sentí la energía del agua: fuerte. Llamé uno por uno a mis amigos. Les daba el agua, tomaban y se iban a su sitio. Y ahí terminó la sesión; como a las 4 de la madrugada.

Al día siguiente desperté temprano y me fui a buscar a don Aquilino con ego pero sano, no altanero, y estaba con un poco de cólera porque él nos había dejado. Quería preguntarle cuál era el secreto. Él sonrió, bajó la cabeza y me dijo: «Tienes que venir para aprender acá y tomar floripondio».[18] Sentí que él no era mi maestro y le respondí que no tenía tiempo.

---

18. Floripondio es una flor de la familia de las daturas, es un poderoso psicodélico.

8. Tutoría del doctor Jacques Mabit: setiembre-diciembre de 2016

La última vez que vi al doctor Jacques, me dijo que dibujara todas las siguientes visiones que tuviese y se las enviara por *e-mail* y, después, él me iba citar para conversar sobre esas visiones. Fueron como cuatro o cinco sesiones hasta diciembre. En esas sesiones con el doctor Jacques, su papel fundamental fue el de guía cuando estaba confundido. Había aceptado, hasta entonces, el plano espiritual, pero en el plano terrenal estaba desubicado, asustado, confundido. Las reuniones con el doctor Jacques me han guiado y calmado mucho. Sus palabras fueron clave. Me abrió las puertas a este mundo y también me aconsejó. Me dijo lo que debo hacer y lo que no. Me tranquilicé.

Lo que me sirvió bastante eran los dos caminos; que debo seguir el camino del bien. Todo lo que me había ocurrido y lo que no me había ocurrido le ocurrió a él también. Existía una similitud en nuestros comienzos. Él me dijo: «No sé cuál será la misión que te darán los espíritus; a mí, en el camino, me dijeron: "Te damos todos los conocimientos a cambio de que cures a los drogadictos"».[19]

El doctor Jacques me dijo bien claro: «Siempre mantén la humildad y domina el ego; no seas egocéntrico; si llegas a que el ego te domine, los espíritus te van a quitar todo el conocimiento y será como si te pusieran a 100 metros de la orilla del mar sin saber qué hacer». Esas palabras fueron dichas para que siga en el camino de la sanación y del bien. Él también despertó mi devoción y mi fe en la Virgen. Sentí que él era el maestro indicado para mi misión; preciso, encajaba en mi situación.

---

19. Esto es algo que también me dijo Jacques Mabit, quien finalmente accedió a los espíritus del monte de curar a los adictos a las drogas y abrió el centro Takiwasi en 1992.

El doctor Jacques visionó lo que iba a pasar, que iban a llegar las tentaciones; que tenía que cambiar mi vida en la sociedad; cuidar mi alimentación; cambiar mis hábitos: cerveza, mujeres, anclarme; establecerme en un hogar con una mujer. En esos momentos estaba muy apresurado por aprender a preparar la ayahuasca; él me explicó que debía tener paciencia. Yo estaba muy ansioso de comenzar ese camino.

Como el doctor Jacques sabía todo de mi iniciación, sugirió que hiciese una dieta[20] con siete palos para fortalecerme. Todas las visiones venían cuando regresaba, a eso de la media noche, después de salir y conversar con mis amigos, a Sangapilla. Ahí, en mi habitación, me llegaban las visiones.

Primero el maestro se me aparece y después un hombre calvo con túnica. Luego, al costado de ellos, había una mujer indígena amazónica con su vestimenta típica. Tenía a esos tres seres enfrente de mí. Dos de ellos me observaban, solo la mujer estaba de espalda. Dibujé mi visión y la mandé al doctor Jacques. Nos reunimos en la tarde y él me dijo que era san Benito y me explicó quién era: el que endereza a los brujos con su cruz. Él también me regaló una soguita con la medalla de san Benito.

---

20. En el contexto del chamanismo, la dieta se refiere a un retiro generalmente bajo la guía de un chamán de varios periodos de tiempo y generalmente en el monte, durante el cual uno ayuna, toma plantas «maestras» y se aísla. Esto lo pueden hacer los chamanes para fortalecer sus poderes o cualquier persona que necesite curación.

Visión 9. Visión sin la ingesta de la ayahuasca. La aparición de un «diablo», ángeles, su maestro desencarnado y la Virgen.

A la semana siguiente tenía mi altar en mi habitación. Una tarde estaba en mi cuarto, cerré la puerta, encendí una vela y me puse a escuchar los íkaros del doctor Jacques en mi equipo. Pensaba en todo lo que estaba ocurriendo. Casi al instante vienen las visiones: se me aparece un ser con hocico de lobo, ojos rojos, orejas grandes, con vellos en todo el cuerpo, cuernos inmensos y retorcidos como de una cabra, y ese ser venía hacia mí. Me asusté bastante. A mi lado derecho aparecen la Virgen y mi maestro, ellos estaban como observando la escena; eso también me dio mucha confianza y al toque se me quitó el miedo. De pronto aparecen también dos ángeles; cada uno de ellos sujetó al diablo de cada brazo y lo llevaron caminando hacia mis pies donde se abrió un abismo y ahí lo botaron a ese ser. La Virgen, el maestro y los ángeles desaparecieron y, cuando miré al techo de la habitación, vi una

Visión 10. Visión sin la ingesta de la ayahuasca. Randy bajo una «cúpula-protección» de la Virgen.,

cúpula con vitrales de colores rojos, azules, celeste, amarillo, y una luz blanca venía a mi cuerpo. Y, casi al instante, desaparece esa cúpula y viene una canasta, como las que teje don Simeón,[21] y me tapa y ahí adentro aparece una luz blanca. ¡Increíble esa visión! Después estaba tranquilo, con paz, feliz. No tenía idea qué significaban esas visiones. Dibujé toda la escena y se la mandé al doctor Jacques. Sus palabras fueron puntuales: «La cúpula era la protección de la Virgen y la canasta se refiere a tu maestro».

---

21. Don Simeón es un querido anciano en el Wayku y amigo nuestro, un experto en tejido de caña entre otras artesanías.

Visión 11. Visión sin la ingesta de la ayahuasca. Randy dentro de la «canasta-protección» del maestro asháninka desencarnado.

Visión 12. Visión sin la ingesta de la ayahuasca. Randy recibe más conocimientos o poderes de los ojos y la boca de una «mujer-pájaro» a los ojos y boca de Randy.

Pocos días después, a eso de la media noche, acostado en mi cama, tengo una visión. Aparece una mujer indígena de rostro verde pálido, llevaba una corona de plumas blancas que brillaban. En los brazos, de los hombros hasta las manos, plumas salían de su cuerpo. De pronto, ella me coge la cabeza con sus dos manos, la levanta y la acerca a su rostro. Ella emite luces en círculos; y me envía esas luces de sus ojos y de su boca. Sentí una energía suave que entra en mis ojos y en mi boca. No mandé ese dibujo al doctor Jacques. Lo había dibujado al día siguiente. Ese día llegó Carlos y le muestro mi dibujo de la mujer con pluma. Le comento que iba a mandarle al doctor Jacques y él al instante dice: «No les estés mostrando tu dibujo; esto es un conocimiento que te están dando; solo mirando puedes saber qué daño o problemas tienen».

9. Primera dieta de Randy en Takiwasi, seguida de cuatro meses de depresión: febrero de 2017

La dieta en Takiwasi fue en febrero de 2017. Tenía miedo. Por ratos no quería ir y estar solo en el monte. Pero tú me empujaste a esa dieta. Primero purgué en Takiwasi con leche de magnesia y, al día siguiente, con sauco.[22] El sauco me hizo purgar como nunca antes: ¡me fui al baño como 15 veces! Al día siguiente, un jueves, hicimos una sesión de ayahuasca en Takiwasi, pero no me acuerdo mucho de esa sesión. Solo recuerdo que tenía vibraciones en todo el cuerpo y sentía la tierra vibrar pero nada de visiones. Estaba únicamente como espectador. Esa noche en la sesión había un sacerdote, dos monjas y pacientes de nacionalidad chilena y española. El viernes, por la mañana, subimos a la chacra de Takiwasi y me asignaron mi tambo. Llovía en la chacra cuando llegamos. Por la tarde me sentía tranquilo y me adaptaba al lugar. Al anochecer me entró la preocupación. Luchaba con mi miedo: las víboras, el tunchi, y no salía ni a orinar. No dormí nada la primera noche. Al día siguiente me dije a mí mismo que tenía que entregarme a este monte: vencer mi miedo. Al tercer día ya nos daban las purgas: siete palos (bolaquiro, chuchuwasha, bobinsana, cocobolo, renaquillo, renaco, came)[23] y coca licuada. A eso de la cuatro de la tarde, me entra un dolor insoportable en los dos riñones. Esa noche no pude dormir. Tuve una visión. Se apareció el maestro. El tambo desapareció y solo

---

22. Sauco es una de las muchas plantas maestras chamánicas.
23. Los palos es una bebida hecha con la corteza de siete árboles de la selva.

Visión 13. Visión sin la ingesta de la ayahuasca. El maestro desencarnado de Randy se le aparece mientras realizaba una dieta en el monte y lo cura.

quedaba mi cama con el monte alrededor. El maestro se pone a mi costado; en su mano derecha sostenía una jarra de cerámica y en la mano izquierda, un pate. El maestro llena el pate, pone la jarra a un lado y con la mano me salpica en todo el cuerpo con ese líquido que tenía en el pate. En ese instante sentí una calentura en todo mi cuerpo y el maestro se fue. Después se aparece la imagen de un cosmos, un universo, y desde ese fondo cósmico viene volando un ave de cola larga, acercándose cada vez más hacia mí, el ave fénix; esa ave llega muy cerca de mí y se posa en mi brazo. A continuación, se aparece una boa negra, grande, por mi costado. Después un águila y sirenas feas, diabólicas. Miraba todo sin miedo, solo era un espectador. Disfrutaba de esas visiones. Luego aparece un pajarito que, desde mi iniciación, solo lo escuchaba cantar lindo de noche en el mundo terrenal, pero no se dejaba ver. Pero en esa ocasión ese pajarito vino a mi visión porque escuché su canto. Amanecí sin dolor, bien, como nuevo.

Al quinto día me dieron jugo de tabaco concentrado y mi cerebro no dejaba de pensar. Todo era intenso. Pensaba en mi vida y todo lo que estaba pasando. También intenté hacer un diagrama ordenando mi vida en un papel. Empezaba a llorar, me tranquilizaba, después estaba feliz, luego venía el dolor de cabeza, no podía dormir, y así estaba, inestable. En la noche escuchaba claritos íkaros que venían de lejos. Pensaba que eran de una tribu.

Al día siguiente le pregunté a Edgardo, él que me daba la dieta, si él había cantado íkaros la noche anterior y me dijo: «No; es la planta». Y le dije que no podía dormir desde que llegué y me dijo: «¿Por qué no me has avisado?». Edgardo me dio un baño de plantas, me ikaró, y me dio una pastilla de valeriana. Esa noche fue la única noche que pude dormir tranquilo. Al día siguiente nos cortaron la dieta[24] al mediodía y nos trajeron caldo de gallina a eso de las cuatro de la tarde.

Nos fuimos: regresamos al día siguiente de la chacra. Tenía un ansia de largarme y comer.

Desde esa ocasión no tuve comunicación con el doctor Jacques. Más de tres meses estuve como un idiota. Cualquier cosa me molestaba. Estaba muy deprimido. Nunca me había sentido así. Llamé a Edgardo y me recomendó tomar canela y eso me ayudó mucho. También fumaba bastante mapacho para calmar mi depresión. Esa depresión duró más tiempo. En mayo ya no tenía depresión.

---

24. «Cortar la dieta» significa cortar el periodo de siete días comiendo poco y solo alimentos sin sal. La dieta se corta comiendo una pequeña ensalada, comida que por primera vez en siete días contiene sal.

Tú llegaste el 13 de junio durante el curso de Pat y Peter[25] (de la UBC) y todo junio, hasta mediados de agosto, dictaste un curso. En julio, mientras tu dictabas tu curso, preparé con Adler mi primera ayahuasca en Sangapilla.

10. Randy aprende cómo preparar la ayahuasca: julio de 2017

Lo que me faltaba era aprender cómo preparar la ayahuasca. Nadie quería enseñarme. Son recelosos con sus medicinas. Quería hacer mi medicina con la misma fuerza de la ayahuasca que tomé en Chazuta. Buscaba y buscaba con muchas ganas. Por esos tiempos llegaron los uruguayos y el argentino, trayendo pacientes con problemas de adicción para hacer un retiro en Sangapilla. Mario, el argentino, sabía algo de plantas medicinales. A Daniel, un psicólogo uruguayo, lo conocí hace ocho años. Daniel solía venir al centro de Winston para hacer dieta y también traía gente para Winston. El centro se llama Situlli y quedaba en Chazuta. En esa ocasión, Winston iba a venir a Sangapilla para dar ayahuasca, pero él pidió un precio muy alto por la toma y el uruguayo decidió que iba convidar él mismo a todo el grupo. Daniel fue a Tarapoto a buscar alguien que supiera de ayahuasca y ver otras opciones. En el mercado de artesanía, que quedaba muy cerca de la plaza de Tarapoto, Daniel conoció a Napoleón y él le dijo que conocía a un joven que le vendía su arte y que también estaba metido en ese mundo de la ayahuasca. El uruguayo lo contactó y se citaron en la artesanía. El joven les contó que convidaba a la ayahuasca a extranjeros, que su abuelo le había enseñado y que sabía esto y aquello. El

---

25. Esta pareja son colegas y amigos de la Universidad de la Colombia Británica en Canadá.

joven era de Iquitos. Ellos decidieron probarle al joven con una sesión de ayahuasca solo con Daniel y Mario en Sangapilla. Pero, después, decidieron que no. Conversando, preguntaron al joven si les podía conseguir ayahuasca y chacruna. El joven dijo que sí, que conocía a un señor que criaba ayahuasca y chacruna en Sauce.[26] Mario y Daniel decidieron comprarle las plantas y luego ellos mismos iban a preparar la ayahuasca. Durante cinco años, ellos hacían dieta con Winston y habían observado cómo él preparaba la ayahuasca. Pero en esa ocasión, en la esa pasantía en Lamas, ellos decidieron volar con sus propias alas. Esa misma tarde, cuando regresaron a Sangapilla, me contaron todo y puse interés en llevarlos a Tarapoto con el carro para recoger la ayahuasca y la chacruna. Bajamos los tres a las dos de la tarde: Mario, Daniel y yo. Buscamos al joven en su cuarto, él vivía en una quinta para mochileros. Llegamos, pero el joven no estaba, nadie daba razón de él y tampoco contestaba su celular. Dejamos una nota en la puerta con mi número. A medio camino, de regreso a Lamas, el joven me llama diciendo que tenía las plantas. Nos dimos la vuelta y nos encontramos con él en el paradero de Sauce en Tarapoto; ahí el joven nos estaba esperando con los cuatro sacos: dos de ayahuasca y dos de chacruna. Habían comprado en total 80 kilos ayahuasca y 40 kilos de chacruna. Aproveché la ocasión para conversar con el joven y él me dijo que conseguía los insumos de un tal señor Joaquim que cría ayahuasca y chacruna en Sauce. A través del joven también conseguí el teléfono de Joaquim y ese contacto me sirvió después para preparar mi propia ayahuasca. Daniel nos invitó a comer una pizza y él estaba un poco que reclamaba, molesto por todo el trajín para recoger el encargo. El joven, sorpresivamente, apuntando con su dedo hacia la frente de Daniel, le dijo con rotuntidad: «Una cosa que tienes que aprender es a tener

---

26. Sauce es un pequeño pueblo a orillas de un lago de montaña a unas dos horas y media de Lamas.

paciencia». Eso sorprendió a Daniel. El joven le dijo que la ayahuasca se prepara como una hamburguesa: siempre más ayahuasca y menos chacruna. También le dijo que conocía un lugar donde hay bastante mukura, cómo se prepara esa planta y cómo se convida. «La mukura se debe tomar en una quebrada», dijo el joven.[27]

Regresamos a eso de las ocho de la noche a Sangapilla donde estaban los demás uruguayos, entre 12 a 13 personas. Al día siguiente me invitaron a participar en la preparación de la ayahuasca. Acompañaba, cantaba y hacía pedidos. Me quedé las dos noches a cuidar la cocción de la planta. No se puede dejar sola a la ayahuasca. Mi papel era de guardián y observador. Aprendí cómo hacer una refinada y a probar con la cuchara para saber cuándo ya está bien la ayahuasca.

Ya teníamos la ayahuasca lista. A la noche siguiente, Mario y Daniel, convidaron la ayahuasca a su gente y nos quedamos satisfechos. Aprendí lo que quería aprender. Meses después escribí a ellos una nota de agradecimiento.

11. Randy dirige su primera sesión de la ayahuasca y su primer taller: del 14 al 26 de agosto de 2017

Después del curso que dictaste desde julio hasta mediados de agosto, tú hiciste una pasantía conmigo durante las dos últimas semanas de agosto con los siguientes participantes: David, Erin, Noah, Maisie, Angelina, y tu misma. Dirigí la pasantía. Tú dijiste que lo había hecho maravillosamente, que estuvo lindo y que te llevó a tomar la decisión de ya no dictar más cursos, sino hacer solo pasantías conmigo. Todos quisieron tomar ayahuasca en esa ocasión (todos habían egresado de la universidad o eran mayores). Adler fue mi ayudante y le enseñé cómo cosechar y pre-

---

27. Mukura es una planta medicinal que purifica y protege.

parar la purga. Le enseñé también sobre rosa sisa, tabaco, etcétera. La primera sesión fue en la maloca de Sangapilla. A la media hora, después de tomar, empiezo a cantar. Sentí que algo estaba pasando contigo. Te volteabas. Fui a tu lado y te canté el íkaro del dragoncito rojo y te icaraba la corona, la espalda, pero ibas empeorando y decidí que debías recostarte en el suelo y luego perdiste la conciencia, pero todavía tenías vibraciones en todo tu cuerpo. Me fui a mi sitio y empecé a cantar. Mis espíritus se acercaban a mí cuando me ponía de pie y ellos danzaban con la shacapa. Eran como cinco personas altas que danzaban, tenían barbas blancas y vestían batas bordadas elegantemente. Ellos me miraban. Tú no reaccionabas y ya me entraba la preocupación. Los demás estaban casi tranquilos. Angelina un poco asustada, Maisie tranquila y David como si no pasara nada (porque tomaba muchas drogas desde los 19 años). Pero tú no reaccionabas: ¡me entró un miedo! Cuando prendí las velas no dejaba que se notara mi preocupación; me paré y empecé a cantar a cada uno, del lado opuesto a ti. Cuando llegué a la mitad de los pacientes, tú te despiertas feliz. Para mí fue un tremendo alivio. Me acerco a ti y me miras fijamente. Después me describes que me veías con dibujos pintados de color verde claro en mi cara, diseños geométricos; que tenía púas sobre las cejas y las orejas y también un arete en una oreja. Mi rostro tenía más ángulos. Eso duró mucho tiempo.

Noah empieza a desesperarse y dice: «¡No aguanto! ¡Quiero salir de esto! ¡Por favor, háganme salir de esto!». Y tú, gateando, te diriges a Noah como una madre a tranquilizarlo y le cantaste un canto en hebreo, lo de Shalom.

En la segunda sesión, que fue tres días después, David y Noah ya no participaron. Tú sentías unos fuertes dolores que venían y se iban y también la voz de una mujer que le decía: «Esto es una energía cósmica que no se puede medir, que nunca se puede cuantificar».

Erin había pedido en su intención que le hagan conocer a sus ancestros. Ella vio en su visión que unas manos blancas entregaban frazadas

Visión 14. Visión con la ingesta de la ayahuasca. La aparición de una identidad maligna con espada saliendo del cuerpo de Grimaldo que le da un virote a Randy.

infestadas con el virus de la viruela a otras manos cobrizas, morenas.[28] Y le dijeron que ella tenía que volver a su cultura, sus raíces, conocerlas mejor, a descolonizarse.

Y Maisie dijo que ella estaba trabajando contigo, ayudándote en este parto de dar luz a la nueva tierra.

Al final tú viste a Erin como la madre del maíz.

En los últimos días, hicimos extractos de aceite de plantas y llevamos a todos a la orilla de la quebrada Chumbakiwi para bañarlos con ruda.

---

28. Erin era una indígena de la etnia navajo de Estados Unidos.

12. Randy decide abandonar el camino del curanderismo, sesión con Grimaldo: 8 de diciembre de 2017

Con don Grimaldo la sesión fue en el Centro Waman Wasi, en su habitación, que se ubicaba en el nivel inferior, debajo de una sala, y solo se podía ingresar a ella por la parte trasera de la casa. La sesión era solo entre nosotros dos. Empecé con Ganesha y el íkaro del «suy suy». Me paré mirando de frente a don Grimaldo y de cada lado de su cuerpo salían sombras de personas oscuras: salían como escapándose. Luego, del centro de su pecho, sale un hombre: era alto, flaco, de color pálido y en su mano portaba una espada curvada como la espada de un samurái. Creía que esa identidad era parte de don Grimaldo, que era su protección, o era el ánima de alguna planta que él había tomado. Paré de cantar y le pregunto a don Grimaldo si me está pulsando o retando, y él reacciona con una voz fuerte: «¡Carajo! ¡A mi edad tú crees que voy a estar en ese plan!». Me entra una duda, pero después era cierto lo que me decía. Me vinieron a la mente las palabras del doctor Jacques: que en estos casos uno tiene que cantar íkaros invocando a santidades como Jesús, san Benito, y eso fue lo que hice. La identidad desapareció; después me di la vuelta para ir a mi sitio. Sentí, en el riñón izquierdo, un ligero picazón. Se acabó la sesión. Cerramos. Voy a orinar al baño y no pude hacerlo. Ya estaba sospechando que era un virote.

Al día siguiente desperté en casa como a eso de las nueve de la mañana y a eso de las diez ya sentía un dolor en el riñón izquierdo. «Esto ya está fregado», pensé. El dolor fue aumentando con el transcurrir del tiempo y llegó un momento que ya no aguantaba el dolor: era insoportable. Estaba seguro de que era un virote. Me entró una desesperación. Era la primera vez que ocurría esto y no sabía cómo curarme o quién podía hacerlo. Llamé a don Alberto (otro curandero de la región) y le expliqué todo y me dijo que debía tomar dos litros de malva y sentarme desnudo en una bandeja con malva. Hice eso, pero no hubo ningún resultado. El dolor se hacía más fuerte. Estaba brava la cosa. Me fui a mi cama. Llamé a mi madre, pero ella no sabía qué hacer. Llamé a Edgardo y me dijo que debía tomar agua mineral con mucha azúcar. Al toque hice lo que me dijo. Tomé eso, pero no pasó nada. Dije, eso es raro, dudé. Pensé que necesitaba un médico o ir al hospital. Pero tenía en mente lo que le había ocurrido a una chica de 26 años en el hospital. La enfermera le pone una inyección y la chica se muere. Pienso en el doctor Benzaquen porque con él puedo conversar, pero estaba en conflicto porque podía morir. En ese momento me salen de la boca palabras de venganza para él que me mandó el virote y ya no quería seguir en este camino. Necesitaba algo que me quite el dolor; pedía morfina en mi mente. Voy en el carro con Kemy a ver al doctor Benzaquen y le cuento la experiencia, pero no sobre la entidad que salió en la sesión de ayahuasca, sino solo mis síntomas. El doctor Benzaquen no le dio mucha importancia a la situación. Solo concluyó que tenía cálculos en los riñones y me recetó una ampolla para el dolor. Manejo el carro de vuelta a casa. Kemy se va a comprar la ampolla y a traer una enfermera.

Mientras estaba esperando en casa, me acuerdo de doña Alberta, la señora que lee las cartas, y la llamo. No pensaba que ella tendría alguna solución, pero por la desesperación la llamé. Le conté la historia y ella empieza a reñirme: «No estés tomando ayahuasca, etcétera...». Le dije: «Por favor, dame un remedio». Su tono de voz bajó y ella me dice: «Parte un limón, caliéntalo en una sartén y sóbate donde te duele, y ahí exprime el limón caliente». Hice lo que me dijo y después de unos minutos el dolor desapareció. Luego me fui al baño y oriné. Al día siguiente voy a una clínica en Tarapoto donde hacen ecografías para sacarme las dudas. Revisaron los riñones, el páncreas, el hígado; todo estaba bien. Regresé al doctor Benzaquen con las pruebas y lo único que me dijo tajantemente fue: «Yo te diagnostiqué lo que he aprendido. No sé qué más será».

Era sábado y teníamos una toma el domingo. Llamé a don Grimaldo y le dije que íbamos a postergar la sesión para el día martes. Le conté todo lo que me había pasado. Me dijo: «Descansa». Él estaba seguro de que era un virote. Así que quedamos para el martes.

El domingo y el lunes hice una preparación interna. Llevé toda mi mesa: todas mis herramientas, todos mis instrumentos y también mi bastón de canela. Me digo para mis adentros: no me voy a poner de rodillas, pero si debo morir lo haré batallando. La ira y la venganza me entraron. Me dio cólera que me hayan tocado. No me acobardé. Pero sentía fuertemente que el camino del curanderismo no era para mí. Era demasiado peligroso y no quería sentir otra vez el dolor que esa entidad me había causado con su virote. Era el 12 de diciembre. Fui a la segunda sesión con don Grimaldo con la intención que esa sería mi última sesión.

13. Punto de inflexión de Randy, la Virgen de Guadalupe lo empodera: 12 de diciembre de 2017

Armé mi mesa. Me iba preparado, decidido. Llevé todos mis instrumentos y también todas mis herramientas. Puse mucho empeño en armar mi mesa. A la Virgen le puse su vela. Hice también un círculo con pétalos de rosas blancas que rodeaba mi mesa y nos sentamos después en el interior de ese círculo. A la hora de tomar la ayahuasca no queríamos tomar copa llena, solo tomamos un poco, menos de la mitad de la copita. Y tomamos. Esperamos el efecto por unos 20 minutos. Luego empecé a cantar y la voz se me cortaba. No entraba en mareación como debe ser: solo tenía una leve mareación. Agarro mi tambor y sentía que el sonido no se conectaba conmigo; no sintonizaba, no pasaba nada. Decidí soltar el tambor y empecé a silbar…, pero nada. Tuve la sensación de ser un inexperto que no sabía lo que hacía. Don Grimaldo quizá también pensaba lo mismo. Estaba preocupado.

Visión 15. Visión con la ingesta de la ayahuasca. El espíritu del floripondio.

Me vino a la cabeza Ganesha, pensé en su invocación y cuando lo hice la mareación empezó y siento que el camino se abre. Mi cuerpo empieza a conectarse con la planta, con Ganesha (su imagen estaba en mi mesa). Ahí es la primera vez que siento la conexión con Ganesha y me siento más seguro de mí mismo en la sesión.

    Terminé de cantar y empiezo a ver a un viejito que se arrodilla frente a mí y salían floripondios de su frente, sus hombros, su pecho: es la deidad de esa planta. Después veo a dos mujeres y a un hombre. Ellos eran deidades también, espíritus de las plantas. Me sentí un poco tranquilo y le conté a don Grimaldo lo que veía y él dijo: «Te están cuidando y protegiendo». Yo no sabía para qué.

Los observé sin cantar. Estaba algo tranquilo pero atento. Cuando levanto la frente, empiezo a ver la imagen borrosa de la Virgen. Todo lo comentaba a don Grimaldo en ese momento. Empiezo a cantar los íkaros que aprendí. Y, de pronto, se aparece otra vez el pata con la espada, igualito estaba. No tuve miedo. Pensé para mis adentros: «No voy a faltar el respeto a mi mesa, a la Virgen, al círculo y pelearme aquí». Decidí levantarme. Me entró una seguridad y le digo a don Grimaldo: «Ya llegó esa entidad, voy a ir al baño». Me fui al baño como si no lo hubiera visto, lo ignoraba. La entidad me sigue por mi tras. Me siento en el baño. Hago como si quería hacer mi necesidad, pero solo simulaba. Entonces ahí empecé a hacer soplos como mi maestro —el asháninka que siempre me visita—. Hacía los soplos que me había enseñado. Canto, pero no me acuerdo cómo eran los cantos. No me acobardé. Tenía una fortaleza increíble. No tenía nada de miedo, nada. Hacía unos sonidos de pájaro y con mis manos agitaba el aire. Agarré a esa entidad y lo hundí en la tierra. Don Grimaldo sabía lo que estaba pasando con esa entidad y me decía: «¡Agárralo! ¡Sóplale a ese huevón! ¡Porque es pendejo!». Eran palabras alentadoras que escuchaba.

Me levanto con el pecho erguido, como de gallo ganador, salgo del baño y le digo a don Grimaldo: «Ahora ya sabes quién soy».

La sesión se había terminado para mí. Y esto era también el final de mi camino de curandero. Había decidido renunciar a este camino demasiado difícil y peligroso. Quería intensamente regresar a una vida tranquila, sin complicaciones.

Camino a mi sitio y enciendo una vela. Me siento en mi lugar. Estoy algo mareado. Levanto la mirada y veo a la Virgen: ella era alta, hasta el techo; emitía una luz resplendente, blanca.

Visión 16. Visión con la ingesta de la ayahuasca. La aparición de la Virgen en la segunda sesión de don Grimaldo.

En ese instante siento una mareación tan fuerte que no podía controlarla; nunca había sentido eso. Le digo a don Grimaldo: «Por favor, sóplame la cabeza y la espalda». «Ya». Don Grimaldo se levanta, viene hacia a mí, me sopla y, en ese momento, le entra una segunda mareación como a mí. Él camina a su sitio mareadazo. Le digo: «Don Grimaldo, no siento mi cuerpo». Él se preocupa y me dice: «Si te derrumbas, quién le puede ver a Randy». Le digo: «Don Grimaldo, no te preocupes. Lo único que debemos hacer ahora es dejarnos llevar por la mareación. Estamos bien protegidos. Nadie más entra aquí».

Yo ahí me desplomo al suelo y escucho una voz suave de mujer celestial que me dice: «Ahora te voy a enseñar canciones y no quiero que cantes otras canciones».

Vienen las visiones: me veo en posición fetal. Miro una pequeña fábrica con hombres pequeñitos, duendecitos; ellos trabajaban en una maquinaria que hace música. Luego esos hombrecitos empezaron a entrar en mi cuerpo. Siento como si una energía se acomoda en mi interior; siento vibraciones. Contaba a don Grimaldo todo lo que estaba pasando. La Virgen me dice: «Te voy a poner conocimientos para que ayudes a las personas que necesitan».

Y de nuevo viene esa sensación de vibración. Miro mi cuerpo y está repleto de serpientes de diferentes colores: verde, naranja, magenta, azul. Eran colores intensos, psicodélicos, fosforescentes. Las serpientes estaban por todo mi cuerpo; sobre de mi pecho, enroscados en mi brazo, rodeando mi cuello. Mi piel era como una arena movediza donde se sumían, lentamente, esas serpientes. Después sentí en mi cuerpo una energía, era como una vibración que ingresaba y luego sentía como si se retorcían mis huesos. La mareación bajo un poco. La Virgen me dice: «Levántate y anda cura al hombre».

Me levanté y me dirigí al sitio de don Grimaldo. Llevé la shacapa[29]

---

29. Los chamanes utilizan la shacapa para marcar el ritmo. Se elabora con las hojas secas del árbol de ese nombre y es el símbolo mismo del curanderismo en esta región.

y el agua florida.[30] Le agarré la cabeza, le soplé con agua florida su corona y su espalda. Luego, moviendo la shacapa a unos centímetros de su cabeza, empecé a cantarle íkaros. En ese momento, él empezó a vomitar. Después del vómito, él sintió un gran alivio y una tranquilidad. Él veía, durante mi curación, que le caían pétalos de flores en la cabeza.

Cuando sentí que todo estaba hecho, me fui a sentar en mi sitio, me saqué el polo, eché agua florida a mi shacapa y me la pasé por todo el cuerpo. Al final eché agua florida en la parte del cuerpo donde me dio el virote. No quería que quedasen sus huellas.

Después me entró una felicidad y una alegría y ganas de seguir en este camino. Nos fuimos a acostarnos. Había una completa oscuridad en la habitación. Entonces veo el lugar de Sasima y escucho que me dice: «Ahí quiero que hagas mi imagen». Y veo a muchas personas acudiendo a ese lugar. La Virgen me daba a entender que tenía que estar su imagen al lado del agua.

14. Randy cumple el deseo de la Virgen, reportado por Frédérique Apffel-Marglin: diciembre de 2017-abril de 2018

Después de esta poderosa visión de la Virgen de Guadalupe, solo la tercera vez desde que la vio por primera vez en la oficina del doctor Mabit más de un año antes, pero la primera vez que ella le da poderes y la primera vez que le habla. Randy no solo se compromete por completo con el camino del curandero, sino también en construir la imagen de la Virgen en el lugar que ella le había mostrado, el manantial de Sasima. También se entera de que el 12 de diciembre fue

---

30. Agua florida es una colonia utilizada por todos los curanderos para limpiar. El chamán normalmente la rocía sobre los pacientes por vía oral.

La voz de Randy y sus ilustraciones **123**

la fecha en que la Virgen de Guadalupe se apareció a Juan Diego en el cerro del Tepeyac en 1531, que hoy se encuentra en la Ciudad de México. Como se sabe, especialmente en América Latina, la Virgen de Guadalupe le habló a Juan Diego en su lengua materna, el náhuatl. Hablaremos de este suceso en un momento posterior de esta historia.

Aquí quiero contar la historia de cómo Randy construyó la imagen de la Virgen en Sasima. El manantial de Sasima está muy cerca de nuestro centro, en el barrio de Lamas llamado Suchiche. Randy primero reunió a la asociación de vecinos de Suchiche y propuso a sus miembros construir este santuario. Me dijo que no quería contarle a nadie sobre su visión, ya que se interpretaría como un alarde y una mentira que ocultaba motivos ocultos de ambición política. Esto me sorprendió, pero insistió en que conocía a la gente de Lamas y que contarles su visión arruinaría el proyecto. Creó un proyecto de barrio colectivo para el santuario y pidió a la gente que contribuyera de acuerdo con sus medios, lo que quisieran y pudieran. Se puso en contacto con un escultor amigo suyo, Juan, que se mudó al apartamento de Randy en Sangapilla durante la realización de la estatua de la Virgen, que duró casi cuatro meses.

Fui testigo de esta creación y de cómo todo el mundo le donó algo. Randy también organizó donaciones para la compra de una estatua separada de la Virgen de Guadalupe para la principal iglesia católica de Lamas, donde nunca había habido una. También organizó la bendición de la estatua en Sasima por parte del sacerdote de la iglesia principal de Lamas y su dedicación. Este ocurrió el domingo 29 de abril de 2018. La celebración comenzó con una misa en la iglesia principal de Lamas, que finalizó con una procesión con la imagen de la iglesia a Suchiche, todos portando una rosa blanca, símbolo de la Virgen. Esta procesión fue parte de la visión de Randy al final de la sesión con Grimaldo y la organizó. La imagen de la iglesia se dejó en el callejón sin salida sobre el manantial de Sasima,

124   La voz de Randy y sus ilustraciones

y la procesión descendió hasta el manantial y el santuario, y Randy me dijo que la procesión se veía exactamente como la había visto al final de la sesión con Grimaldo: el 12 de diciembre.

El sacerdote bendijo la imagen con agua bendita y Jacques Mabit pronunció un hermoso discurso que explicaba la genealogía de esta Virgen que apareció en el sitio de un antiguo templo de la diosa de la tierra precolombina llamada Tonantzín y contó la historia de la aparición. Jacques no mencionó la visión de Randy de la Virgen, ya que le había explicado el deseo de Randy de que esto permaneciera en secreto. Randy me dijo que en su visión había visto la estatua de pie sobre una roca natural existente que es donde la había instalado. A la dedicación del pequeño santuario con la estatua de la Virgen de Guadalupe en el manantial de Sasima asistió una gran multitud. Randy y la organización del barrio de Suchiche han estado celebrando a esa Virgen el 12 de diciembre desde entonces.

15. Sesión profética con Karen y la Virgen: 15 de diciembre de 2017

Poco después de la última toma, tuvimos una sesión en la casa de Karen el 15 de diciembre de 2017;[31] participó ella y dos de sus amigas. Al principio la sesión era, energéticamente hablando, oscura. Desagradable para todos. Las pacientes lloraban y tenían miedo. Estaba de pie y empecé a cantar íkaros invocando a Jesús, a san Benito, para limpiar la sesión para que sea más tranquila. Me fui a sentar a mi sitio. Canté

---

31. El hermano de Karen, Teddy, el mejor amigo de Randy, le había dicho a este que su hermana estaba deprimida debido a la muerte de su esposo y le sugirió que hiciera una sesión de ayahuasca con ella. Karen nunca había participado en ninguna sesión de ayahuasca.

otros íkaros y Karen también se puso a cantar. Noté algo extraño en ella, no era lo usual en un paciente. Su voz parecía el sonido de una persona de edad. Me puse a escucharla y me entró una mareación que no podía controlar. Y el canto de ella influenciaba a las mujeres: sus amigas empezaron a vomitar. Karen emitía el llanto de una viejita: un llanto melodioso, místico. Me puse de pie y me fui al baño. No soportaba el sonido de ese canto. Salí del baño, me acerqué a ella y le pedí que ya no cante. Después regresé a mi sitio y empecé a cantar. Pero cuando me callaba, ella cantaba. Era como un cortejo de cantos. Me doy cuenta de que ella tiene un don. Y era su primera sesión de ayahuasca. Enciendo las velas y veo que una de las chicas estaba dormida. Ya no estaba mareado. Pero, cinco minutos después, a Karen y a mí nos entra una mareación. Agarro la shacapa de collar.[32] Cuando tomo un instrumento siento que es parte de este momento. Después levanto la cabeza y se me aparece la Virgen en colores, su manto azul, etcétera. Era algo mágico, especial, energías positivas, una conformidad con uno mismo, paz, tranquilidad. Miro a la Virgen; ya no veía a las dos chicas. Y todo alrededor era como vitrales luminosos, dinámicos, y allí me viene por primera vez el canto de la Virgen:

> Virgencita, virgencita, morenita, milagrosaaaaaaa
> curanderitaaaaaaa.
> Virgencita, virgencita, morenita, cura, cura cuerpecitooooooo.
> Virgencita, virgencita, morenita, cura, cura espірititooooooo.

Vi a la Virgen al frente en un altar. Karen y yo estábamos como en adoración. Karen empezó a cantar el mismo canto. Nuestras voces se

---

32. El collar largo de shacapa está hecho con las semillas del árbol de ese nombre y es utilizado por los bailarines indígenas para marcar el ritmo mientras bailan. Es muy largo y se sostiene con ambas manos.

mezclaron y era como un solo canto. Me callaba y le decía a la Virgen: «Somos tus hijitos, protégenos y cuídanos». Y completé el íkaro:

Virgencita, virgencita, ilumina su camino, ilumina su destino.

La Virgen estaba al frente de nosotros. Era poderosísimo ese canto. Luego nos callamos todos. Cerré la sesión. Todos estábamos alegres. Las chicas se volvieron como niñas felices. Una de ellas se volvió devota.

Karen me contó que en su visión ella se encontraba bajo agua, en un jardín hermoso. Todos al final nos quedamos sorprendidos. Para mí, la sesión era una manifestación más de la Virgen, igual que la sesión anterior. Karen me dijo después que ella era devota de la Virgen de Guadalupe.

16. Preludio para recibir poderes del cerro sagrado: febrero de 2018

En Urkumamanwasi[33] tenía ocho pacientes, entre hombres y mujeres. La noche era clara. Una sesión normal, tranquila. Cantaba a la Virgen. Cuando me entra una cierta clase de vibración, sé que es la Virgen. Antes de la sesión, me llamó mucho la atención el cerro Waman Wasi: estaba sin nubes. Casi al final de la sesión, a eso de la una de la madrugada, observo al cerro desde mi sitio y empiezo a llamarlo mentalmente para que se acerque a mí. Entonces una mareación me entra al toque y tengo una visión como si estuviese al pie del cerro: había flores

---

33. Urkumamanwasi –que significa «Lugar de la Montaña Sagrada»– es una tierra en el monte en las afueras de Lamas que compré para Randy poco después de su iniciación en junio de 2016. Randy ha construido una maloca –una estructura indígena para celebrar ceremonias– y cabañas individuales para los retiros. La tierra da cara al cerro sagrado para los kichwa-lamas, llamado Waman Wasi, con forma de pirámide inclinada.

y árboles. Una brisa fresca traía el olor del monte. Fue la primera vez que conocí de cerca al cerro Waman Wasi. Me quedé pensando en esa visión. Termino la sesión asombrado.

Había escuchado en cierta ocasión la experiencia de don Julio Valladolid con los Apus en la sierra, y también la experiencia de don Grimaldo.[34] Una alegría y emoción se apoderó de mí recordando mi experiencia con Waman Wasi.[35] Al día siguiente de la cuarta toma, llamo a don Grimaldo y le cuento lo que ocurrió en la sesión. Él estaba un poco sorprendido porque nunca había escuchado en la selva de la experiencia de curanderos con cerros apus. «Desde cuánto tiempo no lo habrán hecho ofrendas a este cerro. Hay que hacerle un ritual», me dijo don Grimaldo.

Como no sabía nada de esos rituales, estaba a la merced de don Grimaldo. Entonces organizamos una sesión de ayahuasca para el viernes y me dijo lo que tenía que llevar para esa ocasión.

17. El cerro sagrado llega a Randy y le otorga poderes: 23 de febrero de 2018

Antes de irnos a Urkumamanwasi; compré mangos, racimos de uvas, piñas, caramelos, dos botellas de vino, rosas blancas y rojas.

Preparamos la mesa con las cosas que había comprado. Había un par de cada cosa sobre la mesa.[36] Todas esas cosas eran las ofrendas. También había llevado mis instrumentos y herramientas. Don Grimaldo sugirió ubicar la mesa teniendo en cuenta los puntos cardinales y otras

---

34. Julio Valladolid es uno de los tres fundadores del PRATEC. Posee amplia experiencia con los cerros sagrados andinos o *apus*.

35. El nombre de Waman Wasi significa «Casa del Águila».

36. Estos pares son masculinos y femeninos, una práctica común en la región andina que Grimaldo le enseñó a Randy.

consideraciones; él tenía mucha experiencia con cerros y yo me encontraba a su disposición. Estaba claro, en ese momento, que la sesión era especialmente para contactarme con el cerro Waman Wasi. Don Grimaldo dijo: «Esta noche vamos a velar al cerro, la sesión es para el cerro».

Tomé la primera copa de ayahuasca y luego serví otra copa a don Grimaldo. Al toque entré en mareación. Eso me sorprendió mucho. En mi mente, decía: «No sé qué va a pasar esta noche». Tenía un poco de miedo. En plena mareación, le digo a don Grimaldo: «Usted va a cantar esta noche». Él, con voz seria, me contesta: «Randy, tranquilo... tranquilo». Me tranquilicé. Luego me llega una mareación fuerte, inclino la cabeza hacia abajo y, después, alzo la vista y veo varias naves espaciales en forma de campana, de aspecto metálico, plateadas, flotando en el cielo, cerca el cerro Waman Wasi. Toda la estructura de la maloca ya había desaparecido antes de esa visión. Describía a don Grimaldo todo lo que miraba. Después veo una gran águila con sus alas extendidas que viene volando hacia mí desde el cerro. Y, en toda la falda del cerro, estaba recostado un gigante, como los pinchudos de Chachapoyas,[37] con la mirada dirigida hacia el cielo. Don Grimaldo dijo que es el guardián del cerro. Lo más raro ocurrió después: mi cuerpo, repentinamente, es jalado hacia la mesa y hacía muchos gestos, sonidos de pájaros, soplos. Todo era un ritual, como si me estuviera presentando al cerro.

Miro la mesa con las ofrendas. Y, de pronto, toda la mesa se convierte en una ciudad. Veo la ciudad desde arriba, como si me encontraría volando. El cielo era rojo. Había una neblina roja con algunos matices. Miro muchas construcciones: formas de pirámides truncadas, de color plomo, que terminaban en una base cuadrada en el techo.

---

37. Los pinchudos son efigies funerarias precolombinas colocadas en acantilados en ciertos sitios del área cultural precolombina de Chachapoyas, al norte de Lamas. Lamas se sitúa en el límite oriental del área cultural de Chachapoyas.

Visión 17. Visión con la ingesta de la ayahuasca. Espíritu del cerro Waman Wasi (casa del águila)… Veo una gran águila con sus alas extendidas que viene volando hacia mí desde el cerro.

Mientras miro fijamente una pirámide, observo, en una de las caras laterales, la construcción del rostro de una mujer: de sus hombros a su cabeza tenía una corona o casco como de Nefertiti. Don Grimaldo me dice: «Te está haciendo conocer otros mundos». Luego regresa de nuevo la imagen de la ciudad y, después, otra vez el rostro de la mujer; esas imágenes volvían y se alternaban en aparecer, y así ocurrió varias veces. Y en ese momento, desde la ciudad, se acerca hacia mí un brazo que se movía como si fuera una serpiente y, en la mano, tenía algo para ofrecerme. Mis manos, involuntariamente, se ponen juntas para recibir lo que me ofrece ese brazo. Acepto lo que me da y lo bebo en seguida. Después de tomar eso, sentí algo muy fuerte: mi cuerpo, mis muslos, mis huesos, se retorcían. Sentía mucho dolor. La vibración era intensa. Era su mariri. «Ya no aguanto», le dije a don

Grimaldo. «Aguanta so cojudo, aguanta; esto no es para cualquiera», me dice don Grimaldo. Esa sensación era más fuerte de cuando las culebras de la Virgen entraron a mi cuerpo.

Para mí ese momento fue como una llave. Un portal para ingresar al mundo del Apu. Regreso a mi sitio y me siento. Empiezo a cantar como para que el cerro elija una canción, pero sentí que no le gustaba la primera canción y me quedo en silencio. Siento que el cerro me prueba y quiere que le cante. Después de un rato canto otra canción; tampoco le gusta. El cerro es exigente. La tercera canción sí le gustó. Sintonizamos. Me alegré bastante. Luego me quedé en silencio. Le pedí al cerro que me cuide y proteja a todas las personas que quiero. Agradecí mucho al cerro. Y no paraba de agradecer. Empecé a cantar el canto del cerro: «Lindo, lindo mi cerrito, etcétera...».

Me pongo de pie y el cerro me hace bailar suave, despacito, como un viejito, de lado a lado. Luego regreso a mi sitio. Cierro la sesión.

Don Grimaldo me dice: «Es tu iniciación a los rituales ¿Te das cuenta? Ya no huele el mango. Al cerro le gusta eso. Hace cuánto tiempo no habrá despertado. Tenía hambre. Ahora tienes al cerro y a la Virgen. Y, en el camino, vas a ir viendo cómo puedes curar a las personas con ellos».

18. Randy aprende a exorcizar una posesión: abril-mayo de 2018

Vino un primo a buscarme. Él buscaba tomar ayahuasca desde hace tiempo. Anteriormente fue a buscar a un maestro, don Abilio,[38] y me comentó que no encontró respuesta. Mi primo, decepcionado de él, me llama queriendo tomar.

---

38.   Don Abilio es un chamán mestizo en Lamas.

La primera sesión con mi primo lo hicimos en Urku. En esa ocasión tenía ocho pacientes, entre hombres y mujeres. Mi primo, durante su mareación, tenía un comportamiento bastante inusual: muchos gestos extravagantes; una mirada extraña, algo demoniaca, y la expresión de su rostro era desafiante hacia mí. Su risa tampoco era de él: una risa burlona que asustaba a los demás. «Aquí está pasando algo raro», pensé. Su presencia en la sesión me incomodaba. Cuando finalizó la sesión, no pude darme cuenta de que había una entidad en él. Pensaba, en un principio, que era algo psicológico, quizá porque su padre no lo había reconocido al nacer.

Con mi primo tuve seis sesiones en total. En cada sesión, sin embargo, su comportamiento empeoraba. Había cierta agresividad hacia mí. Su energía malograba la sesión; y los pacientes tenían miedo por sus gestos demoniacos.

Después de la quinta sesión, estaba casi seguro de que mi primo estaba poseído por una entidad demoniaca. Pues él es tímido, callado, no muy social. Pero en la mareación mostraba cólera. Me miraba, me soplaba, cantaba. Después de la sesión le converso y le digo que tiene algo grave: una entidad. Le comunico también que la próxima sesión será entre tres personas: tú, yo y Paul.

Hicimos una sesión en mayo. Sabía a lo que me enfrentaba. Nunca había pasado esto antes. Tenía curiosidad y también era para el aprendizaje.

Cuando tomamos, mi primo no creía en nada. Lo preparé para que ponga de su parte. Pedía a la planta, a Jesús, a la Virgen, que me ayuden con esta situación. Cuando empezó la mareación, él se reía burlonamente y tenía gestos agresivos: me soplaba agresivamente y tenía una mirada desafiante. No podía ver lo que él tenía en su cuerpo. Finalizó la sesión y tampoco pude ver nada. Me levanto, voy a su lado, pongo mi mano en su corona y digo la oración de la Sangre de Cristo que me dio el doctor Jacques. Cuando termino la oración, a todos nos entra una mareación como al principio. Retiro mi mano de su cabeza y él empieza a vomitar. Mi primo entra en trance y siento que es el momento propicio para cantar y solucionar este problema de una vez por todas. Me entra una visión. Todo se hizo claro y verde; y podía ver todo también. Me levanto para ponerme al frente del cuadro de la Virgen, me arrodillo y empiezo a cantar su íkaro. Mientras cantaba, mi primo se pone en una posición extraña: se agacha y se apoya con los brazos en el suelo como un cangrejo. En la visión era negro, tenía los ojos rojos. La entidad se manifiesta en su cuerpo: flaco, las manos como aguijones, cara alargada. Se transforma su rostro en una cara demoniaca y hablaba, mirándome con cólera, un idioma desconocido. Paul escuchó lo que decía, pero no vio nada. Yo cantaba a la Virgen, mirándole:

Virgencita morenita; ding, ding, ding; dong, dong, dong.
Virgencita morenita; ding, ding, ding; dong, dong, dong.
Virgencita morenita; ding, ding, ding; dong, dong, dong.

Mi voz es más baja en la parte que canto «virgencita morenita» y levanto la voz cuando canto la parte de la campana: «Ding, ding, ding; dong, dong, dong». Es la primera vez que me llega ese íkaro. La entidad desaparece. Me levanto sorprendido y le digo a mi primo: «Esto es el poder de la Virgen». La cara de mi primo era de miedo. Después él entra en un trance: alza los brazos, como si recibiera algo, y luego me lo entrega diciendo: «Gracias maestro Randy». Hacía toda esa simulación de entrega varias veces. Mi primo me dijo después que en su visión él veía una luz en el cielo y que una mujer blanca le entregaba unas palomas y le decía: «Entrégalas a Randy para su protección». Después de entregármelo de manera simulada, mi primo hace el saludo de «námaste», con las manos a la altura de su frente, agachándose, como agradecimiento. Con la Virgen me sentía bastante seguro, sin miedo, respaldado.

19. Randy es curado por la planta de los espíritus y recibe protección de la Virgen: 5 de junio de 2018

La sesión fue en el Centro Waman Wasi, el 5 de junio de 2018, en la habitación de don Grimaldo, un lugar ubicado en el nivel inferior, bajo una sala, y al que solo se podía ingresar por la parte trasera de la casa. Tomamos media copa de ayahuasca cada uno. Suficiente. Me sentía bien relajado esa noche, entregado a la planta, con paz. Sentí también que solo tenía que cantar unos pocos íkaros. En esa toma, cada uno bailaba con su propio pañuelo, es decir, cada uno se preocupaba por uno mismo. En sesiones anteriores, me entraba un frío terrible en la pierna izquierda, algo raro. Los curanderos, para dar a entender que es un daño, dicen: «Te han hecho pisar». En esa sesión quería ver lo que estaba pasando con mi pierna. Bebí un vaso de agua y, después, empecé a cantar al agua. Levanto la vista y veo que todo el espacio del cuarto era un bosque y, poco a poco, aparecen espíritus de forma humana y de piel blanca, pero eran más altos, con brazos y piernas más largas, tenían hombros anchos y poca cintura, y usaban taparrabos. Había como cinco de ellos: cabello largo, todos parecidos, como si fueran del clan de una tribu. Y ellos, entre hombres y mujeres, se organizan para recolectar las hojas de un árbol y esas hojas que recogían lo entregaban a otro del clan, después este otro a uno de ellos y este último me lo entregaba en mis manos. Recibo las hojas y lo echo en mi pierna izquierda, sobándola. Entonces fui curado del frío. Empecé a agradecer a todos ellos por su preocupación, por la bondad que tenían hacia mí. Estaba muy agradecido. Poco a poco la visión desapareció. Luego empecé a cantar a la Virgen y cantando le pedía que me cuide, que proteja mi espalda. Cuando termino de cantar me pongo de pie para caminar y siento que me ponen como una armadura en la espalda, después en el pecho, luego en los brazos y en las piernas. Sentí cómo se adhería esa armadura a mi cuerpo y le digo a don Grimaldo: «Creo que me están poniendo una armadura de protección». Y él dice: «Sí, pues lo estabas pidiendo en tu canto». Luego don Grimaldo me mira y me dice: «Te veo alto».

Traté de caminar y sentí que mi cuerpo pesaba mucho. Llegué a sentarme de nuevo y canté un íkaro y, de pronto, tengo la visión del patio de un palacio o de un templo. Había una pared a la izquierda y varias columnas a la derecha. En el piso había una alfombra roja de unos 50 m de largo y 4 m de ancho. De entre dos columnas adyacentes se asoma la cabeza de un dragón, luego este dobla la cabeza y me mira directamente a los ojos. El doctor Jacques me había dicho –por ver dragones– que yo dominaba los cuatro elementos. Para mí fue una sesión muy interesante; la confianza en la Virgen.

20. Peregrinaje a Tepayac en México y la Virgen de Guadalupe, reportado por Frédérique Apffel-Marglin: setiembre de 2018

Regresé a Boston a fines de agosto de 2018 y, después de solo unos días, tomé un avión a la Ciudad de México donde estuve hablando en un congreso. Había decidido invitar a Randy a que me encontrara allí para que pudiéramos ir a visitar el santuario de la Virgen de Guadalupe. Un amigo cercano de Randy, Paul, lo acompañó de Tarapoto a Lima y luego en otro avión a México. Randy había curado a Paul de una adicción a los juegos de muchos años y de los horrores financieros que esta adicción había creado, y, debido a su curación, Paul se había convertido en un devoto de la Virgen.

Me sentí inmensamente aliviada al enterarme de esto, ya que sabía que Randy les tenía mucho miedo a los aviones y nunca había viajado en uno ni había ido al extranjero. De esta manera, podría viajar con un amigo cercano que sabía que calmaría sus miedos. Nos reunimos en el hotel para el congreso y pude concertar una visita al Tepeyac, el lugar de la visión de Juan Diego de la Virgen de Guadalupe en 1531, con un expsicoterapeuta de Takiwasi, que ahora vive en la Ciudad de México, llamado Jesús Gonzales Mariscal y que había trabajado en Takiwasi, donde lo conocí por primera vez, hace varios años. En el congreso, de manera totalmente fortuita, conocí a una persona que me trajo un antropólogo mexicano, quien era curandero tradicional y guardián del volcán Popocatépetl, de nombre Juan Ernesto Arellano. Le pregunté a él y a su amigo antropólogo si podían acompañarnos al Tepeyac. Estaban encantados de hacerlo, y con Jesús y su esposa Erika fuimos todos al Tepeyac una mañana en la gran camioneta de Jesús.

Para Randy y para mí, esta fue nuestra primera visita al lugar de peregrinaje más famoso de toda América Latina, el santuario de la Virgen de Guadalupe. El maestro Juan Ernesto nos llevó primero a la principal basílica moderna, una estructura muy imponente y grande con un inmenso techo abovedado y una gran explanada frente a ella. Cuando entramos en la basílica, nos dimos cuenta de que se estaba celebrando una misa importante. El lugar estaba lleno y muchas figuras religiosas vestidas rodeaban el altar. Un montón de enormes velas encendidas, incienso, un coro de canto. Nos arrodillamos brevemente y no nos quedamos mucho allí; nos abrimos paso detrás del altar, bajo el famoso manto enmarcado de Juan Diego con la imagen de la Virgen impresa en él.

El maestro Juan Ernesto nos contó la historia. El lugar donde la Virgen se apareció en 1531, solo unos diez años después de la llegada del conquistador español Cortés, a un simple campesino náhuatl cuyo nombre católico era Juan Diego, estaba situado en una colina cercana. El maestro Juan Ernesto nos llevó allí después de nuestro avistamiento del manto. En ese lugar, Juan Diego vio de pronto la figura de una mujer rodeada de luz, de piel cobriza, de largo manto, que le hablaba en su propia lengua nativa, el náhuatl. La Señora le pidió que fuera a la cima de la colina y recogiera flores. Juan Diego le dijo que se apresuraba a ir a casa de su tío agonizante. Ella le dijo que no se preocupara. Cuando Juan Diego pudo visitar a su tío más tarde, lo encontró completamente recuperado y supo que la Virgen había logrado este milagro.

Juan Ernesto nos explicó en la catedral principal donde está colgado el manto original que lució Juan Diego lo sucedido en el último encuentro de Juan Diego con la Virgen. La Virgen le dijo que pusiera las rosas que le había pedido que recogiera en la colina en su propio manto y se las llevara al obispo de la gran ciudad. Las rosas no son autóctonas de México sino de Europa y en la cima del cerro en esa época del año, específicamente el 12 de diciembre, no florecen flores en esta región. El obispo o sus sirvientes ya se habían negado dos veces a ver a Juan Diego, pero en la tercera visita su insistencia fue tal que se le permitió estar en presencia del obispo, que antes le había pedido prueba de lo que le decía Juan Diego.

Cuando Juan Diego abrió su manto y las flores cayeron, todos vieron en él impresa la imagen de la Virgen como la había visto Juan Diego. Esto convenció al obispo de la veracidad del relato de Juan Diego sobre sus conversaciones con la Virgen en las que solicitaba que el obispo le construyera un santuario en el cerro donde se había aparecido a Juan Diego. El manto enmarcado con su imagen es el original. Ha sido sometido a múltiples pruebas científicas y la fibra con la que está hecha, así como los colores de la imagen, se han fechado en 1531. Además, las estrellas que adornan el manto de la Virgen están en la disposición de las constelaciones que fueron en su lugar el día y año de la visión, como lo han verificado los astrónomos.

Luego fuimos guiados por el maestro Juan Ernesto a través del parque, subiendo muchas escaleras y jardines, deteniéndonos en el camino en una cascada para tomarnos una foto. El maestro Juan Ernesto nos colocó en una pose hierática sentándome entre él y Randy parados a mi lado, colocando una mano en cada uno de mis hombros para una fotografía tomada por Jesús.

Continuamos subiendo la colina hasta que llegamos a una pequeña capilla en el lugar original de la primera visión. Los frescos que cubrían completamente las paredes interiores de la pequeña capilla ilustraban exactamente lo que Jacques me había dicho sobre el papel de la Virgen en ese lugar. Todos los frescos mostraban multitudes de personas náhuatl que llegaban a este lugar para adorar a la Virgen. Hombres, mujeres, jóvenes y ancianos, niños, bebés; todo tipo de personas, algunas de alta cuna y otras campesinas. Jacques me había dicho que la Virgen apareció en el sitio del famoso templo de la diosa madre precolombina Tonantzin. Lo que para mí fue totalmente extraordinario fue lo que nos dijo el maestro Juan Ernesto: «Nosotros la llamamos Tonantzin-María». Más tarde, el maestro Juan Ernesto le enseñó a Randy una canción en náhuatl que invoca y alaba a Tonantzin-María, que Randy ha hecho uno de sus íkaros. Después de regresar de nuestra peregrinación mexicana, Randy inscribió el nombre completo de la Virgen, en el pequeño santuario que había construido para ella, como La Virgen de Sasima (el nombre del manantial) Tonantzin María Guadalupe.

Jacques me había dicho que la tasa de conversiones al catolicismo se disparó después de esta aparición de la Virgen de Guadalupe en el sitio del templo de Tonantzin y este acontecimiento se representa en esos frescos. Como deja en claro la declaración del maestro Juan Ernesto, esa identificación entre la diosa tierra Madre Tonantzin y la Virgen de Guadalupe está bien viva después de 500 años.

La pequeña capilla en la cima de la colina original pronto se volvió demasiado pequeña para dar cabida al creciente número de peregrinos. Se construyó una segunda catedral mucho más grande, ahora reemplazada por la catedral actual aún mucho más amplia, donde el manto original enmarcado con la imagen de la Virgen impresa en él está colgado y es adorado por multitudes de peregrinos.

Al salir de la pequeña capilla, el maestro Juan Ernesto nos pidió que formáramos un círculo y nos uniéramos de brazos, Randy, Paul, Jesús, su esposa Erika, el antropólogo amigo de Juan Ernesto y yo. Estábamos solos en la plaza frente a la pequeña capilla y el maestro Juan Ernesto procedió a guiarnos en un ritual de bienvenida, protección y bendición, principalmente en náhuatl.

Habíamos decidido visitar el famoso complejo de templos y pirámides de Tenochtitlán a media hora de la Ciudad de México. Una vez allí, todos subimos a la cima de la pirámide. Randy había traído consigo sus collares chamánicos sagrados especiales. Una vez en la cima, se acostó en el centro de la pequeña plaza y colocó todos sus collares en ella e hizo una invocación privada; más tarde me explicó que quería reunir el poder de la pirámide en sí mismo y en sus collares.

Cerca del día de nuestra partida fuimos a una pequeña tienda, parte de una excavación arqueológica en curso dentro de la Ciudad de México, y allí pude comprar una pequeña estatua de Tonantzin, hecha de una piedra negra, con una falda de serpiente y una calavera en la mitad de su cuerpo. Esta estatua de Tonantzin tenía para mí una semejanza o evocación inconfundible con la diosa Kali de la India: ambas emanaban el poder de la generación, la degeneración, la muerte y la regeneración.

Poco después, Randy y Paul volaron de regreso a Lima y luego a Tarapoto y yo volé de regreso a Boston

21. Randy es cegado[39] por un curandero celoso (marzo de 2019) y segunda dieta en Takiwasi (abril de 2019)

Visión 18. Visión con la ingesta de la ayahuasca. Randy se encuentra con un brujo poderoso y celoso.

Un día, en mi sala, hice una sesión solo con mi primo. Empecé a cantar íkaros y, después de unas dos horas, me sentía tan cansado que le pedí a mi primo que cante. Luego me acosté en el mueble y me puse

---

39. Randy estaba ciego chamánicamente hablando. Ello explica su incapacidad de tener visiones.

a dormir. Después de un momento me entra una visión: viajo a una gran maloca y al instante me encuentro con un maestro shipibo:[40] él era grande, imponente; yo, en cambio, le miraba desde abajo, era pequeñito. En seguida veo que de la cadera del maestro sale el esqueleto de una serpiente descendiendo hacia mí y siguiendo una trayectoria en espiral. En ese instante, la escena era tan real que tuve mucho miedo. Quería salir de esa situación, pero no podía. Empecé a invocar a la Virgen con cantos, pidiéndole que me proteja. Él pata me mostraba que tenía un inmenso poder en el mundo del chamanismo; era imponente y seguro. Le pedí a la Virgen que me saque de esa situación y, de nuevo, repentinamente, vuelvo a estar en mi sala. Sentí, poco después, que entraba una lanza en mi espalda. Me quedé asombrado del viaje del cuerpo, del alma que me llevó a ese lugar y yo no sabía por qué. Quizás el brujo me había transportado a su maloca para hacerme daño. Siempre escuchaba de otros curanderos que ellos salían de su cuerpo. Era la primera vez que tuve una experiencia como esa y sin quererlo; fue desagradable. No sabía quién era el pata. Después dibujé la escena para enviarla al doctor Jacques.

Conversando con el doctor Jacques, me dijo que esa persona era un famoso brujo. «¿Por qué me hizo esto?», pregunté. El doctor Jacques me contestó que esa persona quería ser el curandero más fuerte de la Amazonía. Don Grimaldo también me dijo: «A veces, ciertos curanderos no quieren dietar y roban el yachay de otros».

Después hice de cinco a siete sesiones, pero no tenía nada de visiones a pesar de tomar dos copas de ayahuasca; no venían visiones ni mareación. Saqué una cita con el doctor Jacques. En la reunión con él, me hizo un trabajo en la frente con cantos. Me chupó la espalda y él botaba flemas amarillas. Él me recomendó hacer una sesión con mi

---

40. Los shipibos son uno de los grupos indígenas amazónicos. Son bien conocidos por vender sus telas de intrincado diseño geométrico en todas partes de la región.

primo para saber si regresarían las visiones. Así lo hice y lo primero que vi fue a la Virgen de perfil y una luna blanca detrás de su cabeza. Estaba muy contento porque recuperé la visión. Es como si ella metió su mano en mi espalda y lo estaba limpiando. Ese virote era tan fuerte que requería de dos manos: primero, la mano del doctor Jacques y, segundo, la mano de la Virgen. El dolor desapareció, pero quedaba cierta vibración, lo que quería decir que el trabajo no estaba terminado. El doctor Jacques me recomendó hacer una dieta con una planta llamada ushpa washa. Y eso fue lo que hice en abril de 2019. Durante la dieta en el monte de Takiwasi, la Virgen se sentó a mi lado y me limpió el cuerpo con un pañuelo húmedo; después puso su mano en mi frente y me dijo: «Duérmete». Me dormí de inmediato. Después de esto, y hasta hoy, el dolor y la vibración han desaparecido.

22. Randy tiene una hermosa visión: mayo de 2019

Después de la dieta en Takiwasi, hice una sesión en la maloca de Urkumamanwasi con cuatro personas, pero Karito[41] no estaba presente en esa ocasión. En la visión me veo que salgo afuera de la maloca y miro un bosque bien tupido. Luego camino unos 20 metros hacia un árbol gigantesco, imponente, que supongo era la lupuna: el árbol más alto de la selva. Estaba vestido todo de blanco.[42] Cuando llego al pie del árbol, empiezo a levitar despacio hasta llegar a la copa de la lupuna. En seguida, las ramas se abren y empiezo a caminar. Por dentro era como un nido y, en ese lugar, se encontraba Karito sentada, con las piernas cruzadas, vestida toda de blanco. Una neblina de color violeta azulado

---

41. Karito es el diminutivo de Karen, por el que Randy llama a su actual pareja.
42. El atuendo blanco se identifica tanto en las bodas como en las ceremonias de la ayahuasca donde todos usualmente visten ropa blanca.

Visión 19. Visión con la ingesta de la ayahuasca. Randy con Karen sobre un «nido» en la copa de un árbol de lupuna.

estaba en todo el ambiente. Cuando ella se percata de mi presencia, se pone inmediatamente de pie y yo camino hacia ella. Entonces, ella abre y estira sus brazos como pidiendo coger mis manos. Tomo sus manos y nos besamos. Ese enamoramiento fue el primero en el mundo espiritual. Después, a mediados de diciembre de 2019, nos enamoramos en el mundo terrenal.[43] La gente en Lamas dice que yo la enamoré con brujería, con pusanga,[44] pero eso no es verdad.

---

43. Aunque Karen ha sido mostrada a Randy poco después de su iniciación en 2016 y le dijeron que sería su esposa, no se acercó a ella hasta dos días antes de la celebración de la Virgen de Guadalupe, cerca de nuestro centro, el 10 de diciembre de 2019. Karen había estado siempre involucrada en estos preparativos. Entonces Randy llegó a su casa para tratar detalles de la celebración y fue entonces cuando se besaron por primera vez en este reino terrenal.
44. La palabra «pusanga» se refiere a brujería para enamorar a parejas.

Observaciones finales sobre la segunda parte
por Frédérique Apffel-Marglin

El punto de inflexión para Randy cuando abrazó por completo el camino chamánico fue el día en que decidió abandonarlo. En el momento en que él está a punto de dejar lo que pensó que sería su última sesión de ayahuasca, la Virgen de Guadalupe se le aparece y le otorga dos tipos de poderes y le pide que construya su imagen, mostrándole dónde hacerlo. Solo unos dos meses después de este suceso, recibe poderes del cerro sagrado Waman Wasi. Se trata de hechos extraordinarios, inauditos en la región. Junto con la tutoría de Jacques Mabit y dos retiros en el monte de Takiwasi, Randy finalmente se convierte en un curandero en toda regla después de haber resuelto por completo su ambivalencia y dudas. A pesar de que la reputación de Randy como curandero ha ido creciendo constantemente en Lamas y Tarapoto, el hecho de que un curandero famoso trató de cegarlo para eliminarlo como rival indica que Randy posiblemente podría estar destinado a ser mucho más conocido.

Para Randy, el hecho de que haya sido curado tanto por su maestro asháninka desencarnado como por la Virgen, además de haber recibido una fuerte protección de ellos, también ha contribuido en gran medida a que abrace plenamente este camino. En cuanto a Karen, finalmente, tres años y medio después de que los espíritus le dijeron que ella sería su esposa, se enamoró de ella, la mujer que los espíritus pretendían para él. Esto provocó que abandonara a su antigua pareja, que pertenecía a su pasado secular materialista, pero que ya no encajaba en su nueva vida.[45]

---

45. Randy se ha comportado de manera muy honorable y generosa al darle a Kemy, su pareja durante 12 años, una gran casa que poseía en Lamas, la cual está alquilada al Poder Judicial provincial. Randy es ahora el dueño de Sangapilla, que le doné unos meses antes de su iniciación.

144 La voz de Randy y sus ilustraciones

Sin embargo, todas estas transformaciones han sido a costa de la aprobación y cercanía de sus padres. Para mí, un punto de inflexión importante fue el taller que le pedí a Randy dirigir en agosto de 2017, incluidas dos sesiones de ayahuasca, ambos sucesos descritos por Randy. Reconocí que en esas actividades podía integrar completamente la espiritualidad, las actividades intelectuales y el activismo. Decidí que reemplazaría la dirección de mis propios cursos con este tipo de talleres junto con Randy. Este fue el momento en que me volví plenamente consciente del alcance de mi propia transformación. Sin embargo, soy consciente de que mi transformación final también se debió a que fui testigo durante todo el tiempo de la propia transformación de Randy y escuché cómo me lo contaba a lo largo de toda su iniciación.

Quiero cerrar estos comentarios mencionando el tema de la brujería. Esta es una práctica muy extendida en la región y Randy la ha padecido. Casi logró descarrilar su viaje iniciático. En su primera sesión de iniciación con don Aquilino se le muestran dos caminos diferentes y él elige el humilde, modesto. Se le dice que, si hubiera elegido el ofrecido por dos jinetes brillantemente ataviados que lo invitaron a un camino brillantemente iluminado, prometiéndole mujeres y riquezas, se habría convertido en un brujo, un hechicero. La evidencia histórica y etnográfica confirma con claridad que los poderes chamánicos pueden usarse para dispensar daño o curación.

Es obvio que, tanto la Iglesia católica como la protestante durante la Época de la Hoguera simplemente decidieron que el chamanismo en sí era el problema sin hacer distinción entre los que curaban y los que dañaban.[46] Esto llevó a la erradicación del chamanismo en Europa. En la tercera parte volveré al espinoso tema de la actitud de una cultura o religión hacia el bien y el mal. En el caso de Randy, su elección inicial lo colocó sólidamente del lado de perseguir la cura-

---

46. Trato con detalles este tema en la tercera parte.

ción y abandonar la venganza o el daño por completo. Sin embargo, reconoce de pleno la existencia y eficacia de la hechicería ya que él mismo ha sido su víctima. Él mismo se ha hecho conocido por su capacidad para diagnosticar la hechicería y remediarla. Él mismo ha sentido agudamente la poderosa eficacia destructiva de la hechicería; él sabe que es real y mortalmente efectiva: «Yo también he sido testigo de la eficacia de la brujería y no puedo dudar de que sea real».

Algunas visiones pasajeras de Randy

Visión 20. Visión con la ingesta de la ayahuasca. «Visión pasajera» que ha ocurrido en otras sesiones de la ayahuasca. Estas visiones son de muy corta duración. En la imagen se aprecia un ser teriántropo con cabeza de perro que cabalga un ave parecida a un loro gigante.

Visión 21. «Visión pasajera» con la ingesta de la ayahuasca. Deidad de la religión yoruba: diosa Orisha de las profundidades del océano, conocida como Olokun.

La voz de Randy y sus ilustraciones 147

Visión 22. «Visión pasajera» de la *kundalini* con la ingesta de la ayahuasca. «Una serpiente enroscada alrededor de la columna vertebral». En esa visión, Randy se ve él mismo de espaldas, como en este dibujo.

Visión 23. Visión de un ser teriántropo con la ingesta de ayahuasca. Un «hombre-perro».

Visión 24. Visión del rostro de una mujer con la ingesta de la ayahuasca.

Parte 3
La voz de Frédérique:

Reflexiones sobre la erradicación del chamanismo en Occidente

1. Las destrucciones más antiguas del chamanismo en Occidente

Este capítulo se centra en la genealogía de la desaparición del cosmocentrismo en Europa y los esfuerzos de varias civilizaciones antiguas, incluido el cristianismo primitivo, para devaluar y, finalmente, exterminar el uso de los enteógenos o psicodélicos, el chamanismo y los rituales que los acompañan. En el próximo capítulo me enfoco en la erradicación final del cosmocentrismo y el chamanismo en Occidente que es conocido como la «Época de la Hoguera». Esto es un periodo que se superpuso con la Revolución científica y estuvo íntimamente ligado a ella.

Debo recalcar que esta devaluación de las espiritualidades basadas en la tierra, o en las diosas, nunca sucedió en partes no occidentales del mundo. Mi primer trabajo se desarrolló en un centro de peregrinaje en el este de la India, en el estado de Odisha, donde la adoración a la diosa sigue siendo predominante. Me concentré en los rituales del templo, realizados por mujeres bailarinas-sacerdotisas, personificación de la diosa, encarnando el poder de la vida y la muerte.[1] Fui, incluso, iniciada en esa tradición Shakta; una tradición sobre la que el erudito védico Asko Parpola ha escrito elocuentemente,

---

1.   Véase Apffel-Marglin, 1985.

en su ensayo *From Ishtar to Durga* («Desde Ishtar hasta Durga»),[2] que visibiliza su estrecha interrelación con los antiguos cultos a las diosas en el Asia occidental.

La erradicación más conocida fue establecida por el emperador cristiano Teodosio, quien había cerrado todos los templos paganos, especialmente los dedicados a las diosas, en el 391 después de Cristo.[3] Él acabó un complejo iniciático en Grecia de casi dos mil años, conocido como los misterios eleusinos con su templo de Deméter y su hija Perséfone. Los misterios eleusinos fueron profundamente influyentes, tanto en la vida cultural griega clásica antigua como en la posterior. En estos misterios participaron iniciados durante casi dos milenios, provenientes de todos los ámbitos de la vida. La mayoría de los filósofos y poetas griegos muy conocidos, como Píndaro, Platón y Sófocles, así como los romanos Cicerón, Nerón y otros, fueron iniciados en esos misterios.

Aunque los iniciados juraron guardar secreto bajo pena de muerte, el micólogo Gordon Wasson fue capaz de identificar la planta psicotrópica que los iniciados bebieron en el momento culminante de su iniciación.[4] Dado que este ritual, como el de la ayahuasca, involucra una planta psicotrópica, creo que es importante dedicarle algo de tiempo a esto, ya que –debido principalmente a su secreto– muy poco de esto se hizo ampliamente conocido y su influencia, por lo tanto, desapareció casi por completo con el cierre del templo de Deméter y Perséfone, con sus rituales iniciáticos, por el emperador Teodosio.

---

2. Asko Parpola me dio en 1988 una versión mecanografiada de este largo ensayo que se publicó mucho más tarde como dos textos separados. En él muestra, con pruebas tanto lingüísticas como etnográficas y de otro tipo, la estrecha similitud entre la diosa Ishtar de Asia occidental y la diosa Durga del sur de Asia.
3. Véase Muraresku, 2020: 32.
4. Wasson, Hoffman y Ruck, 2008.

Las destrucciones más antiguas del chamanismo en Occidente   153

La Grecia clásica es, por supuesto, ampliamente reconocida por dotar al mundo occidental con racionalidad. Hemos olvidado, sin embargo, que esta civilización le debe tanto a los misterios eleusinos como a su filosofía racional, esta última profundamente entrelazada con el desarrollo y difusión de la escritura alfabética que originó el periodo clásico.[5] El legado griego a Occidente, por desgracia, perdió los misterios eleusinos y, con ello, uno puede conjeturar que también se perdió la totalidad –lo que Jill Taylor llama «el cerebro completo»– de lo que entregaron sobre un igual énfasis, tanto en la racionalidad como en los misterios y su iniciación psicodélica. Heredamos un énfasis desequilibrado en la racionalidad.

Los iniciados juraron guardar el secreto y el secreto se ha guardado durante casi dos mil años. Las investigaciones más recientes, sin embargo, han podido identificar la planta psicotrópica tomada por los iniciados al final del ritual como el cornezuelo (*ergot*), un hongo que crece en la cebada. La cebada era cultivada en la llanura adyacente al templo de Deméter y Perséfone, y los rituales guardaban relación con la transición de la caza y la recolección a la agricultura y el cultivo de granos. Con la agricultura, la siembra de la semilla en la tierra, similar a una estancia en el inframundo, como el secuestro de Perséfone por Hades, rey del inframundo, significaba el misterio de la vida, el crecimiento, la degeneración, la muerte y el renacimiento.

Un reciente libro de Brian Muraresku, un clasicista y sanscritista, ha seguido la tesis expuesta por primera vez en *El camino a Eleusis* (2008), de Wasson, Hoffman y Ruck, que casi le cuesta la carrera a Carl Ruck. Este texto estaba lejos de ser aceptado y Muraresku se propuso con increíble tenacidad encontrar una o varias «pistolas humeantes» –como él las denomina–, esto es, una prueba química

---

5.   Sobre la influencia del alfabeto griego/hebreo en el griego clásico y el pensamiento posterior, véase Abram, 1996.

154 La voz de Frédérique

real de un psicodélico en una taza encontrada en un entorno arqueológico ritual. Con incansable energía, durante 12 años, Muraresku ha buscado pruebas químico-arqueológicas, textuales y de otros tipos para determinar si los psicodélicos no solo eran parte de los misterios eleusinos, sino también de las fiestas dionisiacas y la eucaristía paleocristiana, entre otras tradiciones.

Las pruebas que se detallan en su libro lo convencieron de la existencia real de un «ritual prehistórico que sobrevivió durante milenios, en la ausencia total de la palabra escrita, antes de encontrar un buen hogar con los griegos».[6] Más adelante, en este capítulo, profundizaré un poco más en el pasado prehistórico de aquellas prácticas psicodélicas. En el próximo capítulo me centro en la última etapa de esta antigua historia, la extinción final en Occidente de estas tradiciones y su crucial importancia para la fundación de la modernidad occidental.

La buena casa griega, sobre la que escribe Muraresku, fue el templo de Deméter y Perséfone, donde las sacerdotisas preparaban la poción psicodélica final –conocida como *kykeon*–, que les daba a los iniciados una visión que traía consigo la certeza de que la muerte no era un punto final. Su «pistola humeante» fue encontrada en una colonia griega de los misterios de Deméter/Perséfone en la costa de Cataluña, excavada por un arqueólogo catalán que publicó sus hallazgos en su idioma. Mucho después, él también encontró más «pistolas humeantes» en las catacumbas bajo el Vaticano, donde las pinturas de las ceremonias funerarias o del culto a los antepasados durante los primeros años de la era actual son difíciles de distinguir de las cenas eucarísticas durante los primeros siglos, cuando el cristianismo era un culto ilegal en Roma.[7] Sin embargo, lo que caracterizaba a todas las variaciones sobre este tema es el hecho de que las mujeres fueron

---

6. Muraresku, 2020: 21.
7. Muraresku, 2020: 267-290.

centrales en tales cultos y fueron las que preparaban las pociones psicodélicas, ya sea cerveza de cebada o vino, «una experiencia donde las mujeres y las drogas parecen ser la fuerza motriz».[8]

La preparación para la peregrinación a los misterios eleusinos era larga y ardua, más de un año, y el último tramo tenía que hacerse a pie, recorriendo media maratón, desde Atenas hasta el templo. Lo que llama la atención en la obra de Muraresku es la escasa evidencia textual que existe. Enfatiza que la liberación que los iniciados experimentaron en la culminación de esta peregrinación no fue solo la salvación individual, sino algo mucho más portentoso, a saber, nada menos que como él lo expresa:

> Eran solo los misterios los que podrían garantizar un futuro sostenible para la especie humana en el planeta. El templo de Deméter, según Pretextato, albergaba algo indispensable que estaba completamente ausente en la fe cristiana.[9]

Vetio Agorio Pretextato fue un cónsul y hierofante del siglo IV en el Imperio romano que, como Cicerón y Marco Aurelio antes que él, fue iniciado en los misterios. Según el historiador griego Zósimo, Pretextato, en el 364 después de Cristo, convenció con éxito al emperador cristiano romano Valentiniano para que cediera en la abolición de los misterios. Le dijo que, de hacerlo, haría que la vida de los griegos fuera insoportable. Se le atribuye, además, haber dicho que Eleusis es el único lugar que «mantiene unida a toda la raza humana».[10]

Quiero resaltar lo que dice Muraresku sobre los misterios concernientes a las mujeres –todo basado en una impresionante erudición–.

---

8. Muraresku, 2020: 289.
9. Muraresku, 2020: 73; énfasis en el original.
10. Muraresku, 2020: 72.

La diosa de la tierra, Deméter, era una mujer adulta y la madre de Perséfone. En el clímax de los misterios, Perséfone dio a luz al santo niño llamado Iacchus. Este Iacchus es el dios que dirigía la procesión a Eleusis y fue entendido como una forma de Dionisio por Sófocles en el siglo v antes de Cristo. Este nacimiento cerró los misterios en el templo de Deméter y transformó a Deméter en abuela y en el arquetipo de la anciana.[11] El arquetipo de la anciana desaparece con el cristianismo, aunque se conserva en la persona de la «bruja», la vieja chamana que sabe elaborar pócimas psicotrópicas. La razón por la que estoy destacando el arquetipo de la anciana es porque es un tema que aparece constantemente en el viaje iniciático de Randy, en la forma de lo que él llama «abuelas indígenas tocando la shacapa». Creo que este tema constante y recurrente en el viaje iniciático de Randy es muy significativo, una conexión viva o un eco de un pasado antiguo que persiste en el chamanismo indígena.

Con el cierre final del templo de Eleusis en el 395 después de Cristo, que proclamó ilegales los misterios, el legado espiritual que guardó durante unos dos milenios se desvaneció y fue reemplazado para el mundo occidental por la cristiandad. Puesto que ese legado fue oral y secreto, el punto de vista cristiano dominante quedó, es decir, el de una tradición diabólica, pagana y satánica. Muraresku hace un trabajo maravilloso al resaltar la continuidad entre los rituales infundidos con psicodélicos dionisiacos y la paleoeucaristía con lo psicodélico durante tres siglos de existencia ilegal y perseguida –y a veces literalmente clandestina– del cristianismo en el Imperio romano. Sin embargo, tiene claro lo que sucedió hacia fines del siglo iv después de Cristo, a saber: la exclusión de las mujeres de la misa cristiana y su sacerdocio, y el abandono del uso ritual de los psicodélicos:

---

11. Muraresku, 2020: 79-80.

Como súbditas leales, las feligresas se alinearon en las bancas para presenciar la consagración del muy ordinario pan y vino por hombres también muy ordinarios sin ninguna experiencia farmacológica en particular. En una mezcla de filosofía griega mal interpretada y razonamiento bíblico vergonzoso, san Agustín (354-430 después de Cristo) y otros culparon a las pasiones y los apetitos del cuerpo femenino por alejar a las mujeres de la vida religiosa. Libres de las cadenas del ciclo menstrual, el parto y la lactancia, solo los hombres podían controlar y aprovechar adecuadamente el aspecto racional del alma que liberó a la especie masculina de su propia fisicalidad irracional, conectándolos a un cielo espiritual.[12]

La masculinidad del sacerdocio cristiano, libre del ciclo menstrual y otros poderes femeninos encarnados que dan vida, permite al alma escapar de la «irracionalidad» del cuerpo y, así, acceder a «un cielo espiritual». Esta fisicalidad irracional que afecta a la hembra de la especie es, en efecto, lo que permite que sucedan los ciclos de nacimiento, crecimiento, degeneración y regeneración. El «cielo espiritual» que la racionalidad abre al alma masculina parece acortar los ciclos continuos de nacimiento, muerte y nueva vida y llevar a los humanos a la trayectoria lineal de la cosmovisión antropocéntrica occidental moderna que nos separa de los ciclos del mundo natural y cósmico.

Como vimos en el segundo capítulo de la primera parte, esta visión es la que produjo, en lo que hoy es el Perú, las leyes de la «extirpación de la idolatría» en 1545 –leyes que aún están hoy en los libros de derecho peruano– y la visión actual sostenida por la sociedad dominante en el Perú hacia el cosmocentrismo de los pueblos indígenas como irracional, y una superstición tonta. En el

---

12. Muraresku, 2020: 296.

cosmocentrismo de los pueblos indígenas, los humanos están indisolublemente enredados en los mismos ciclos de nacimiento, crecimiento, degeneración y nueva vida como las plantas, los animales y otros seres no humanos. Los humanos no terminan en un lugar diferente como todos los demás seres del cosmos, uno donde los ciclos de nacimiento y muerte son reemplazados por un punto final de la infinidad de un «cielo espiritual».

Los temas de generación, crecimiento, declive y muerte están también presentes en la historia cristiana de la muerte y la resurrección de Cristo. Sin embargo, la historia cristiana ha minimizado, casi hasta el punto de desvanecer, los vínculos con los ciclos de nacimiento, crecimiento, degeneración, muerte y renacimiento, que se perciben más evidentemente en el ciclo menstrual. En su lugar existe un desarrollo más lineal desde el nacimiento, el crecimiento, la muerte y la resurrección, que se ve menos como el regreso a una (nueva) vida, sino más bien como el surgimiento hacia una eternidad atemporal, el punto final de la vida humana y una libertad de la «fisicalidad irracional».

Con la supresión del ciclo lunar y su equivalente humano femenino en la menstruación –ambos de un promedio de 29,5 días–, el vínculo entre la vida humana, la vida de la tierra y del cosmos en general, a lo que generalmente nos referimos como «naturaleza», no solo fue drásticamente atenuado, sino también completamente extinguido. En el ciclo lunar, la luna nueva aparece después de tres días de total oscuridad e invisibilidad, similar al secuestro de Perséfone por Hades al inframundo, invisible, oscuro, como la desaparición de la luna. El mito cristiano no retuvo la antigua conexión con los ciclos de la tierra, la luna, las mujeres, las plantas y, en general, la vida terrestre. Las mujeres, que a través de su menstruación están alineadas con el ciclo lunar, son también parte integral de los ciclos de nacimiento, crecimiento, degeneración, muerte y renacimiento de la vida en la tierra, exactamente el drama que se desarrolla en los misterios eleusinos.

En muchas sociedades de pequeña escala existen rituales en los que todas las mujeres menstrúan en sincronía unas con otras y con la luna. En las sociedades de pequeña escala, las mujeres menstrúan en sincronía entre sí –un fenómeno bien conocido en todos los dormitorios para mujeres en la Universidad Smith, donde enseñé– y con la oscuridad de la luna.[13] Como muestra el ensayo de Fredrick Lamp sobre varias sociedades africanas, las mujeres ovulan durante la luna llena y menstrúan durante la oscuridad de la luna.[14] En algunas sociedades indígenas de América del Norte, cuando las mujeres pierden la sincronía con la luna, promulgan un ritual en el que pasan noches en un sitio especial exponiéndose a la luz de la luna llena y, así, se sincronizan con la luna.[15] Lo que se ha perdido es la capacidad de percibir esos espíritus que residen en la naturaleza, así como su sacralidad. Es decir, la visión de que la vida es un ciclo sagrado y que lo femenino y sus ciclos son su propia encarnación, no solo se perdió con el cristianismo, sino que, de hecho, se maldijo.[16]

Destaca que las actividades agrícolas de los kichwa-lamas se realizan íntegramente según las fases de la luna. A las mujeres que menstrúan se les prohíbe el ingreso a la chacra (campo cultivado). Me explicaron que durante las «flores de las mujeres» (su menstrua-

---

13. Véanse Buckley y Gottlieb, 1988; Grahn, 1993; Knight, 1991.
14. Lamp, 1988: 210-231.
15. Buckley y Gottlieb, 1988: 187-209.
16. En Smith, aprendí de mis estudiantes que una forma vernácula en inglés de nombrar la menstruación es «la maldición». Por supuesto, este nombre vernáculo se refiere a la maldición que Dios puso sobre Eva y que trajo mortalidad a los humanos. Es de destacar que los misterios de Eleusis provocan lo contrario, la vida inmortal a través de Deméter, su hija Perséfone y el niño que le nace; es decir, los ciclos de nacimiento, muerte y renacimiento. El obsesivo deseo de la modernidad de borrar cualquier signo de menstruación en las mujeres es el triste heredero de tal legado.

ción),[17] si ellas entraban en la chacra, entonces nada puede florecer ni crecer, ya que la menstruación y la oscuridad de la luna son tiempos de no crecimiento, cuando la luna no ejerce ningún tirón sobre la savia de las plantas y así no crecen. Pero es bien conocido que, sin la menstruación o sin la oscuridad de la luna, no habría regeneración de la vida en el pueblo o en las plantas. Esto a menudo se confunde, de alguna otra manera, como mucha de la literatura en la India sobre la menstruación, donde la impureza de la sangre menstrual es vista por algunos como la causa de la clasificación de las mujeres como inherentemente inferiores. Este punto de vista, sin embargo, está muy equivocado. Mi segundo periodo de trabajo de campo en Odisha se centró en el festival rural de Raja Parba, que celebra la menstruación de la tierra, el mar y las mujeres en todas partes de las zonas rurales. Es una gran fiesta que todos observan y que dura cuatro días. La sangre menstrual es, de hecho, impura y contamina a cualquiera que entra en contacto con ella, pero al mismo tiempo es auspiciosa, es decir, da vida, y esto me he esforzado en mostrar.[18]

En Lamas ocurre una situación bastante similar, no solo con la relación entre la menstruación y la chacra, sino también con el chamanismo. Solía invitar regularmente a un chamán local, al comienzo de mis cursos de estudio en el extranjero para estudiantes universitarios de los EE. UU. y Canadá, a fin de que hiciera un simple ritual de protección para los estudiantes que involucraba cantar y humear a los estudiantes con el humo de un mapacho, «mapachear», el cigarrillo ritual. Este ritual lo hace Randy desde agosto de 2017.

Hay un incidente inolvidable. Había invitado a un amigo chamán

---

17. Me sorprendió aprender este término de un chamán mestizo en Lamas, pues es el mismo término que se usa en los rituales esotéricos *shakta* donde se incluye la sangre menstrual. Allí se la llama por su nombre en sánscrito, *swayambhu kusuma*, que significa «flor que se autorregenera».
18. Véase Apffel-Marglin, 2008: 159-275.

mestizo, llamado don Leovigildo, a realizar un breve ritual de protección para mis alumnos. Él vino acompañado de su esposa y una de sus hijas. En el transcurso del ritual, él se puso de pronto extremadamente pálido, se desmayó y tuvo que ser sostenido por su esposa e hija, quienes luego lo llevaron a un lado y lo acostaron. Me sentí bastante angustiada. Cuando pasó el incidente, él me explicó que se había olvidado de decir a los estudiantes, en su mayoría mujeres, que no asistieran si estaban menstruando. Dijo que tres de ellas estaban menstruando y eso fue lo que provocó su desmayo. Por supuesto, sabía que una mujer que menstrúa no puede asistir a una ceremonia de ayahuasca, pero pensé que una simple ceremonia protectora no exigía ese requisito. Claramente estaba equivocada. Me apresuro a agregar que Randy observa esta restricción y les dice a las mujeres participantes en sus rituales de protección, así como en sus ceremonias de ayahuasca, que no pueden participar hasta después de su baño purificatorio, en el cuarto día después del inicio de su menstruación.

La supresión de los misterios eleusinos provocó un cambio en las cosmovisiones, donde los ciclos del cosmos, de la naturaleza, de las mujeres, con el tiempo, llegaron a ser vistos como alborotados, caóticos, necesitados de ser controlados. Y este control llegó a entenderse como masculino, como racional, mientras que la naturaleza llegó finalmente a significar animalidad, caos y una forma inferior de vida humana. Carolyn Merchant lo expresa en su clásico libro *La muerte de la naturaleza* (*The Death of Nature*):[19]

> En la raíz de la identificación de la mujer y la animalidad con una forma inferior de vida humana se encuentra la distinción entre la naturaleza y la cultura fundamental para disciplinas humanísticas como la historia, la literatura y la antropología, que aceptan esa distinción

19.   Merchant, 1980: 143 y pássim.

La voz de Frédérique

como un supuesto incuestionable. El dualismo naturaleza-cultura es un factor clave en el avance de la civilización occidental a expensas de la naturaleza.

Me parece necesario, antes de continuar, comentar brevemente sobre la crítica postestructuralista de la categoría de la «mujer». Una de sus voces más influyentes ha sido la de Judith Butler, quien, a todos los efectos, ha declarado que la «mujer» no existe y todo lo que se habla de la menstruación, las diosas, las brujas refuerza una visión esencial y biológicamente determinista de la «mujer», y sería mejor pensar en el género como una actuación.[20] Reconociendo que la biologización de la mujer y del cuerpo ha traído consigo problemas reales y serios, permítanme tratar con brevedad una posición más matizada entre el cuerpo determinado biológicamente o el de un fluido cuerpo construido culturalmente. Me refiero al trabajo de la filósofa Carol Bigwood. Ella nos habla de un cuerpo «connatural» con el mundo, y, en mi opinión, la coincidencia y el significado del ciclo menstrual con el ciclo lunar es uno de esos aspectos del cuerpo de la mujer que es connatural con el cosmos. La menstruación y la luna son solo los aspectos más visibles de esta connaturalidad entre la mujer y el cosmos o la naturaleza, experimentada y practicada en muchas variaciones diferentes entre culturas. Bigwood escribe:

> Nuestro cuerpo connatural es una constancia indeterminada, no un *a priori* cerrado al cambio histórico y a la variación cultural, sino un *a priori* que continuamente nos abre a ellos […].
>
> Siempre estamos ya situados en un mundo intersubjetivo (y, por tanto, ya cultural), espacio-temporal, carnoso (y, por tanto, ya natural), antes de que adoptemos creativamente una posición

---

20. Butler, 1990.

Las destrucciones más antiguas del chamanismo en Occidente   **163**

personal en él. Además, nada nos determina desde fuera ni desde dentro porque estamos desde el principio fuera de nosotras mismas, abiertas a nuestro entorno en un *coito semideterminista, pero constante con las cosas*, solo existe esta comunicación encarnada, este impulso natural-cultural de la existencia, este «resurgimiento desmotivado del ser» del cual el cuerpo y el entorno son solo un momento abstracto [...].

Nuestras costumbres humanas de existir mantienen una fidelidad a una cierta corporalidad perdurable que se cohesionan de cultura en cultura sin ser nunca idénticas [el énfasis en cursiva es mío].[21]

La frase de Bigwood «abiertos a nuestro entorno en un coito semideterminista, pero constante con las cosas» puede mapearse sobre la opinión de Jill Bolte Taylor, de que el estado de estar abierto a nuestro entorno es un estado inherente a nuestro hemisferio derecho, cuando no está completamente silenciado por el hemisferio izquierdo, el supuestamente «dominante». Taylor lo experimentó de manera personal inmediatamente después del derrame cerebral en su hemisferio izquierdo.

Esta somatofobia del postestructuralismo, este rechazo de alguna manera de nuestra existencia corporal se relaciona con la opresión de las mujeres, gente de color y con la explotación de la Tierra. Es característico de la corriente principal de la tradición metafísica de los sucesos mencionados. Esta corriente principal, especialmente desde la Revolución científica y el cartesianismo, como veremos en el próximo capítulo, postula al sujeto humano racional como el centro relacional estable de lo que es.

En su libro *Un mundo sin mujeres* (*A World Without Women*), David Noble nos da la genealogía de la Iglesia dominada por hom-

---

21. Bigwood, 1993: 56-57.

164   La voz de Frédérique

bres y el gobierno arraigado en una cultura guerrera donde las cruzadas fueron tanto de la Iglesia como del esfuerzo de un reino.[22] Esta cultura guerrera devaluó el cuerpo, la tierra y las mujeres. La purificación de la Iglesia requirió la eliminación completa de las mujeres en la parte más evidente: las escuelas episcopales y las universidades, donde los eclesiásticos tenían el monopolio del conocimiento y de la educación. Esta «purificación» de las mujeres en las escuelas episcopales y las universidades continuó en la universidad autónoma secular del siglo xix y duró hasta bien entrado el siglo xx, algo tratado en el capítulo 8 de la tercera parte. Preferiría argumentar que, aunque las universidades abrieron sus puertas a las mujeres a mediados del siglo xx, su presencia básicamente no desafió la centralidad del sujeto humano racional (de hecho, masculino) como el centro relacional estable de lo que es. Sin embargo, como me quedó claro en 26 años de docencia en una institución de élite para mujeres, la Universidad Smith en Massachusetts, a las mujeres se les permite participar en la cultura en la medida que asuman sus estructuras masculinas, viviendo y trabajando, según ellas, con sus metodologías e instituciones y los fundamentos somatofóbicos en los que estas se basan.[23]

Esta historia ha originado la dominación actual de una visión del mundo del hemisferio izquierdo a expensas del derecho. Como ha argumentado elocuentemente el neurocientífico Iain McGilchrist, la identificación errónea del hemisferio derecho como el cerebro femenino e intuitivo y su elisión como parte del cerebro que nos da la visión holística, así como la parte fundamental del lenguaje, entre otras cosas, y el dominio del lado izquierdo del cerebro, es el resultado de tal historia. Su extensa reseña de la civilización

22. Noble, 1992: 125 y pássim.
23. Bigwood, 1993: 18.

occidental en la segunda parte de su libro es una clara ilustración del desastre que ha demostrado ser en Occidente la conversión del cerebro izquierdo en maestro y del cerebro derecho en emisario. McGilchrist defiende exactamente lo contrario.[24] Taylor, por su parte, sostiene que el desequilibrio en la modernidad entre los dos hemisferios está directamente implicado en nuestra dificultad para fomentar la paz.

En mi opinión, la erradicación de los misterios eleusinos y, más adelante, la erradicación de la cosmovisión de las llamadas brujas y de los filósofos ocultistas, conocida como *anima mundi,* son elementos cruciales en la historia que llevaron al dominio actual del cerebro izquierdo. La erradicación de la cosmovisión de *anima mundi* conllevó al olvido del dominio real, el papel crucial desempeñado por el hemisferio derecho del cerebro. En la siguiente sección me centraré en la ancestral genealogía del chamanismo en el mundo y especialmente en Europa.

La vieja antigüedad del chamanismo

En la primera parte de su libro *Supernatural: reuniones con los antiguos maestros de la humanidad* (*Supernatural: Meetings with the Ancient Teachers of Mankind,* 2007), Graham Hancock revisa los estudios sobre la pintura rupestre paleolítica. Aquellas que se han encontrado en muchas partes del mundo y algunas de las más conocidas provienen del suroeste de Francia. En aquellas pinturas, dos temas aparecen con regularidad: la presencia de figuras teriantrópicas, parte animal y parte humana, y la figura del humano herido, traspasado por flechas, dardos o lanzas. El paleoarqueólogo sudafricano David

---

24. McGilchrist, 2009.

166 La voz de Frédérique

Lewis-Williams sostiene en su teoría –y más tarde muchos estudiosos se han unido gradualmente a él– que aquellas pinturas representan experiencias chamánicas. Aquellas pinturas datan de 40.000 a 20.000 años. Por lo general, las pinturas se ubican en partes de las cuevas de difícil acceso, en lo profundo de la tierra. Lewis-Williams, siguiendo a Mircea Eliade, postula que las cuevas desempeñaron un rol en la iniciación chamánica porque son «símbolos concretos del paso al otro mundo, o un descenso al inframundo».[25]

Hancock cita la conclusión de Lewis-Williams:

> La evidencia neuropsicológica y etnográfica a la que he aludido sugiere fuertemente que, en estas imágenes subterráneas, tenemos una expresión antigua e inusualmente explícita de una experiencia chamánica compleja influenciada por estados alterados de conciencia. Esa experiencia comprendió el aislamiento y la privación sensorial por la entrada en un subterráneo real, la «muerte» por una prueba dolorosa de perforaciones múltiples alucinatorias, y el surgimiento de esas regiones oscuras en un chamán inspirado y renacido.[26]

En su libro conjunto *Los chamanes de la prehistoria* (*Les chamanes de la Préhistoire*, 2007), Clottes y Lewis-Williams escriben:

> La forma en que se crearon y evocaron un gran número de imágenes de las superficies rocosas sugiere que los «artistas» recrearon –o, en cierto modo, resoñaron– sus visiones y las fijaron en la pared rocosa considerada como la membrana que debían atravesar para materializarse. Una cueva rica en pinturas, por lo tanto, no encerraba simplemente un cierto número de imágenes mentales: fue el

25. Eliade, citado en Hancock, 2007: 89.
26. Lewis-Williams, 2002: 243, citado en Hancock, 2007: 89.

receptáculo de muchas visiones manifestadas y tangibles por líneas pintadas o grabadas.[27]

Vimos en la segunda parte que Randy, durante su largo viaje iniciático, experimenta la muerte, ataques con dardos mágicos (virotes). Se convierte él mismo en un teriántropo, o se ve como tal en sus visiones. Estas pinturas rupestres paleolíticas representan experiencias chamánicas clásicas que se siguen experimentando en la actualidad.

Hancock incluye también en su apéndice la declaración del profesor Roy Watling, especialista en micología, en el sentido de que se confirma la evidencia de que el hongo psicodélico *Psilocybe semilanceata* es originario de Europa.[28] No hay forma, por supuesto, de saber si ese era el hongo psicotrópico utilizado en los rituales chamánicos de las cavernas del paleolítico europeo o algún otro hongo, como la *amanita muscaria* tan omnipresente en el folclore europeo, o algún otro hongo o alguna planta psicotrópica. Como han demostrado los estudios de Muraresku, la evidencia del uso de plantas psicodélicas u hongos continuó a lo largo de la historia de Europa y Oriente Medio. Él reúne pruebas de la continuidad entre un lugar al sureste de Turquía, conocido como Göbekli Tepe, y otro lugar conocido como la cueva Raqefet, en Palestina/Israel –que data de entre 13.000 y 9.000 años antes de Cristo–, y los misterios eleusinos mucho más adelante. Ambos lugares se asocian con los rituales funerarios y la fermentación de la cerveza.

Tanto Muraresku como Hancock escriben que Göbekli Tepe era un enorme lugar megalítico con inmensas columnas, donde se han encontrado pruebas arqueológicas de la elaboración de cerveza. El lugar, sin embargo, no se asocia con ningún resto de habitación per-

---

27. Clottes y Lewis-Williams, 2007: 105.
28. Hancock, 2007: 406.

manente o de ciudades. Los arqueólogos han especulado que esta zona de la posterior cercana revolución agrícola podría haber estado en el origen de la transición de la caza y la recolección a la agricultura, debido a la necesidad de un suministro confiable y cercano de la cebada para hacer cerveza y, presumiblemente, para cosechar el hongo psicodélico de la cebada, el ergot.

Es más, un análisis de ADN realizado recientemente por la Universidad de Washington, la Facultad de Medicina de Harvard y el Instituto Max Planck ha demostrado que los habitantes de la Edad de Piedra de Turquía se convirtieron en griegos. Muraresku agrega: «La edad del ADN señala que coincide con el mismo momento en que los descendientes de los primeros agricultores en el Creciente Fértil comenzaron a llevar el negocio agrícola al extranjero, y no solo en Grecia, sino también a toda Europa».[29]

Aunque Muraresku no pudo probar la existencia de psicodélicos en la cerveza elaborada en Göbekli Tepe, dada la mayor antigüedad del chamanismo en las cuevas paleolíticas, no es una idea descabellada afirmar que esta cerveza, evidencia que es clara tanto en Göbekli Tepe como en la cueva Raqefet, contenía algún psicodélico, como en Eleusis. La tradición chamánica en Europa duró muchos milenios. En el próximo capítulo veremos con detalle cómo y por qué fue finalmente erradicada en Europa.

29.   Muraresku, 2020: 116.

2. La Época de la Hoguera como un fundamento para la Revolución científica

En mi opinión, uno de los obstáculos más arraigados a la gente de hoy y que nos impide escuchar y comprender las voces indígenas citadas en el segundo capítulo de la primera parte de este libro, o las palabras que Randy nos da de su experiencia, es la falta de conciencia suficiente del profundo significado y estatus fundacional de la última y final erradicación en Europa de la «religión sin nombre» psicodélica y chamánica, que se remonta a las cuevas paleolíticas de Europa.[1] Esta última erradicación ocurrió durante una etapa que se conoce como la Época de la Hoguera, es decir, la erradicación de las llamadas brujas y la cosmovisión que compartían con los curanderos y filósofos ocultistas conocidos como *anima mundi*.

La Época de la Hoguera abarca del siglo xiv al xvii en Europa occidental.[2] Los estudiosos se refieren también a esta cosmovisión como hilozoísmo, una palabra derivada del griego antiguo y que significa «materia viva». Esta erradicación se inició antes de lo que se

---

1. *La religión sin nombre* (*The Religion with No Name*) está en el subtítulo de Muraresku para su libro de 2020. Se refiere a esta tradición psicodélica y chamánica extremadamente antigua en Occidente y Oriente Medio.
2. Aunque veremos, en la coda agregada al final de este capítulo, que esto sucedió más tarde en Escandinavia.

consideraba el comienzo canónico de la Revolución científica, fechada a mediados del siglo XVI con la publicación de la tesis de Copérnico sobre la afirmación, por entonces revolucionaria, de que el centro del cosmos era el Sol y no la Tierra. Sin embargo, el argumento que estoy haciendo en este capítulo es que, sin esta erradicación final, y exitosa, de la religión sin nombre, también conocida como hilozoísmo, *anima mundi* o cosmocentrismo,[3] lo que se conoce como la «Revolución científica» no podría haber sucedido, ciertamente no en la forma que tomó.[4]

Anima mundi era sagrada, un universo vivo e integrado de la Europa medieval y renacentista, heredera de la «religión sin nombre» mucho más antigua, y aquellos que vivían dentro de ese universo, filósofos ocultistas, sabios y sabias, estos últimos constituido por subvariedades como curanderos, chamanes y chamanas, pertenecientes al campesinado europeo oral.[5] Esta cosmovisión de los filósofos ocultistas, y gran parte del campesinado europeo oral, eran una versión del cosmocentrismo; desde ese mundo, todo estaba relacionado con todo lo demás y todo era sagrado, tenía voluntad y estaba impregnado de

3. Los términos hilozoísmo, *anima mundi* y cosmocentrismo comparten la visión de que el cosmos está vivo, es sagrado y está interrelacionado. A veces usaré uno u otro de esos tres términos, pasando por alto para mis propósitos las diferencias que pueden existir entre ellos.

4. Escribo el término «Revolución científica» entre comillas porque no reconoce que este sistema de conocimiento está profundamente arraigado en una cosmovisión occidental y comunica que esta ciencia no le debe nada a ninguna cultura, occidental o no. Más adelante trataré este suceso con otro término: «Revolución mecánica», que considero mucho más preciso y exacto. Continuaré, sin embargo, hasta que sea necesario para referirme a la «Revolución científica», una frase que se ha vuelto canónica y se refiere a un conocimiento supuestamente «universal» para asegurarme de que el lector sepa a qué me refiero.

5. Sin embargo, está bien establecido que las «brujas», chamanas y otras curanderas superaron ampliamente en número a los varones víctimas de las hogueras de la Inquisición. Esto no es cierto para los filósofos ocultistas, desde que la mayoría de las mujeres eran analfabetas y no tenían acceso a la educación.

divinidad. Se pensaba, además, que ese mundo era simbólicamente femenino y, a menudo, se representaba como una mujer desnuda. Aquellos agrupados bajo el término general e invectiva de brujas fueron etiquetados como herejes y declarados así por el papa Inocencio VIII en 1484,[6] aunque la persecución de esas personas comenzó incluso antes de esa fecha oficial, con la primera Inquisición. La primera Inquisición se creó en el siglo XII, principalmente para erradicar la «herejía» cátara o albigense en el suroeste de Francia. En el siglo XIV, los cátaros habían sido completamente destruidos y habían desaparecido. Sin embargo, los remanentes del «paganismo», a saber, las prácticas precristianas, formaban también parte de las herejías que debían ser extirpadas.[7]

Muchos de los curanderos campesinos orales eran chamanas y chamanes, y usaban diferentes plantas psicotrópicas europeas como la belladona, algunos hongos, el cornezuelo (ergot), la mandrágora o el cannabis sobre todo, aunque no exclusivamente. No hay duda de que algunos, y quizá muchos de ellos, practicaron la magia negra dañando a otros –como en Lamas y su región en la actualidad, y común en el chamanismo en general–, como argumentó la Inquisición. No existe duda también de que muchos de ellos eran auténticos curanderos, al igual que muchos de los chamanes –tanto mestizos como indígenas– de la Alta Amazonía del Perú y en México hoy en día.[8]

---

6. Véase Noble, 1992: 207. Noble hace un estudio exhaustivo del papel de la mujer y la herejía en la lucha contra la curación popular por parte de la Iglesia, los filósofos naturales y los protestantes.

7. Para un estudio exhaustivo de la Iglesia y su posición de supersesionismo, a saber, la visión de que el cristianismo había reemplazado tanto al «paganismo» como al judaísmo, véase Carroll, 2001. Sobre la relación entre los filósofos ocultistas y los curanderos campesinos orales, véase, especialmente, Noble, 1992.

8. Sobre la literatura sobre las brujas europeas, véanse, entre otros, Ginzburg, 1980; Ginzburg, 1991; Federici, 2004.

172   La voz de Frédérique

En el transcurso del siglo XVII, los padres de la modernidad y la ciencia occidental, como René Descartes, Robert Boyle e Isaac Newton, argumentaron activamente en contra de una antigua visión hilozoica. Aquí solo citaré a Descartes, quien estableció las bases filosóficas de la nueva ciencia y que está, claramente, argumentando contra el hilozoísmo:

> No existen fuerzas ocultas en las piedras o las plantas. No hay simpatías y antipatías asombrosas y maravillosas. De hecho, no existe nada en toda la naturaleza que no pueda explicarse en términos de causas puramente corpóreas totalmente desprovistas de mente y pensamiento.[9]

Esta declaración contrasta totalmente con la opinión expresada por los filósofos ocultistas letrados y tiene como objetivo deslegitimarlos. Los filósofos ocultistas practicaban rituales considerados mágicos por los cristianos, rituales de naturaleza chamánica. El animismo caracterizó la cosmovisión no solo de los filósofos ocultistas letrados, sino también la de los campesinos curanderos orales. Por ejemplo, Pico della Mirandola (1463-1494), un conocido filósofo ocultista del siglo XV, declaró:

> Todo este gran cuerpo del mundo es un alma, llena del intelecto de Dios, que lo llena por dentro y por fuera y vivifica al Todo [...]. El mundo está vivo, toda la materia está llena de vida [...]. Materia y cuerpos o sustancias [...] son energías de Dios. En el Todo no hay nada que no sea Dios.[10]

---

9. Descartes, 1998 (1641), parte 4, § 187.
10. Picco della Mirandola, citado en Potter, 2001: 89.

Paracelso (1494-1541), médico famoso y filósofo ocultista del siglo XVI, sostuvo que Dios, como materia prima, es la sustancia invisible que origina, sostiene y existe en todas las cosas. Sostuvo que Dios no está fuera del mundo y que el alma humana es divina. Para Paracelso, cada planeta coronaba una jerarquía de personas, animales, plantas, minerales y elementos, todos ellos unidos entre sí, de manera que la acción de uno afectaba a todos los demás. Todas las cosas –ya sean naturales, humanas o hechas por los humanos– estaban conectadas a través del *anima mundi* y eran sagradas y vivas, dado que la divinidad lo impregnaba todo. Es decir, para Paracelso el cosmos no estaba dividido en un reino profano –en este mundo– y otro sagrado –en otro mundo fuera y encima de la naturaleza–. Como se puede ver de inmediato, fue lo opuesto a la opinión sostenida por Descartes, quien afirma: «No existe nada en la naturaleza total que no pueda explicarse en términos de causas puramente corpóreas totalmente desprovistas de mente y pensamiento».

La palabra «corpórea», utilizada ampliamente por los filósofos naturales de la época, hoy sería reemplazada por la palabra «material», que significa lo mismo. Descartes argumenta en contra de la visión de los filósofos ocultistas como también de las prácticas del campesinado oral, es decir, en contra de una cosmovisión hilozoica o cosmocéntrica. Descartes expresa argumentos organizados contra representantes de la cosmovisión de los filósofos ocultistas, evidencia de la persistencia en Europa de una visión cosmocéntrica. Los padres de la modernidad occidental como Descartes –que originalmente fueron llamados filósofos naturales y luego, simplemente, científicos– reunieron sus argumentos y sus experimentos contra los filósofos ocultistas.

Es fundamental situar estos argumentos en el contexto político y religioso de la época. La campaña contra *anima mundi* no fue una mera atracción secundaria, un tema menor para los padres de la modernidad occidental. Estaba en el corazón de la cosmovisión emer-

174 La voz de Frédérique

gente que ellos estuvieron defendiendo. Un cosmos vivo y sagrado tenía que ser erradicado y anulado, en efecto, para que la visión de Descartes de un cosmos puramente material y sin mente pudiera ocupar su lugar. Tal erradicación ha significado, desde el punto de vista histórico, el asesinato de quienes compartían una visión cosmocéntrica durante la Época de la Hoguera.

Para elaborar este argumento, necesito mencionar la relación entre los salvajes conflictos que estallaron entre católicos y protestantes durante la primera mitad del siglo XVI –poco después del establecimiento del protestantismo– y la necesidad, por parte de los filósofos naturales –los padres de la modernidad occidental–, de aliarse con la campaña en contra de la filosofía oculta y las brujas, es decir, en contra de la cosmovisión de *anima mundi*. Sin embargo, antes de esto, es necesario comprender mejor estos conflictos.

La necesidad de destruir *anima mundi* fue quizá el único punto en que los protestantes y los católicos estuvieron de acuerdo. Casi inmediatamente después de la expulsión de Martín Lutero de la Iglesia católica –en 1521– y la creación de una Iglesia cristiana rival –el protestantismo–, estallaron conflictos entre estas dos ramas del cristianismo.[11] El siglo XVI vio ocho guerras civiles en Francia. Estos conflictos, entre católicos y protestantes, durante la primera mitad del siglo XVII, condujeron a la Guerra de los Treinta Años y sepultó a Europa occidental, cuando el 35 % de la población pereció y resultó en la expulsión de Francia de todos los protestantes (conocidos como los hugonotes) y de todos los judíos. Solo había un tema donde estos dos enemigos jurados estaban de acuerdo: la necesidad de erradicar a los filósofos ocultistas y sus aliadas campesinas orales, las así llamadas brujas.[12]

---

11. Véase Bayou, 1998.
12. Para más tratamiento de este tópico, véase Apffel-Marglin, 2011, capítulos 2-3.

Mi conjetura es que este acuerdo existió, desde que, tanto los protestantes como los católicos, percibían aquellas tradiciones como paganas y, al igual que el judaísmo, eran consideradas como heréticas y arcaicas por el cristianismo. Este acuerdo sobre el enemigo común, sin embargo, no mitigó el conflicto salvaje entre esas dos ramas del cristianismo que intentaron matarse mutuamente sin descanso. Así, la erradicación del hilozoísmo y de las brujas fue llevada a cabo con éxito, tanto por protestantes como por católicos, durante los siglos XVI y XVII, periodo conocido como la Época de la Hoguera y desarrollado por la Inquisición y una organización protestante similar.[13]

La cosmovisión de *anima mundi* chocó poderosamente con dos grandes tendencias de la época. Primera: la creencia compartida, tanto por los protestantes como por los católicos, de que Dios trascendió este mundo, y que estaba fuera de «su creación». La inmanencia –así como la feminidad– de *anima mundi* estaba muy relacionada con el paganismo y el culto a la naturaleza, y eso era demasiado para ambas variedades de cristianismo. La mística cábala judía y su versión cristiana habían aparecido en el siglo XIII en el Medievo –inmediatamente después del Zohar, el texto más sagrado para los cabalistas– y empezó a ser influyente entre los filósofos ocultistas, como Pico della Mirandola, Marsilio Ficino y otros.[14]

La cábala cristianizada fue profundamente influyente entre los filósofos ocultistas. Es más, Paracelso menciona en sus escritos que

---

13. La información sobre las guerras civiles en Francia en el siglo XVI, así como el papel de una Inquisición protestante, provienen del libro de Bayou, 1998.
14. Véase Green, 1995: 27-66. El Zohar fue escrito en la España del siglo XIII en arameo, idioma que ya no se hablaba entonces. En ese país, en el siglo XIII, Ramon Lull escribió una versión cristianizada de la Kábalah (llamada Cábala para distinguirla de la versión judía original) en árabe. Entre otras características que introdujo en esta versión, estaba la noción de que el nombre impronunciable de cuatro letras de Dios era un presagio del nombre de Jesús.

aprendió mucho de las brujas sobre curación.[15] Es decir, los filósofos ocultistas y sus aliados campesinos orales –y a veces sus maestros– llegaron a ser vistos por la Iglesia –los católicos– y por las nuevas Iglesias protestantes como impregnados no solo de paganismo, sino también de judaísmo. Ambas tradiciones han sido consideradas, desde que el Imperio romano abrazó el cristianismo en el siglo IV después de Cristo, como arcaicas y necesitadas de ser erradicadas para que solo «una verdadera» fe pudiera florecer y estar protegida de la infección.

Esto llevó a la Iglesia católica, y a los nuevos protestantes, a organizar sus respectivas inquisiciones contra los filósofos ocultistas y sus aliados, los hechiceros y brujas campesinas que fueron los maestros de Paracelso y, posiblemente, también de otros filósofos ocultistas. Todos ellos fueron declarados herejes por ambas versiones del cristianismo, las cuales tuvieron éxito en erradicar a la mayoría de ellos. Ya a mediados del siglo XVII, la noción de *anima mundi* se había contaminado por completo con las acusaciones de herejía y superstición. Actualmente está relegada al estatus de nociones pintorescas de una época europea inculta anterior y se descarta, junto con las creencias espirituales supuestamente exóticas y arcaicas de sociedades consideradas primitivas, atrasadas y subdesarrolladas como las de los pueblos indígenas de América.

La campaña contra *anima mundi* no fue un mero espectáculo secundario, un tema menor para los padres de la modernidad occidental. Estaba en el corazón de la cosmovisión emergente que defendían. Un anticipo se encuentra en las palabras de Descartes citadas: «De hecho, no existe nada en toda la naturaleza que no pueda explicarse en términos de causas puramente corpóreas to-

---

15. Véase Noble, 1992: 181-183. Noble trata acerca de Paracelso, cuando aprendía de las personas sin educación, incluidas las mujeres sabias.

talmente desprovistas de mente y pensamiento». Descartes declara aquí que toda la naturaleza está desprovista de mente y pensamiento, y que todo en ella puede explicarse por «causas corpusculares»; es decir, causas materiales en el lenguaje actual. Lo escribió en 1641, cerca de la época en que estaban surgiendo nuevas instituciones de conocimiento en Europa, totalmente fuera del ámbito de las universidades establecidas, siendo todas estas últimas instituciones de la Iglesia.

En breve, nos centraremos en una de estas nuevas instituciones de conocimiento, La Real Sociedad en Inglaterra, donde Robert Boyle inventó el método científico experimental, que sigue siendo dominante en la actualidad, utilizando su instrumento experimental, la bomba de aire. Robert Boyle comenzó como alquimista, uno del movimiento de la filosofía oculta, y esa genealogía, así como el contexto político más amplio que esbozaré a continuación, fueron claves para la naturaleza de la nueva cosmovisión emergente y todavía dominante en la actualidad. Sin embargo, antes de enfocarme en Boyle y su bomba de aire, es necesario esbozar brevemente este contexto político más amplio.

Anima mundi sucumbió a la abrumadora combinación de fuerzas provocadas por la hostilidad entre las Iglesias protestantes y católicas y, como veremos después, por la economía capitalista emergente. Sin embargo, como ha argumentado Stephen Toulmin, la necesidad de restablecer la certeza desempeñó también un papel fundamental en la búsqueda, por parte de los padres de la modernidad, de un sistema de conocimiento que descansara sobre una base totalmente fuera de los conflictos religiosos que consumían a Europa en ese tiempo.[16] Este fundamento completamente fuera de cualquier religión, o de lo sagrado en general, fue la invención de una naturaleza y un cosmos

---

16.   Toulmin, 1990.

totalmente materiales, o corporales como se decía en esos tiempos, exentos de cualquier sacralidad. Lo sagrado estaba encima y fuera de la naturaleza para los padres de la modernidad occidental. Esto no quiere decir que los inventores de tal cosmovisión fuesen laicos o seculares, algo que sucedió más de un siglo después. Todos los padres de la modernidad creían en Dios.

Como señaló Descartes, solo una naturaleza de la cual la mente y el pensamiento fueron eliminados podía servir como base de un nuevo conocimiento cierto; lo que significó que la divinidad misma fuese eliminada de la naturaleza. Ello podría servir como fundamento: solo una naturaleza sin dios estaba a salvo y fuera de los conflictos religiosos que desgarraban a Europa en ese momento. El hilozoísmo de los filósofos ocultistas y el campesinado oral, en que la divinidad lo impregnaba todo, estaba teñido por el pincel de la herejía. Tanto los inquisidores protestantes como los católicos habían estado ocupados, durante mucho tiempo, erradicando esta cosmovisión.

Estas fuerzas fueron incontenibles en la erradicación de *anima mundi*. En la segunda mitad del siglo XVII, *anima mundi* –hilozoísmo– había sido severamente tachado de herético. El hilozoísmo premoderno y el *anima mundi* medieval fueron fenómenos numinosos, impregnados de sacralidad. Hablaron de un mundo encantado, que no alberga dualismo entre naturaleza y cultura en su seno, incluida la Tierra y todo lo que hay en, sobre o alrededor de ella: animales, plantas, rocas y minerales, cosas hechas por los humanos, planetas y constelaciones, así como una plétora de espíritus, elfos y hadas.

Permítanme pasar ahora a la cuestión de la relación entre la erradicación de *anima mundi* y la Revolución científica. Toulmin, en un libro de 1990 que se centra en la vida de Descartes, sostiene que el contexto de su vida estuvo dominado por conflictos tanto en Francia –el lugar de nacimiento de Descartes– como en el ámbito internacional. El propio Descartes participó en la Guerra de los Treinta

La Época de la Hoguera...   179

Años y era un estudiante cuando el rey de Francia, Enrique IV, fue asesinado como la culminación del conflicto entre protestantes y católicos. Antes de convertirse en rey de Francia –como Enrique de Navarra–, Enrique IV había sido protestante y se había convertido al catolicismo para poder ser rey.[17] Durante su reinado, promulgó leyes que intentaban minimizar el conflicto entre las dos ramas del cristianismo que, con el tiempo, lo llevaron a su asesinato. Toulmin sostiene que esta ruptura generalizada de la ley y el orden generó una ruptura de la certeza, ya que los dos procesos estaban íntimamente entrelazados en la mente de esos tiempos.

Para comprender este entrelazamiento de la ruptura de la ley y el orden de un lado y la certeza del otro, debemos recordar que la educación, así como la producción de conocimiento, eran monopolios de la Iglesia. Lo que era incuestionable y lo que era verdad había sido certificado por la Iglesia durante muchos siglos. Con el surgimiento de un movimiento cristiano rival, que afirmó tener «la única verdad real», y afirmó también que los católicos estaban comprometidos en búsquedas mágicas con su eucaristía, su transformación «mágica» del vino y el pan en la sangre y el cuerpo de Cristo, la certeza que la Europa católica romana había entregado durante siglos fue profunda e irremediablemente fracturada. Esta fractura de la certeza vino acompañada de una ruptura total de la ley y el orden, de conflictos salvajes que llevaron a la idea general de que la ruptura de la certeza, así como la ruptura de la ley y el orden, estaban relacionados causalmente.

Toulmin argumenta que los europeos no podían separar estos dos aspectos: la ruptura de la certeza y la ruptura de la paz y de la ley y

---

17.   En la escuela francesa donde me eduqué, todos aprendimos sus famosas palabras: «Paris vaut bien une messe» («París bien vale una misa». Es decir, para ser rey, merece la pena mudarse a París desde Navarra y volverse católico. Enrique de Navarra era protestante antes de ser rey. El rey de Francia debe ser instalado por un obispo; por lo tanto, no podía ser protestante.

el orden. Yo argumentaría que los dos estaban indisolublemente enredados. Mucho antes del advenimiento del protestantismo y de los conflictos de los que fue testigo Descartes, la Iglesia continuó con la erradicación de los movimientos y pueblos considerados heréticos –lo que significaba en ese momento que ellos eran falsos– con intervenciones militares ejecutadas por la Inquisición para masacrar y erradicar a millones de personas, como los cátaros del suroeste de Francia. Esta tendencia de la Iglesia comenzó tan pronto como el cristianismo se convirtió en la religión del Imperio romano a fines del siglo IV, como se trató en el capítulo anterior. Fue entonces cuando el nuevo Imperio romano erradicó los misterios eleusinos, los templos de las diosas precristianas, así como otros movimientos o religiones considerados inaceptables, como el judaísmo. James Carroll, en su libro de 2001 sobre la Iglesia y los judíos, ofrece muchas pruebas de la antigua historia de la actitud de la Iglesia hacia el judaísmo y el paganismo. La doctrina del supersesionismo de la Iglesia data del comienzo de la existencia legal de la Iglesia en el siglo IV, la cual consideraba que tanto el paganismo como el judaísmo tenían que ser reemplazados. Esto significó que eran falsas «religiones», una falsedad que implicaba la necesidad de su erradicación.

La diferencia en Europa occidental, en el siglo XVI, es que las guerras civiles y la Guerra de los Treinta Años mostraron que el protestantismo no se podía erradicar. Europa se convirtió en un agregado de organizaciones políticas protestantes o católicas separadas. La solución en Francia fue expulsar a los hugonotes (como se llamaba a los protestantes) y a los judíos, convirtiendo así a Francia en un reino católico. La solución a la Guerra de los Treinta Años, provocada por la firma del tratado de Westfalia, en 1648, para acabar la guerra, fue la creación del Estado-Nación. No todos los principados, ducados o reinos de Europa se convirtieron entonces en un Estado-Nación – ese proceso tardó siglos en realizarse–, pero la idea de que la ley y el orden, la homogeneidad y la «única verdad» iban de la mano echó raíces profundas en Europa. Sin embargo, la cuestión de la certeza en el dominio intelectual y del conocimiento era otro asunto y se manejaba de manera diferente. No surgieron universidades protestantes y católicas, cada una con diferentes tipos de conocimientos. Lo que surgió en Inglaterra, Francia e Italia fue la creación de las academias independientes, donde se creaba un conocimiento fuera del control de las autoridades religiosas. Aquellas surgieron a mediados del siglo XVII: The Royal Society en Inglaterra, L'Académie Française en París y la Accademia Nazionale dei Lincei en Bolonia, actual Italia.

En efecto, la radical y famosa separación de Descartes entre *res cogitans* y *res extensa* (la cosa pensante y la cosa extendida) transformó todo lo que esta última abarca –incluido el cuerpo humano con los cuerpos de todo ser terrenal y cósmico, roca, planta, planeta, animal– en un mecanismo inerte sin sensibilidad ni voluntad ni mente, un mecanismo completamente exento de sacralidad. La no racionalidad o irracionalidad, atribuida a *anima mundi*, proviene de la visión de que la racionalidad es la característica distintiva y definitoria de los humanos y, por supuesto, de la divinidad, una visión que Descartes convirtió en casi un dogma.

Era fundamental restablecer la certeza sobre una nueva base que debía estar separada y aislada de los furiosos conflictos político-económico-religiosos de la época, como ha argumentado Toulmin. Estos nuevos fundamentos pueden resumirse, por un lado, en la invención de una naturaleza y de un cosmos completamente limpios de cualquier rasgo de sacralidad, divinidad y mente, y, por otro lado, limpios de cualquier cosa etiquetada como «metafísica», esta última capaz de conducir de manera peligrosa hacia unos conflictos político-religiosos. De ahí la necesidad de inventar una naturaleza puramente «corpuscular» –como se expresó en el lenguaje de la época, esto es, una naturaleza puramente material– que requirió el asesinato de *ani-*

ma mundi y, con eso, la desaparición también del cosmocentrismo y el hilozoísmo. Esta naturaleza puramente material iba a ser el «objeto de estudio» de un grupo de eruditos que se reunirían en un nuevo espacio llamado «el laboratorio público». Esto era un espacio público, pero no en el sentido de que estuviera abierto a cualquiera, sino, más bien, en el sentido de que era lo opuesto al gabinete de experimentos de los filósofos ocultistas, que eran privados, e incluso secretos, de ahí la etiqueta de «ocultismo». En este nuevo espacio, esta nueva naturaleza material iba a ser interrogada a través de experimentos que involucraban el uso de dispositivos de medición y otro tipo de aparatos. Las reglas de comportamiento en ese espacio fueron enunciadas estrictamente para protegerlo de cualquier conflicto potencial que surgiese de disputas políticas o religiosas.

La invención de Robert Boyle del laboratorio público y del método científico experimental, a mediados del siglo XVII en Inglaterra, consagró la separación completa de lo sagrado o lo metafísico de una naturaleza que llegó a ser vista como puramente corpuscular, es decir, material. También consagró la división entre una naturaleza mecánica, supuestamente inerte, y cualquier cosa que recuerde a la mente o a la emoción −en otras palabras, al alma, a la psique−. El método científico experimental de Boyle y el laboratorio público, donde el método es practicado, representan la separación radical que Descartes postuló entre la mente y la naturaleza, incluido el cuerpo humano.[18]

Esta nueva cosmovisión de un mundo, un cosmos, totalmente desprovisto de mente, vida y sacralidad fue capaz de adaptarse a una comprensión cristiana occidental de la divinidad, como algo que trasciende la creación, y encajaba también con una visión cristiana de la inferioridad del plano terrenal. Esto se aprecia en las siguien-

---

18. Sobre la invención de Boyle del método científico experimental, las dos obras clásicas son Shapin y Schaffer, 1985, y Potter, 2001.

tes palabras de Boyle: «La veneración con que los hombres están imbuidos por lo que ellos llaman naturaleza ha sido un impedimento desalentador para el imperio del hombre sobre las criaturas inferiores de Dios».[19] Esta naturaleza/cosmos mecánico, muerta, está ahí para el imperio de los hombres sobre las criaturas inferiores de Dios. Y esto se convirtió lenta pero inexorablemente en la explotación y extractivismo brutal de la tierra y la atmósfera. Esta declaración simplifica demasiado la relación mucho más compleja, y a menudo conflictiva, entre las dos formas principales de cristianismo (protestante y católico) y entre ambas formas de cristianismo y la nueva cosmovisión introducida por la Revolución científica, pero la declaración contiene un núcleo de verdad. La nueva visión de la naturaleza, la de un mecanismo muerto e insensible, se pensaba generalmente como un inmenso reloj creado por Dios que lo mantenía funcionando según «Sus leyes». Una visión tan mecánica no podría haber triunfado si, de alguna manera fundamental, hubiera contradicho la creencia cristiana de que el creador y la creación son diferentes entre sí. La misma trascendencia de la deidad implicaba de manera positiva tal cosmovisión. Fue, claramente, la falta de tal separación en *anima mundi* la que la convirtió en herética para ambas formas de cristianismo, así como también inaceptable para los creadores de la Revolución científica.

Robert Boyle se basó en su propio pasado alquímico para inventar el laboratorio. La alquimia, uno de los varios movimientos de la filosofía ocultista, se practicaba en gabinetes secretos donde el filósofo indagaba sobre la naturaleza utilizando una serie de instrumentos. A mediados del siglo XVII, cuando Boyle inventa su laboratorio público, la alquimia, y la filosofía ocultista en general, ya estaban severamente manchadas por el pincel de la herejía y Boyle necesitaba diferenciar con claridad su laboratorio de su pasado alquímico. Por lo tanto, él

---

19. Boyle, 2012: 15.

llamó a su laboratorio como ser uno público. No era público en el sentido de que cualquiera pudiera entrar, sino en el sentido de que no era secreto, como los gabinetes de los filósofos ocultistas. Solo los hombres educados podían participar en este nuevo laboratorio.

En los trabajos clásicos de Shapin y Schaffer sobre Boyle, trazan meticulosamente las reglas de comportamiento que Boyle creó en su nuevo laboratorio público. Entre las reglas promulgadas por Boyle, las más importantes fueron aquellas que protegen este espacio de los conflictos político-religiosos que se habían estado librando en Europa durante más de un de siglo y medio. Hablar de religión y de política estaba absolutamente prohibido en ese espacio por razones obvias, pero también estaban las críticas *ad hominem*. Estas últimas críticas, entre los filósofos naturales, fueron desterradas para separar la personalidad y la vida personal del filósofo natural de forma clara y visible de sus actividades en el laboratorio público. Esta última regla estaba estableciendo una profunda diferencia entre las búsquedas del filósofo ocultista en su gabinete secreto y las del filósofo natural en el laboratorio público.

Para el filósofo ocultista, su alma, su psique y la forma en que se conducía en la vida eran parte del cosmos, inseparables de un cosmos donde todo estaba interrelacionado; es decir, una parte integral de lo que estaba estudiando. La psique y la vida de uno estaban integralmente involucradas en la búsqueda del conocimiento. Mientras que los filósofos naturales, comenzando por Descartes y su estrecho colaborador, el sacerdote católico Marin Mersenne, habían, en palabras de la historiadora Frances Yates, «desterrado el vínculo astral de la armonía universal, cortando de raíz las conexiones de la psique con el cosmos. Esto apaciguó a los cazadores de brujas e hizo que el mundo fuera seguro para Descartes...».[20]

---

20.   Yates, 1979: 174.

Es decir, el nuevo conocimiento que Boyle estaba inventando en su laboratorio público era lo opuesto no solo a las búsquedas de conocimiento de los filósofos ocultistas y de él mismo en sus primeros años, sino también de los kichwas de Sarayaku y de la mayoría de los pueblos indígenas. Para ellos, como cito de la Declaración de Sarayaku:

> *Kawsak sacha* (el bosque viviente) es, en sí mismo, un ser con quien se comunican los *yachakkuna* (chamanes) para recibir los conocimientos y transmitirlos, con el apoyo de otros sabios y sabias. Todo este aprendizaje orienta y guía a los pueblos amazónicos hacia el *sumak kawsay* (cierto/bien/vida justa). *Kawsak sacha* es la fuente primordial de *sumak kawsay* y, como tal, proporciona un espacio de vida para sus poblaciones diversas...

Los chamanes, los *yachakkuna*, reciben conocimiento de los seres protectores del cosmos y comparten este conocimiento con la gente. Recibir este conocimiento constituye el aprendizaje de las personas, una adquisición de conocimientos que conduce a las personas hacia el modo de vida correcto, bueno y justo. La palabra quechua para chamán, *yachak*, tiene la misma raíz que la palabra para conocimiento: *yachay*. Es decir, los filósofos ocultistas y las llamadas brujas compartieron con la mayoría de los pueblos indígenas –así como con los iniciados de los antiguos misterios eleusinos griegos– una visión del conocimiento como proveniente del cosmos y la integralidad de los humanos en él. Una visión en la que la ética y el conocimiento se entrelazan íntegramente. El conocimiento que inventó Boyle –con otros filósofos naturales– fue uno radicalmente diferente, uno que no solo separó por completo a los humanos y sus mentes del cosmos/naturaleza, sino que también inventó un cosmos/naturaleza puramente mecánico, insensible, no viviente y totalmente laico, así como una forma de conocimiento totalmente separada de las preocupaciones éticas en la vida del filósofo natural, también conocido como científico.

Otro aspecto que quiero tratar es el de Boyle y la metafísica. La metafísica se refiere a lo que es inmaterial, incorpóreo, sobrenatural, o también lo que está basado en el razonamiento especulativo. Claramente un tema difícil de separar de lo religioso. Lo metafísico, central en el conflicto entre protestantes y católicos, no tenía cabida en este nuevo espacio del laboratorio público. Esto fue crucial para el objetivo subyacente a este nuevo espacio y las prácticas que ocurrieron en él, en concreto, restablecer la certeza.

Para consternación de Boyle, lo metafísico repentinamente apareció «dentro» del nuevo espacio protegido de su laboratorio público, acrecentando el espectro de un conflicto irresoluble. La forma en que lo metafísico hizo su aparición dentro del espacio del laboratorio público de Boyle surgió de una disputa sobre lo que los «caballeros educados» allí reunidos creían que había sucedido en uno de los experimentos. El aparato experimental de Boyle consistía en una bomba (de succión) colocada debajo de un frasco de vidrio (de campana) que podía sacar el aire del interior. Una vez que la bomba, aparentemente, había sacado todo el aire del frasco de vidrio –evidenciado por el hecho de que la bomba ya no podía activarse–, los filósofos naturales, reunidos en el laboratorio público, no estuvieron de acuerdo sobre lo que había dentro del frasco de vidrio. Este desacuerdo fue conocido como el entre «los plenistas y los vacuistas». Los «vacuistas» afirmaron que cuando la bomba había sacado todo el aire del frasco de vidrio que tenía encima, no quedaba nada en él. Era un vacío. Los «plenistas» afirmaron que quedaba en el frasco una sustancia extremadamente sutil, llamada *éter*, que llenaba el frasco de vidrio, pero era invisible.

Fundamentalmente para mi argumento, Boyle no trató de tomar

partido en este conflicto y afirmar, de alguna manera u otra, sobre un *vaccuum* o un *plenum*. Él, tan solo, afirmó que no podía pronunciarse sobre lo que podría quedar o no en el frasco de vidrio después de vaciar el aire, ya que ese asunto no podía resolverse de manera experimental. Esto escriben Shapin y Schafer sobre este tema, citando a Boyle:

> Boyle se manifestó reacio a introducir «una pregunta tan agradable» y no «se atrevió a encargarse de determinar una controversia tan difícil». Resolver el problema del vacío no era de lo que se trataba el experimento, ni esas preguntas eran parte de él. No podían resolverse experimentalmente y, por lo tanto, eran ilegítimas... [Boyle] convirtió la controversia sobre el vacío en metafísica.

Así, Boyle resolvió el conflicto entre plenistas y vacuistas declarando que se trataba de una cuestión «metafísica»; pero cuando afirma que se mostró reacio a «plantear una pregunta tan agradable» y que no se atrevió a asumir una controversia tan difícil, está diciendo claramente que no puede decidir el asunto. Boyle declaró que tal cuestión estaba fuera de los límites, de lo que pronto se conoció como el método científico experimental y de la ciencia en general. Fue una jugada arbitraria de su parte. Es decir, él no está resolviendo el problema ni experimentalmente ni discutiéndolo racionalmente, sino que corta el proverbial nudo gordiano al afirmar que, de ahora en adelante, tal problema será etiquetado como «metafísico» y estará fuera de los límites de su laboratorio público.[21]

Sin embargo, la naturaleza completamente arbitraria de la solución de Boyle a esta disputa pronto se olvidó por completo y, en su

---

21. Remito al lector a los siguientes trabajos sobre Boyle: Shapin y Schaffer, 1985, y Potter, 2001.

lugar, se tomó como una declaración probada experimentalmente, lo que no fue así. La autoridad de Boyle en este tema llevó a la opinión, del todo intencionada, de que cualquier cosa que no pudiera establecerse de manera experimental para existir en el espacio público del laboratorio, simplemente, no existía en la naturaleza. Sin embargo, Boyle no pudo probar de ninguna forma que no existiera alguna sustancia invisible extremadamente sutil en el frasco de vidrio –después de que se bombeara todo el aire– y reconoció, sin reservas, este hecho. Su declaración de que se trataba de un asunto metafísico que no tenía cabida en su laboratorio estaba totalmente motivada por su intenso deseo de proteger tanto este espacio del conflicto como su deseo de restablecer la certeza sobre una base totalmente nueva, totalmente libre de cualquier rasgo de religión, de lo metafísico o de lo sagrado.

Este episodio no suficientemente visible prepara el escenario para desarrollos posteriores, donde se solidificó un acuerdo tácito entre los dominios separados de la religión y de la ciencia. La religión podía reclamar la autoridad sobre las creencias y la vida interior de las personas, pero la ciencia tenía autoridad sobre la naturaleza, una naturaleza limpia por completo de cualquier rastro de algo remotamente metafísico, cualquier cosa invisible o sagrada. Esta división del territorio que el famoso científico natural Stephen Jay Gould ha llamado «magisterios no superpuestos» o NOMA (del inglés, *non-overlapping magisteria*) fue una forma diplomática, y segura, de desactivar las tensiones potenciales entre esos dos dominios. En la nueva dispensación, lo sobrenatural, considerado a ser entidades no empíricas, fue consignado a un dominio metafísico, sagrado y puramente religioso y no real.

El indispensable, y ahora clásico, trabajo de Shapin y Schaffer y Elizabeth Potter sobre Boyle ha demostrado que el límite de Boyle entre algo que estaba permitido en la nueva ciencia, es decir, que era verificable de manera experimental, y algo que estaba excluido, que él llamó «metafísico», era no un acto que surgió consensuado de la práctica experimental. Fue una decisión deliberadamente arbitraria de su parte, una que tuvo todo que ver con el enconado debate, incluso el conflicto, entre plenistas y vacuistas. Es decir, fue en el fondo una decisión política para proteger su nuevo espacio, el laboratorio público, de los conflictos que se desataban fuera de él. La frontera de Boyle entre lo que es empíricamente verificable y lo que él considera metafísico fue convertida en un movimiento político contingente y, por lo tanto, inseparable de la historia y la cultura de Europa.

El último tema que quiero abordar es el del laboratorio público y la mujer. Para ilustrar lo que estaba en juego al excluir a las mujeres del nuevo laboratorio, contaré una ya famosa anécdota. Los requisitos de comportamiento para el filósofo natural masculino se resumieron en la frase «testigo modesto». El requisito de abstenerse de criticar el comportamiento personal y la vida de los filósofos naturales en el laboratorio publico determinó el requisito de «modestia». El hombre modesto presenció el experimento y dio fe de lo que había ocurrido en y durante este. En general, las mujeres eran consideradas incapaces de tal modestia, ya que se creía en ese momento que su modestia residía en sus cuerpos y no en sus mentes.[22]

La anécdota se refiere a la visita de la hermana de Boyle, *lady* Ranelagh, y algunas de sus amigas asociadas al laboratorio. No podían ser excluidas ya que eran, en gran parte, responsables del financiamiento de la Real Sociedad. El experimento de ese día consistió en colocar un pájaro vivo en el frasco de vidrio y luego quitar el aire con la bomba para ver qué ocurría. Luego que se extrajo el aire, el pajarito comenzó a mostrar todos los signos de muerte inminente y las damas reunidas exclamaron horrorizadas que el pajarito debería

---

22. Un trabajo clave sobre este tema es Haraway, 1997.

ser liberado de inmediato para salvar su vida. Esta reacción femenina compasiva con su linaje extremadamente largo de las mujeres sacerdotisas, sanadoras y chamanas, que habitaban un cosmos integral e interrelacionado, demostró al instante su incapacidad para ser una «testigo modesta» y las desterró del laboratorio para siempre o, para ser más precisa, hasta mediados del siglo XX. Aquí, quizá, y más que en cualquier otra parte, se revela cómo la Revolución científica se basó en siglos de borrado de estas genealogías femeninas.

Los estudios sobre el nacimiento del método científico experimental, especialmente el trabajo de Shapin y Schaffer, Elizabeth Potter y Donna Haraway, rompen con la historia canónica de la ciencia que, simplemente, observa estos desarrollos como descubrimientos brillantes de hombres (europeos) brillantes. Lo que emerge de esta erudición es la naturaleza contingente y arbitraria de las decisiones de Boyle. Lo que surge, por lo tanto, es que la Revolución científica y los nuevos conocimientos que generó estaban profundamente arraigados en la historia y la cultura europeas. A los conflictos entre protestantes y católicos hay que añadir lo que las historiadoras feministas llaman la Época de la Hoguera, con el exterminio de las «brujas» y la persecución de los filósofos ocultistas como fundamentales para la creación de lo que generalmente se conoce como la Revolución científica.

En esos tiempos extremadamente turbulentos y precarios, cuando el monopolio de la Iglesia sobre la educación y el conocimiento fue profundamente desafiado por los protestantes que también afirmaban poseer la Única Verdad, el logro de Boyle fue su capacidad para crear un espacio neutral en el laboratorio, donde hablar de la religión, la política, la metafísica y lo sagrado estaba estrictamente prohibido. Estos requisitos, como hemos visto, también significaron la exclusión de la mujer en este nuevo conocimiento. Fue crucial para el éxito del esfuerzo de Boyle que su método científico experimental en ciernes permitiera el desacuerdo en el laboratorio sobre lo que había sucedido en el experimento –una decisión crucial para la solidez de los hallazgos, así como una que evitó el dogmatismo de muchos pronunciamientos de la Iglesia–, pero conservando los desacuerdos estrictamente dentro de los límites del espacio neutral del laboratorio y sus reglas. Además, estos desacuerdos permitidos, e incluso alentados, solo podían pertenecer a un dominio neutral, el de una naturaleza limpia por completo de cualquier elemento potencialmente divisivo y, por lo tanto, peligroso, que Boyle –de una manera bastante arbitraria– etiquetó como «metafísico». Si había un acuerdo sobre un hecho científico y con él sobre la verdad, tenía que construirse sobre una base que pudiera estar totalmente separada y protegida de aquellos dominios donde los conflictos rabiaban, aquellos donde lo metafísico era central.

Boyle trabajó duro para hacer de su método experimental uno con el que todos estuvieran de acuerdo. Este acuerdo general no se produjo de forma rápida ni sencilla. Fue desafiado en varios frentes y la derrota final de los métodos rivales tomó cerca de un siglo, pero su método pronto ganó y ha dominado la escena científica y cultural hasta nuestros días. Por ejemplo, en el principio NOMA de magisterios no superpuestos de Stephen Jay Gould tenemos la manifestación directa y contemporánea de la victoria de las decisiones de Boyle.

Coda

Antes de cerrar este capítulo sobre el papel primordial que desempeñó la erradicación del chamanismo –su cosmovisión de un cosmos integrado y sagrado– para la invención de un nuevo sistema de conocimiento en la Europa de los siglos XVI y XVII, quiero terminar con algo que aprendí durante una visita a unos amigos samis en el norte de Suecia. Los samis son quizá los últimos pueblos indígenas europeos y viven por encima del círculo circumpolar en Escandinavia y Rusia. Me había hecho amiga de Sturre y Aina Nilsson, cuando los invité a una conferencia que había organizado, con el profesor John Mohawk en la Universidad Smith, sobre conocimiento indígena. A cambio, ellos me invitaron a Suecia y acudí con mi familia a principios de la década de 1990.

Aterrizamos en Finlandia, donde trabajábamos en el verano en un instituto,[23] y fuimos en barco a Umeå en Suecia y de ahí nos dirigimos hacia el norte con Sturre y Aina. Resultó ser una experiencia inolvidable. Nos llevaron a participar en la marca anual de los renos, pastoreados por los samis. A los renos se les deja pastar libremente en el bosque durante la mayor parte del año, pero en el verano son recolectados y acorralados para marcarlos. Los renos fueron amarrados y marcados con un corte en una de sus orejas. Cerca del corral, había un *tepee*, que, según me explicaron, era la sauna original. Allí, en el centro del *tepee*, en un hueco, se colocaban piedras calientes y se vertía agua sobre ellas para generar vapor. Mi hija, que tenía nueve años, se sentó con unos samis cerca del *tepee*, quienes le enseñaron a esculpir madera con un cuchillo. Después de ese emocionante evento, mis anfitriones querían mostrarnos un museo de la historia sami que su comunidad había creado. No tenía idea de lo que me esperaba.

El museo registró gráficamente el exterminio del chamanismo entre los samis, desarrollado de manera brutal y sistemática, que

---

23. La sigla de este instituto es WIDER, del inglés World Institute for Economics Research (Instituto Mundial de Investigaciones de Economía del Desarrollo), parte de la Universidad de la ONU, situado en Helsinki, Finlandia. Trabajamos (mi exmarido y yo) durante los veranos en este instituto, de 1985 a 1992.

se inició aproximadamente a mediados del siglo XVIII y duró hasta el siglo XIX. El exterminio lo hizo la Iglesia luterana, la religión dominante de Suecia. Así fue como el cristianismo se introdujo en estos pueblos indígenas europeos y fue horroroso. Me sorprendió lo tarde que sucedieron estas últimas brasas de la Época de la Hoguera, mucho más tarde de lo que sabía, qué tan reciente era, aún dolorosamente fresco en la memoria del pueblo sami contemporáneo. Sturre y Aina nos explicaron que los chamanes samis eran los más famosos de toda Europa y que la gente venía al norte circumpolar en peregrinación desde todo el continente para participar en sus ceremonias. Lo que me hizo recordar por entonces, y después, fueron muchas de las ilustraciones de libros infantiles alsacianos, sobre elfos y hadas, que mi padre solía leernos de vez en cuando, aquellas ilustraciones que siempre muestran a esas criaturas sentadas sobre un hongo rojo con manchas blancas.

Fue después, mucho tiempo después, cuando me enteré de que esa imagen estándar en el folclore europeo muestra al hongo psicodélico *amanita muscaria*. No me atreví a preguntarle a Sturre y Aina, en ese momento, si los chamanes samis usaban ese hongo, porque el tema era aún doloroso para ellos y no quería ser imprudente en ese delicado recuerdo, especialmente porque sentí que mis antecedentes luteranos, de alguna manera, me comprometían. También es cierto que esa visita sucedió unos pocos años antes de que bebiera mi primer brebaje de ayahuasca y muchos años antes de que hubiera oído hablar de los hongos psicodélicos.

3. Los cercamientos en la Europa de entonces y en Sudamérica hoy

Durante los siglos XIV y XV, el sistema político-económico medieval conocido como feudalismo –o sistema señorial– se estaba desmoronando. La viabilidad económica del señorío, propiedad de un señor aristocrático, había entrado en grave declive y la aristocracia, así como las clases mercantiles más ricas, buscaban nuevas fuentes de ingreso para impulsar su estilo de vida preferido. Una de las formas en que lograron esto fue cercando por la fuerza las tierras que la gente había mantenido en común y reclamando la propiedad exclusiva de ellas.

El «movimiento de los cercamientos» duró muchos siglos en Europa y es ampliamente reconocido por desempeñar un papel crucial en el nacimiento de lo que, con el tiempo, se convertiría en el capitalismo y la modernidad. También fue fundamental, aunque menos reconocido, el papel que desempeñó en el nacimiento de una visión desencantada de la naturaleza, como algo totalmente desprovisto de sensibilidad, voluntad y numinosidad.

El ímpetu por los cercamientos continúa actualmente en las comunidades indígenas de Sudamérica. Para contar esa historia, no solo puedo basarme en una gran cantidad de estudios sobre el movimiento en Europa, sino también en los conocimientos y las perspectivas que recibí al colaborar con las comunidades indígenas en la alta Amazonía peruana que, hoy en día, no solo afrontan elevadas tasas de deforestación y degradación ambiental, sino también intentos para cercar sus bosques comunes.

Para los kichwa-lamas, la selva tropical lluviosa es un lugar común donde cualquiera puede ir a recoger sal, recolectar plantas medicinales, combustible, frutas y otras plantas útiles, cazar, pescar, internarse por periodos prolongados para adquirir ayuda de los espíritus para curarse y otros, como se trató en el segundo capítulo de la primera parte de este libro «El chamanismo en la Alta Amazonía». A menudo se refieren a ella como su «mercado», donde obtienen las cosas que necesitan, o como su hogar. Para ellos, es también un lugar sagrado donde residen seres o espíritus de los que depende la continuidad de la trama de la vida. Los humanos forman parte de esta trama y se relacionan con esos seres como parientes mayores a los que hay que corresponder para asegurar los ciclos de la vida.

En la actualidad, los bienes comunes de los pueblos indígenas de la Amazonía se encuentran gravemente amenazados, no solo en el Perú, sino también en todos los países de la cuenca amazónica. El Gobierno peruano está comprometido con la globalización y está cediendo en concesión la mayoría de las tierras ancestrales comunes de los pueblos amazónicos. Las empresas multinacionales, así como algunas nacionales, están extrayendo petróleo, minerales, madera y plantas medicinales de estos bienes comunes, y el monto de las ganancias que llegan a las poblaciones indígenas es simbólico. Por el contrario, el bosque tropical lluvioso –su hogar, su mercado, su lugar sagrado– y sus miles de ríos están muy contaminados, lo que hace que la supervivencia a menudo sea imposible para los pueblos indígenas, y así continúa una historia brutal de colonización, esclavitud y etnocidio. También es un ataque al equilibrio ambiental global, ya que el bosque lluvioso del Amazonas desempeña un papel preponderante en la estabilización del clima del planeta. En Sudamérica, las fuerzas de cercamiento continúan haciendo lo que el movimiento europeo original hizo, es decir, enriquecer a los poderosos, desestabilizar y disminuir la megadiversidad tanto cultural como biológica –es decir, biocultural– de esta región.

Claro está que ni los gobiernos ni los medios hablan de la entrega en concesión de la mayor parte de la selva amazónica a empresas multinacionales como un cercamiento de los bienes comunes, aunque los críticos de la globalización sí la reconocen. Estas tierras están oficialmente definidas como pertenecientes al Estado-Nación, y el argumento es que los pobladores indígenas no están haciendo uso productivo de ellas y, por derecho, esas tierras son devueltas al Estado. Además, mediante un juego de manos político se descubrió que los habitantes originales no tienen ningún título legal sobre esas tierras y, por ende, no tienen ningún derecho sobre ellas. Los conceptos de «uso productivo» y el estatus legal de las tierras tituladas son realidades creadas por el movimiento de cercamientos original de Europa y fueron exportados a América por sus colonizadores.

Para ilustrar la naturaleza violenta y criminal del cercamiento contemporáneo de los bienes comunes, cabe recordar un hecho ocurrido en el Perú en junio de 2009, durante el gobierno de Alan García, debido a la firma del tratado de libre comercio (TLC) en diciembre de 2007 con el entonces presidente de Estados Unidos, George W. Bush. Este suceso fue cubierto por la prensa internacional y motivó protestas en muchos países, incluido Estados Unidos. El Gobierno de García había promulgado cientos de decretos legislativos para implementar el TLC con Estados Unidos y abrir las puertas del país –lo que constituye alrededor del 75 % del territorio peruano, la mayor parte de este en la Amazonía– a las empresas multinacionales, el capital transnacional y la neoliberalización. Muchas de estas nuevas leyes permitieron al Gobierno de García vender, ceder en concesión o prometer los territorios indígenas a estas empresas multinacionales. Esto se hizo sin consultar a los grupos indígenas

Los cercamientos en la Europa de entonces y en Sudamérica hoy   197

interesados, como lo exigen las leyes peruanas más antiguas y los decretos internacionales. Aunque los movimientos terroristas habían sido ampliamente derrotados, el Gobierno de García justificó sus medidas represivas en nombre de una lucha contra el narcotráfico y el terrorismo internacional.[1]

García justificó sus políticas en nombre del progreso que beneficiaría a todos los peruanos, y criticó a los pueblos indígenas amazónicos por sentarse egoístamente en un vasto subsuelo y otros recursos que, por derecho, pertenecen a todos en el Perú. La apertura de la Amazonía peruana al capital transnacional, según García, traería prosperidad a todos los peruanos y no solo a los indígenas que formaban una pequeña minoría de la población nacional.

Estas promesas, sin embargo, sonaron huecas para los pobladores indígenas de la Amazonía. En mi centro de Lamas, el 5 de junio de 2009 me senté pegada a la radio, escuché conmocionada e incrédula los informes de la violenta represión a un grupo de indígenas en un retén de la localidad de Bagua, ubicada a solo unas seis horas en auto de Lamas. El gobierno envió helicópteros con policías armados con metralletas, quienes abrieron fuego contra indígenas armados solo con lanzas, piedras, arcos y flechas. Un grupo de indígenas había tomado una refinería de petróleo y tenía allí como rehenes a entre 12 y 14 policías.

Mi sorpresa, sin embargo, se intensificó con el tono del reportaje de todo ese día. Un lenguaje claramente racista fue usado por García, miembros de su gobierno y los propios reporteros, que repitieron como loros la caracterización de García de los movimientos sociales e indígenas que habían estado protestando por sus políticas desde

---

1.   Bruckman (2009: 17) informa de que el territorio peruano se ha convertido en un centro de operaciones para el ejército estadounidense por motivos de «apoyo informativo» y «entrenamiento en actividades antidrogas», mientras que la costa peruana es el centro de operaciones de la IV Flota del Pacífico de Estados Unidos.

la firma del TLC como «extorsionadores». Estos extorsionadores, aseguraban los medios, se comportaban como el perro del hortelano, «que no come ni deja comer», al poseer millones de hectáreas de tierras improductivas que solo podrían rentabilizarse privatizándolas a través de venderlas o cederlas en concesión a empresas transnacionales.

Así, se caracterizó a los pueblos indígenas como «salvajes primitivos e ignorantes», que se interponían en el camino del progreso de todos los peruanos.[2] Si bien la cifra oficial de muertos mencionó a 14 policías y 11 indígenas, los comunicados y los videos realizados por diversos movimientos y organizaciones sociales, así como por los pueblos indígenas, reportaron que en Bagua los manifestantes fueron «desaparecidos» arrojándolos a los ríos desde los helicópteros o quemando sus cuerpos. Se estima que el número de «desaparecidos», según estas fuentes, oscila entre 200 y 500.[3]

Poco después de estos sucesos, organicé una reunión de líderes locales indígenas para expresar sus opiniones sobre las masacres en Bagua para un artículo sobre estos sucesos que la revista *Cultural Survival* me pidió que escribiera.[4] Reproduzco a continuación uno de los comentarios de estos líderes:

2. En su comunicado de internet del 26 de agosto de 2009, Survival International otorgó el premio Erradicamos el Racismo (Stamp it Out Racism), al diario peruano *Correo*, que llamó a los pueblos indígenas «salvajes», «paleolíticos» y «primitivos». Dijo que sus idiomas no tienen más de 80 palabras y declaró que, en las protestas que han envuelto gran parte de la Amazonía peruana en la primavera de 2009, fueron manipulados por «excremento comunista». *Correo* pidió el bombardeo con napalm de estos salvajes.

3. En ese momento me dirigieron a un video de YouTube filmado por un ciudadano peruano preocupado que mostraba estas acciones por parte de la policía. Después de verlo, por desgracia no pensé en anotar la referencia, porque estaba físicamente enferma por lo que acababa de ver.

4. Una versión abreviada de mi artículo fue publicada en *Cultural Survival*, titulado «Under the Guns», 2009: 20-27.

Desde el paro hasta ahora el gobierno ha hecho poco o nada, más bien da en concesión los territorios nativos. Esos son nuestros mercados, nuestro hogar porque allí encontramos de todo: medicinas, plantas comestibles y animales, materiales de construcción, y el bosque es también un lugar sagrado donde rezamos y pedimos permiso y hacemos rituales. Uno no entra en el bosque así nomás; hay que tomar ciertas plantas para purgarse y purificarse, para así estar en contacto con los animales y poder ver los espíritus.

Estamos luchando para empezar a estar unidos como organizaciones y formar un solo puño y decir basta a los abusos del gobierno [...]. Dicen que somos criminales y destruimos al monte. Pero es al revés: las empresas destruyen hectáreas de monte, mientras que un indígena destruye una hectárea para hacer una chacra usándola por cuatro o cinco años y luego se abandona y se la deja para que el monte se regenere. La tala del monte así no es permanente (Lisardo Sangama Salas, *apu* de la comunidad nativa de Solo).

Esto ocurrió hace solo unos 13 años en la Alta Amazonía peruana, pero está lejos de ser inusual o único. Otros gobiernos latinoamericanos han promulgado políticas similares que han tenido como resultado el cercamiento de las tierras comunes de sus poblaciones indígenas en nombre del progreso y del desarrollo. Tales movimientos solo enriquecen aún más a los que ya son ricos y poderosos.[5]

El movimiento original de cercamiento en Europa se extendió por varios siglos, desde el XIV al XVIII. Una combinación de la inviabilidad económica del sistema señorial y el aumento del precio de las telas de lana, que se había convertido en un comercio mundial, fueron los incentivos que impulsaron a los hombres más ricos a cercar

---

5. Alan García fue acusado de corrupto. Cuando la policía estaba a punto de llevarlo, se suicidó, en 2019.

200 La voz de Frédérique

las antiguas tierras comunales. Queriendo pastorear las ovejas para conseguir telas de lana y luego venderlas en este mercado mundial en expansión, se apropiaron de las tierras comunes, las cercaron y las transformaron. Esta transformación se refería a una «mejora» del pastoreo con zanjas, drenajes y cosas por el estilo y, por lo cual, las convirtieron en pastizales para sus ovejas.

El «cercador» trataba la tierra como si fuera su propiedad exclusiva, pues al cercarla o encerrarla excluyó por la fuerza a todas las personas que hasta entonces habían utilizado aquellas tierras comunes. El «cercador» usó esta tierra como una inversión en la búsqueda de sus ambiciones financieras individuales, cortando así sus vínculos con la comunidad local y con lo que los historiadores económicos han llamado «la economía moral», típica de estas comunidades donde todos, independientemente de su estatus o capacidad, fueron proveídos.[6] Es cierto que el aprovisionamiento distanciaba mucho de ser equitativo, y los aristócratas como los miembros más ricos recibían la mayor parte, pero, a pesar de todo, existía una red de seguridad.

Los campesinos locales, por supuesto, protestaron y se resistieron al cercado de sus tierras comunes, pero las clases adineradas, tanto aristócratas como comerciantes, triunfaron en los tribunales e hicieron que sus reclamos prevaleciesen. Esto generó un sufrimiento terrible entre los campesinos desplazados, los más pobres murieron de hambre en grandes cantidades. Tan miserables eran las condiciones en Irlanda que Jonathan Swift sugirió, en su *Modest Proposal*, que las clases nobles debían sacrificar a los hijos de los campesinos de un año y comérselos. Agregó: «Reconozco que esta comida será algo cara y, por ende, muy "apropiada para los terratenientes", que como ya han devorado a la mayoría de los padres, parecen tener mejor título para los hijos».[7]

6. Veáse especialmente Oldham Appleby,1978.
7. Doy las gracias a mi amigo el escritor Robert Tindall por esta referencia.

Una hermosa película de la historiadora Pamela Berger, basada en hechos históricos reales, da vida a estos sucesos de hace mucho tiempo. Ambientada en el sur de Francia, a mediados del siglo XIII, *La hechicera* (*The Sorceress*) captura las primeras manifestaciones del posterior movimiento de cercamiento y de la época concomitante de la hoguera. En esta película, un monje llega a una aldea remota del sur de Francia para lograr descubrir a los herejes. El párroco de la aldea se esfuerza por desviar al monje y proteger a sus feligreses, incluida la herbolaria del bosque a quien el monje intenta condenar como bruja. El señor de la mansión local, un aristócrata abusivo, inunda las tierras en común –que los campesinos cultivaban– para su beneficio personal: tener un criadero de peces y venderlos en el mercado. Uno de los campesinos abre la presa de noche y drena el estanque artificial. Luego él es apresado y condenado a muerte.

Durante la pesquisa del monje para recopilar información sobre la existencia de potenciales herejes, la esposa del aldeano encarcelado le dice que el aristócrata es más bien el hereje, pues está impidiendo que los aldeanos siembren sus semillas al convertir por la fuerza sus tierras comunes en un estanque de peces para su uso privado. El monje le dice que el «señor» no es en absoluto un hereje y que ella debe aceptar lo que ha hecho, que eso no era ni herético ni pecado porque se trata de un aristócrata, cuya posición está por encima de ella y su calaña, y que él tenía más derechos sobre la tierra que los aldeanos. Ella responde: «Mi esposo dice que el conde nunca puede robarnos nuestro derecho a sembrar la semilla. Es como la lluvia que cae y el sol que brilla: no pueden ser arrebatados». El hombre encarcelado es liberado por su esposa y la mujer del bosque es absuelta. Si estos sucesos hubieran ocurrido unos 200 años más tarde, la mujer del bosque seguramente habría muerto quemada y el aristócrata habría logrado apoderarse de las tierras comunes para su uso personal.

En la película vemos cómo el derecho a sembrar se daba por sentado, pues se dice ser lo mismo que el sol que brilla o la lluvia que cae. Las palabras de la esposa capturan, poéticamente, el sentido de que el pueblo y la tierra son uno. No hay un propietario exclusivo de esta tierra, excepto Dios o el rey de Francia, quien poseía todas las tierras como representante de Dios. Este concepto de propiedad está bastante alejado del concepto posterior de un título exclusivo sobre una parcela de tierra, donde la tierra se ha convertido en una mercancía en el mercado. La tierra, vista como una mercancía que se podía comprar y vender, solo surgió gracias al movimiento de los cercamientos y al surgimiento del mercantilismo, el precursor del capitalismo.

La Iglesia, en alianza con los poderosos, concentró su atención inquisitorial en aquellas personas que tenían un conocimiento íntimo de la selva. La película retrata bellamente a la mujer del bosque –a quien el monje explica que el conocimiento verdadero solo puede encontrarse en los libros de la Iglesia, los cuales ella no puede leer–, como si tuviera un conocimiento profundo y extremadamente preciso de las plantas en el monte, sus propiedades, su uso y su preparación. Ella es una persona oral, que atiende las enfermedades y sufrimientos de los aldeanos y sus pócimas se administran a menudo como parte de acciones rituales, derivadas de antiguas tradiciones precristianas. A los aldeanos se les muestra participando en un baile del árbol de mayo, portando ramas, flores y otras verduras, bajo la mirada tolerante de su querido párroco.

El siguiente relato, que data de 1583 y lo escribió un inglés llamado P. Stubbes, es un extracto de un testigo ocular de estas celebraciones campesinas y nos brinda un vívido vistazo de tales rituales:

> Hacia mayo […] cada parroquia, pueblo y aldea se reúne, tanto hombres como mujeres y niños, viejos y jóvenes […] corren hacia los arbustos y bosques, cerros y montañas, donde pasan toda la noche

en agradables pasatiempos, y por la mañana regresan trayendo a casa arcos de abedul y ramas de árboles [...]. La principal joya que traen a casa es su árbol de mayo, que traen a casa con gran veneración [...]. luego se dedican a banquetear y festejar, a saltar y danzar a su alrededor, tal como la gente pagana lo hacía en la consagración de sus ídolos.[8]

Para 1583, un siglo después de que el Papa declarara que las brujas debían ser quemadas en la hoguera por herejes, un párroco ya no podía contemplar las milenarias festividades de sus aldeanos con afectuosa tolerancia. Los rituales campesinos, como el palo de mayo, ahora se identificaban como paganos e idolátricos.

El mayo es un ejemplo de una práctica mundial que incluye un poste o un árbol. El término académico para tales polos es *axis mundi*, «eje del mundo». Tales árboles conectan el inframundo mediante sus raíces, el mundo terrestre a través de sus troncos y los cielos gracias a sus ramas y hojas más altas. Los historiadores nos dicen que, en muchas partes de Europa, las parteras solían recoger las almas de los niños por nacer en esos árboles, a algunas de ellas se las llamaba «madre árbol», a otras «mujer de la naturaleza» y a otras «mujer del bosque». La herbología fue practicada no solo por mujeres, sino también por algunos hombres. Un texto en alemán que data de 1668, de un tal J. Praetorius, dice: «Se dice que el hombre del bosque, o aquel que excava en busca de raíces y hierbas, habla o conversa a menudo con Rübezahl».[9] Rübezahl es un elfo o hada considerado un maestro herbolario.

Esta pieza de evidencia histórica es sorprendentemente similar a las palabras del apu Lisardo Sangama Salas, citadas antes, cuando

---

8.   Citado en Federici, 2004: 195.
9.   Citado Peter Duerr, 1985: 123.

dice: «Hay que tomar ciertas plantas para purgarse y purificarse, para así estar en contacto con los animales y poder ver los espíritus».

En la Europa premoderna, las mujeres y los hombres herbolarios eran, a menudo, chamanes y chamanas, tal como sucede en la Amazonía indígena. Utilizaron plantas psicotrópicas que alteraron la conciencia; plantas como la belladona, el cornezuelo de centeno, el cannabis, la mandragora y los hongos psicoactivos.[10] Estas plantas, ingeridas en las condiciones rituales adecuadas, permitieron a estas mujeres y hombres aprender directamente de los espíritus de las plantas –conocidos en Europa como elfos o hadas– cómo curar a las personas, cómo concebir hijos, cómo tener un parto seguro, y muchas otras cosas más. Así es como los chamanes en la Amazonía curan, igual que Randy. Ellos aprenden de las «conversaciones» con los espíritus de las propias plantas a conocer cuál es el diagnóstico y cómo curar un mal en particular.

El chamanismo, ya sea en la Europa premoderna o en la Amazonía actual, necesita de las tierras en común y, especialmente, del monte. Los herbolarios y otros curanderos no podían adquirir sus conocimientos sin estar en el monte, en las praderas, a orillas de los ríos, y todos aquellos lugares donde se pueden recoger plantas y aprender sobre –y de– las plantas. Muchos de esos lugares eran tierras en común cuyo acceso se hacía cada vez más difícil en Europa, tal como sucede hoy en la Amazonía, donde la tasa acelerada de la deforestación dificulta cada vez más el acceso a muchas plantas medicinales y psicotrópicos.

El periodo de estas transformaciones en Europa Occidental fue también el comienzo de la expansión europea, iniciada con el comercio de esclavos y la invasión de América. Estos dos fenómenos,

---

10. Véanse los trabajos de los historiadores Ginsburg y Duerr, citados, así como Pollan en su capítulo sobre cannabis en 2001, entre otros trabajos.

la trata de esclavos y la invasión de América, no solo precedieron al gran cisma religioso en Europa, sino que también fueron contemporáneos con el inicio de la campaña para exterminar a las llamadas brujas. A esto le siguió la colonización y, más tarde, la globalización. La expansión de esta cosmovisión antropocéntrica, materialista, occidental moderna continúa a buen ritmo a través de la hegemonía de su tipo de educación, su forma de producción, su sistema financiero global, su consumismo y su magia tecnológica.

Las diversas prácticas chamánicas, y otras prácticas relacionadas, son vistas de la misma manera que se veía a las llamadas brujas en Europa: como ignorantes y supersticiosas. La Época de la Hoguera había comenzado antes del comercio de esclavos y la invasión de América y, por lo tanto, influyó profundamente en la percepción y evaluación de las prácticas chamánicas en África y la América indígena. En la Sudamérica colonial, como se trató en la primera parte de este libro, pocos años después del desembarco de Pizarro en 1531, en lo que hoy se conoce como Perú, se promulgaron y pusieron en práctica de inmediato las leyes de la extirpación de las idolatrías, lo que inició una enérgica campaña de la Inquisición para exterminar el chamanismo. La persistencia de estas leyes, tanto en la imaginación de los mestizos (descendientes de europeos e indígenas) como de los criollos (descendientes de europeos), ha sobrevivido. Sobre todo en la Alta Amazonía del Perú, donde la sociedad mestiza y criolla dominante ve casi unánimemente al chamanismo indígena como primitivo, atrasado e impregnado de superstición. Sin embargo, muchos de ellos continúan buscando un chamán para curar o para hacer hechicería al enemigo. En mi trabajo con varias escuelas secundarias, a través de la junta escolar provincial local, me encuentro con tales prejuicios con regularidad.

Esta historia también está en la raíz de la resistencia a un cambio en el paradigma antropocéntrico reduccionista materialista, que el investigador cultural Thomas Berry, el matemático y astrónomo Brian Swimme y la investigadora de la religión Mary Evelyn Tucker reconocen que subyacen en todas las instituciones de la modernidad, incluida la educación.[11] Estos académicos han abogado por el enfoque integral del mundo, donde los humanos y no humanos, o la naturaleza, son un todo integrado, donde no existe una dicotomía exclusiva entre la naturaleza y la cultura. La historiadora de la ciencia Isabelle Stengers captura de manera mordaz la actitud contra la que argumentan estos académicos, así como también sus implicaciones políticas, en el siguiente pasaje:

> Recibí esta palabra «reclamar» como un regalo de las brujas contemporáneas neopaganas y otras activistas estadounidenses. También recibí el grito impactante de la neopagana Starhawk: «El humo de las brujas quemadas todavía cuelga de nuestras fosas nasales». Ciertamente, los cazadores de brujas ya no están entre nosotros, y ya no nos tomamos en serio la acusación de adorar al diablo que una vez se dirigió a las brujas. Más bien, nuestro medio se define por el orgullo moderno de poder interpretar tanto la brujería como la caza de brujas en términos de creencias y construcciones sociales, lingüísticas, culturales o políticas. Lo que este orgullo ignora, sin embargo, es que somos los herederos de una operación de erradicación cultural y social, precursora de lo que se cometió en otros lugares en nombre de la civilización y la razón... En este sentido, nuestro orgullo por nuestro poder crítico de «saber mejor» que tanto las brujas como los cazadores de brujas nos convierte en los herederos de la caza de brujas.[12]

---

11. Swimme y Berry, 1992; Tucker y Swimme, 2011.
12. Stengers, 2012.

La quema de brujas y filósofos ocultistas, y el asesinato de *anima mundi* que lo acompañó, comenzó antes del comercio de esclavos, la conquista, la colonización y sus herederos. Como lo han demostrado Mur, aresku y Graham Hancock, la represión de los rituales psicodélicos dirigidos por mujeres comenzó con el cierre de los misterios eleusinos a fines del siglo IV, mucho tiempo antes de la Época de la Hoguera. Este legado nos acompaña mucho. Todos hemos sido colonizados por esta versión dominante de la historia nacida en Europa occidental. La colonialidad –la mentalidad colonizadora– ha existido en Europa desde aquellos tiempos y se ha extendido por todo el mundo. La mirada colonial nació en la propia Europa y se posó sobre sus propios herejes. Las prácticas curativas y chamánicas, que los europeos encontraron en África y América indígena a través del comercio de esclavos y la invasión de las Américas, recordaban las prácticas y la cosmovisión de esos supuestos herejes europeos. Sin embargo, es necesario recordarnos el comentario de Robert Boyle: «La veneración con la que los hombres están imbuidos por lo que ellos llaman naturaleza ha sido un impedimento desalentador para el imperio del hombre sobre las criaturas inferiores de Dios».[13]

Este imperio sobre las criaturas inferiores de Dios se ha transformado en el origen de lo que se ha bautizado como «recursos naturales». Los recursos naturales no son seres que sienten, tampoco tienen psique y espíritu, sino más bien son materia insensible. La palabra «recursos» resalta que estos son para uso de los seres humanos. El origen de los así llamados «recursos naturales» para uso y consumo humano se asume completamente y es visto como evidente. Sin embargo, tanto en las cosmovisiones indígenas como en la cosmovisión europea premoderna de *anima mundi*, no podía haber ningún «recurso natural». En cambio, existe y existieron otros seres

---

13. Citado en Stengers, 2012 (Boyle, 1685).

con psique y sentimientos con los que los humanos necesitan nutrir un equilibrio que permita la continuidad del bienestar no solo de los humanos, sino del mundo/cosmos, como se articula en la proclamación de Sarayaku de manera tan poderosa.

Esta comunicación entre los humanos y no humanos en ambos casos –la de la Europa premoderna y la de la Amazonía indígena– ocurrió a través de los chamanes y el chamanismo usando plantas psicotrópicas. El asesinato de *anima mundi* fue necesario para el «imperio sobre las criaturas inferiores de Dios», como lo expresó Robert Boyle, el padre del método científico experimental, en el siglo XVII.[14] Este imperio se convirtió rápidamente en el origen de todo lo que necesitaban los humanos, lo que, de hecho, significaba que cualquier cosa podía convertirse en una mercancía para vender en un mercado global. Esto rápidamente se hizo obvio en Sudamérica, en especial con la extracción de plata en las minas en lo que hoy es Bolivia, como Potosí, por parte de los españoles. Este violento extractivismo condujo muy pronto a la destrucción del espíritu de ese cerro –un cerro venerado o *apu* para los pueblos indígenas–, así como también a la muerte de una enorme cantidad de trabajadores indígenas en estos campos de exterminio que eran las minas.[15] Asimismo condujo a un tipo profundamente nuevo de economía global.

14. En Boyle, editado por Davis, 2012 (1685): 15, citado en Stengers, 2012.
15. Para una descripción excelente y muy legible del impacto de la minería de la plata en un lugar como Potosí por parte de las autoridades españolas en la economía global a partir de los siglos XVI y XVII, véase Mann, 2013.

4. El cercamiento del yo y la reciprocidad cosmocéntrica

Una profunda transformación de la persona ocurrió junto y como resultado del cercamiento de la tierra en Europa. El historiador Karl Polanyi, en su obra clásica sobre los inicios del capitalismo, ha argumentado de manera famosa que «el corazón del capitalismo consistía en la transformación de la tierra, el trabajo y el capital en mercancías para la compra y venta».[1] En este capítulo me centraré en la transformación del trabajo como mercancía y en qué se convirtió eventualmente y cuáles fueron sus implicancias.

Al usar el término «cercamiento del yo», deseo enfatizar aspectos de la creación del trabajo como una mercancía que todos conspiraron para hacer que la integración de una persona en el mundo natural, a lo que Carol Bigwood se refiere como su connaturalidad, retrocediera tanto de la escena como para volverse invisible. Invisible e insensible para la persona misma, alejándola de la naturaleza o de lo no humano y haciéndola invisible y muda a lo que no es humano. Este fenómeno también afectó la relación de las personas con una red de relaciones sociales humanas, pero estas últimas han permanecido mucho más visibles y menos ignoradas que las connaturales y las espirituales.

Como vimos en el capítulo anterior, se pensaba que las actividades de sembrar o cosechar eran tan naturales como la lluvia al caer

---

1. Polanyi, 1944.

o el sol al brillar. El campesino medieval y la tierra que trabajaba formaban un solo todo natural. Una vez que la tierra se convirtió en la propiedad privada de un individuo, quien contrató trabajadores para trabajar la tierra, esta relación dejó de ser tan evidente. Los trabajadores labraban la tierra por un sueldo, especialmente desde que los primeros cercadores utilizaron la tierra para pastorear ovejas para crear telas de lana y venderlas luego en un mercado mundial. La relación entre el sustento y el trabajo en la tierra se rompió, porque lo que se cultivaba ya no alimentaba directamente al trabajador. La relación entre la tierra y el trabajo pasó a estar mediada por el dinero. La tierra misma, una vez cercada, privatizada, drenada y «mejorada», como decían los términos de la época, se transformó ella misma en un objeto para ser utilizado en beneficio exclusivo de quien la cercó. Se reconoce, muy rápidamente, que esto conduce al desencanto de la tierra, es decir, a privarla de sus espíritus.

En el mundo de *anima mundi*, y antes del cercamiento, todo estaba vivo, integrado y numinoso. Con el exterminio profundamente eficaz, durante la Época de la Hoguera, consumado a mediados y fines del siglo XVII en Europa occidental –y solo en el siglo XIX en Escandinavia–, y con la creación de la tierra y el trabajo como mercancías, es difícil evocar a aquellos que vivieron en un mundo así. Esto ha migrado a un folclore europeo imaginario y ha perdido sus anclajes en este mundo. Utilizo la frase «el cercamientos del yo» para enfatizar que la creación del trabajo como una mercancía separó o, para usar el término de Polanyi, desarraigó (*disembedded*) el yo de la red de relaciones no solo con otros humanos, sino también, y de manera crucial, con los no humanos y otros que no sean humanos, es decir, los invisibles. Este último se refiere a seres normalmente invisibles que pueden adoptar características humanas o animales-humanos, vegetales-humanas o elementales-humanos.

Para nosotros, los modernos, es más fácil entender un desarraigo del mundo social y del mundo no humano o natural, mientras se tiende a pensar que el mundo distinto del humano no existe, sino es la creación de la imaginación o alucinación humana. Lo notable en el caso de Randy es que, al no ser él mismo un indígena y, además, haber sido criado por padres seculares, su experiencia con los espíritus, los elementos, la Virgen de Guadalupe, el cerro Waman Wasi, y otros seres desencarnados, estalló repentinamente siendo todo nuevo para él. A Randy le tomó más de un año y medio acceder por completo a la senda del curanderismo. Sin embargo, a pesar de su fuerte reticencia de acoger por completo este camino, la naturaleza de sus visiones y otras experiencias eran tan convincentemente «reales» que a veces no podía estar seguro de si estas tenían lugar en lo que él llama el mundo «terrenal» (esta dimensión diaria espaciotemporal) o el mundo espiritual.

Es precisamente esta circunstancia de Randy la que hace que la explicación antropológica típica del chamanismo, en términos de las «creencias» colectivas en la cultura del chamán, sea tan imposible. Randy no heredó una cosmovisión en la que los espíritus fueran reales, sino que fue todo lo contrario. Asimismo, los efectos resultantes, tangibles y reales de las acciones de los seres desencarnados que lo visitan, además de su absoluta realidad para él, nacido y criado en una familia secular materialista, son reales para que todos los vean. Por ejemplo, él no tenía piedras en los riñones y, efectivamente, se curó del dolor y la imposibilidad de orinar o hacer sus necesidades.

Sin embargo, él todavía estaba lo suficientemente hechizado por la cosmovisión prevaleciente como para que se hiciera una ecografía de los riñones y probarse a sí mismo si el dolor era de seres malévolos o surgía de causas físicas. No obstante, no convenció a su médico. Randy pudo curar a otros de enfermedades reconocidas. Lo más sorprendente para él –y para mí– fue ver entidades malévolas salir del cuerpo de algunos de sus pacientes –como en el caso de sus dos primeras sesiones con Grimaldo–. Pero, desafortunadamente, Randy

212 La voz de Frédérique

también recibió virotes de estas entidades. Él se dio cuenta de que necesitaba adquirir una protección eficaz y conseguir eso le llevó tiempo. Como se sabe, después del primer virote insoportablemente doloroso, Randy decidió abandonar el camino del curanderismo. Solo más tarde adquirió la protección suficiente que le aseguró protegerse a sí mismo de futuros ataques.

Para dar una idea de cómo se ve y se siente un mundo tan integrado y numinoso, necesito tratar las experiencias de los kichwa-lamas con los que me he involucrado en el trabajo de mi centro en Lamas. Aquí me centraré no en su cosmovisión en general, sino más bien en el comportamiento más cotidiano que habla de su cosmovisión.

El cultivo de los alimentos entre los kichwa-lamas

Girvan Tuanama, nuestro previo miembro del personal indígena del Centro Sachamama, me dijo: «Mi abuela y los ancianos solían ofrecer piezas de cerámica rota en sus chacras a Mama Allpa ["Espíritu del Suelo"]. Ahora, la mayoría de la gente ya no hace eso». Puesto que se han encontrado cerámicas rotas en toda la tierra negra antropogénica precolombina, la información de Girvan fue una revelación para mí porque nunca había leído, en las extensas publicaciones académicas sobre la tierra negra, que estas cerámicas rotas provenían de las ofrendas.[2]

Entonces, cuando fuimos a su comunidad nativa, en el momento de la *mikuna* –comida comunal– fuimos a la casa de su abuela a comer. La viejita, sentada en la entrada de la casa, nos daba la bienvenida a todos. Después que todos ya habían comido y se fue-

---

2.   Las dos publicaciones más importantes sobre este suelo precolombino son Lehman *et al.*, 2003, y Woods *et al.*, 2009.

El cercamiento del yo y la reciprocidad cosmocéntrica

ron, Girvan, su abuela y yo nos quedamos en la habitación ahora silenciosa. Carmen Tapullima Salas me parecía que tenía algo de 90 años. Ella era frágil pero lúcida. Girvan me dijo que no sabía su edad, porque ella no tenía un certificado de nacimiento. En aquellos tiempos, esas sutilezas no siempre ocurrían. Después de una charla para sentirnos cómodos entre nosotros, le pregunté a la señora Carmen sobre las ofrendas en la chacra y ella dijo: «Sí, solía llevar siempre mi *shaño* y dárselo a Mama Allpa.[3] Eso hacíamos en esos tiempos». Girvan explicó:

> Los ingenieros nos hicieron sentir avergonzados de esta práctica, diciéndonos que era una superstición tonta. Ahora solo algunos viejos lo hacen, pero en muchas comunidades ya no se hace este pago.[4] Pero tú misma escuchaste a los comuneros de Shukshuyaku decir ayer que continúan encontrando pedazos de cerámica en las chacras viejas. Eso les dice que sus ancestros antes los ofrecían a la Mama Allpa.

De hecho, antes habíamos ido a Shukshuyaku –una comunidad nativa donde traía a mis estudiantes– para la primera siembra de la campaña agrícola de junio.[5] Puesto que la *yana allpa* que estamos

3. *Shaño* es la palabra quechua local que se refiere a piezas de cerámica rotas que las ceramistas muelen también hasta convertirlas en polvo y agregan a la arcilla nueva para hacer vasijas nuevas. Mama Allpa es el espíritu de la tierra. *Allpa* significa también «suelo». *Chacra* es una palabra quechua que ha entrado en el idioma español local y significa huerto donde se cultivan los alimentos. Agradezco a Barbara Galindo Marcos estas informaciones sobre palabras quechua.
4. «Ingenieros» se refiere a los agrónomos que mayoritariamente son mestizos (descendientes de indígenas y europeos) y cuya formación científica genera este tipo de actitud. Sin embargo, como escribe Báez, 2008, el acto de avergonzar a los indígenas comenzó tan pronto como los españoles invadieron lo que es hoy América Latina.
5. Existen dos campañas agrícolas importantes en estas estribaciones tropicales orientales de los Andes peruanos, junio y diciembre, donde los agricultores indígenas practican la agricultura de roza y quema, utilizada para abrir campos para la siembra

214 La voz de Frédérique

recreando en nuestro centro fue descubierta por arqueólogos en el siglo pasado y está llena de fragmentos de cerámica, los comuneros se entusiasmaron por recordar la práctica de sus antepasados y ofrecer la cerámica rota a la tierra antes de sembrar.

Examinando la literatura sobre la tierra negra Amazónica (TNA), conocida popularmente en Brasil como *terra preta do indio* («la tierra negra de los indígenas»), la mayoría de los autores consideran que muchas de las piezas de cerámica rota encontradas en la TNA provienen de basureros. Algunos han sido encontrados junto a lugares funerarios; y un ensayo de una antropóloga que estudia la cerámica de los pueblos contemporáneos *Asurini do Xingu*, en Brasil, informa que a la muerte de una mujer (entre los kichwa-lamas, las mujeres también son las ceramistas) sus cerámicas son rotas.[6]

El único arqueólogo que informó sobre el hecho de que las cerámicas rotas encontradas en *terra preta* provienen de ofrendas a las deidades/espíritus es Alfredo Narváez Vargas, un arqueólogo y antropólogo peruano que ha excavado uno de los principales sitios arqueológicos de Chachapoyas, Kuélap. Lo que me dijo el doctor Narváez Vargas, en Lamas, es que excavó en unas pocas terrazas agrícolas arqueológicas cerca de Kuélap, donde encontró una capa densa de suelo orgánico negro que se diferenciaba fácilmente del color amarillo de las capas geológicas. En la capa negra encontró fragmentos de cerámica que consideró como restos de ofrendas.[7] Esta descripción de sus hallazgos se corresponde, estrechamente,

---

de alimentos en el monte que producen de uno a cuatro años hasta que el suelo se agota y otra chacra se abre en el monte.

6. Silva en Lehmann *et al.*, 2003: 373-385.
7. El doctor Narváez basa su identificación de la cerámica rota como proveniente de ofrendas en sus hallazgos en un sitio en Túcume en la costa noroeste del Perú, donde encontró una gran cantidad de tales fragmentos en un pequeño altar de la Piedra Sagrada de Túcume, un sitio contemporáneo con Kuélap.

con las descripciones de los arqueólogos de los sitios de *terra preta* en la Amazonía Baja. Esta información es muy relevante aquí, ya que Lamas se encuentra en el límite del área cultural precolombina de Chachapoyas.

Sin embargo, nadie que yo sepa ha informado sobre la práctica de los kichwa-lamas de ofrecer las piezas de cerámica rota a los diversos espíritus de la chacra. Los espíritus más importantes de la chacra son: Mama Allpa, el suelo/tierra; Yakumama, la lluvia/agua; Mama Killa, la luna; Tayta Inti, el sol, y Sachamama, el espíritu de la selva amazónica. Muchas de las ancianas kichwas guardan algunas piezas de cerámica para ofrendas. También hacen ofrendas de cerveza de maíz (llamada chicha), la ofrenda precolombina tradicional.

Las ofrendas de las piezas de cerámica se llevan a cabo antes de la siembra y en la cosecha de cada una de las dos principales campañas agrícolas. Estas son las principales ocasiones durante el año, aunque no las únicas, en que las personas involucradas en la agricultura hacen estas ofrendas. Desde que la agricultura se convirtió en la principal actividad de los kichwa-lamas, la mayoría de ellos solían hacer estas ofrendas. Sin embargo, las seducciones de la modernidad, combinadas con la actitud desdeñosa de los mestizos dominantes hacia estas prácticas, la han erosionado profundamente.

A pesar de que los agricultores mestizos pobres practican las mismas técnicas agrícolas que los kichwa-lamas –la agricultura de roza y quema, siembra según las fases de la luna, el policultivo, etcétera–, es mucho menos probable que ellos hagan las ofrendas a los espíritus de la chacra. En cualquier caso, los kichwa-lamas mantienen sus prácticas rituales para ellos mismos y tienen cuidado de protegerlas de la mirada desdeñosa de los miembros de la sociedad dominante. Aunque las leyes coloniales de «la extirpación de la idolatría» ya no se aplican, su espíritu está vivo.[8] El recuerdo de la ferocidad mortífera con que se hicieron cumplir estas leyes no se ha desvanecido por completo entre los indígenas. Cabe señalar, además, que los movimientos evangélicos han incursionado profundamente en la Alta Amazonía del Perú y los kichwa-lamas que pertenecen a las Iglesias evangélicas han dejado de hacer tales ofrendas, consideradas obra del diablo por esos movimientos.

Me parece que, en las parcelas precolombinas de tierra negra que eran más densamente pobladas, estas prácticas podrían explicar las cerámicas rotas encontradas en esas parcelas por toda la cuenca amazónica. Es bien sabido, además, que al menos en la cultura precolombina de los huaris, que floreció en el centro de los Andes, las cerámicas rituales elaboradas se rompían en pedazos después de una ofrenda. Pude admirar tales vasijas reconstruidas en los museos arqueológicos de Ayacucho y del distrito de Pueblo Libre en Lima. Según el profesor Thomas Cummins, de la Universidad de Harvard, reconocido especialista en cerámica precolombina peruana (entre otros temas), tal práctica de destrozar las cerámicas utilizadas en las ofrendas bien podría haber sido una práctica generalizada que se extendía hasta el Bajo Amazonas.[9]

Puesto que la cerámica en la Baja Amazonía es anterior a cualquier otra cerámica en el resto de las Américas (véase más abajo), es muy probable que tal práctica incluso se haya originado en esta región. El hecho de que el arqueólogo peruano Alfredo Narváez Vargas encontrara la tierra negra amazónica, en el área de la cultura Chachapoyas, repleta de cerámica y que, además, afirme que estos

---

8. La literatura sobre la brutal erradicación de la espiritualidad indígena durante el periodo colonial es bastante amplia. Remito al lector a un excelente informe sobre esto desde la época colonial hasta la era actual de la globalización: Baez, 2008. Véase también Todorov, 1984.

9. Comunicación personal en diciembre de 2011.

son los remanentes de ofrendas a las deidades/espíritus es, hasta el momento, la evidencia más fuerte de una práctica continua entre la población indígena de hacer tales ofrendas en sus campos de cultivo.[10] El complejo arqueológico de Kuélap, en Chachapoyas, se encuentra a unos 3.000 metros de altitud y está lleno de andenes de piedra, así como también de andenes construidos con material perecible, pues solo queda un cambio abrupto de nivel que indica que dichos andenes fueron construidos con el uso de material perecedero.

Ofrendando a los espíritus y la reciprocidad cosmocéntrica

Aunque la mayor parte de la literatura sobre TNA no habla de su aspecto espiritual y es abrumadoramente cuantitativa y científica, Gerry Gillespie, en *De la ciudad al suelo: el retorno de lo orgánico a la agricultura. Un círculo de sostenibilidad* (2009), se acerca a esto.[11] Luego de señalar que las comunidades exitosas en todo el mundo siempre han devuelto materia orgánica al suelo y que estas acciones son la base misma de la sostenibilidad de estas comunidades, señala que tales actos fueron «un intento intencional y consciente de mantener un vínculo entre los individuos y su productor de alimentos. Tanto como cualquier otra acción, esta fue un acto de respeto».[12]

Esto es lo más cercano en la literatura sobre TNA que viene a ser algo que podría llamarse espiritual. De hecho, ese respeto por la tierra, así como el respeto por todos los demás seres/espíritus

---

10. Alfredo Narváez aún no ha publicado sus hallazgos sobre TNA en el área arqueológica de Chachapoyas. Esta información es de una comunicación personal en Lamas, el 11 de agosto de 2012.
11. Gillespie en Woods *et al.*, 2009: 465-472.
12. Gillespie en Woods *et al.*, 2009: 465.

involucrados en el cultivo de alimentos, es típico de las sociedades campesinas e indígenas de todo el mundo; también era típico de la agricultura europea premoderna. Como he argumentado, con el advenimiento del «movimiento de los cercamientos», la Reforma y la Revolución científica, los intercambios de ofrendas entre los humanos y no humanos involucrados en el cultivo de alimentos –como el suelo, el agua, el sol y la luna, entre otros– comenzaron a verse como actos mágicos desprovistos de eficacia.

Las ofrendas hechas al suelo, encarnadas localmente en su espíritu Mama Allpa, promulgan enfáticamente un vínculo consciente e intencional de respeto entre los humanos y el suelo que reconoce, simultáneamente, la agencia de la tierra. No solo se establece un vínculo de respeto, sino también la conciencia de que, sin un don de retorno al suelo/tierra, el éxito de la agricultura está en peligro. La tierra/suelo da su producto, lo que permite que los humanos vivan y los humanos expresen su conciencia de su dependencia de esos dones ofreciendo algo a cambio al suelo. Estos intercambios recíprocos de dones promulgan un ciclo regenerativo que constituye lo opuesto a las acciones extractivas en una economía moderna. En esta última, el suelo se considera un recurso natural más que una madre sagrada.

La agricultura es una serie de acciones concertadas que realizan diversos actores: los humanos, que preparan los campos, seleccionan las semillas, preparan el suelo, etcétera, y los actores no humanos, como la tierra, el agua, el sol, la luna, entre otros. Sin las acciones del suelo, del agua, del sol y de la luna –cuyas fases inciden en la subida y bajada de todos los líquidos, desde el mar con sus mareas hasta la savia de las plantas–, la agricultura no sería posible.[13] Como

---

13. Un professor de agronomía de la Universidad Nacional de San Martín, el doctor Jaime Alvarado Bremer, ha realizado un estudio científico del efecto de las fases de la luna en la agricultura, publicado en una presentación en PowerPoint, «Las

El cercamiento del yo y la reciprocidad cosmocéntrica

he documentado con cierta extensión en otra parte de mi libro *Espiritualidades Subversivas* (*Subversive Spiritualities*, 2011), la agencia del mundo no humano es una característica que ha sido aceptada particularmente en el campo de los estudios científicos críticos y entre ciertos físicos cuánticos. Tanto es así que el antropólogo/filósofo francés Bruno Latour, cuyo trabajo ha contribuido bastante a este reconocimiento, ha titulado uno de sus libros *Nunca fuimos modernos*.[14] El paradigma clásico cartesiano/boyliano/newtoniano de un mundo mecánico, insensible y sin agencia ha sido efectivamente desplazado, aunque este cambio de paradigma apenas ha comenzado a filtrarse en la cultura moderna en general e, incluso, en las universidades.

Como han revelado los descubrimientos sobre la Tierra Negra Amazónica y otros fenómenos antropogénicos en el lugar, la selva amazónica es cualquier cosa menos virgen. Es el resultado de milenios de acciones concertadas realizadas por humanos precolombinos y todos los no humanos de esa localidad, o más bien seres que encarnan esas acciones concertadas.[15] Por ejemplo, la tierra se convierte en Mama Allpa, un ser a quien se hacen oraciones y ofrendas, que está dotado de comprensión, voluntad y sensibilidad y responde a las acciones de los humanos. En la modernidad, el suelo se ha convertido en un «recurso natural» desprovisto de agencia, sensibilidad y comprensión. Un recurso natural es simplemente algo que los seres humanos podemos utilizar, explotar, sin sentir que al hacerlo estamos mostrando una falta de respeto. Es decir, un recurso natural no nos

---

fases de la luna y su influencia en los cultivos agrícolas», 2005. Sin embargo, Alvarado Bremer no incluye en este trabajo la práctica y el conocimiento de los kichwa-lamas, pero muestra científicamente con éxito el efecto de las fases de la luna en el crecimiento de las plantas.

14. Latour, 1993.
15. Sobre este tópico véanse, entre otros, a Balée, 2013; Hecht y Morrison, 2014; Posey, 1999.

obliga a corresponder por lo que tomamos, ya que no tiene voluntad ni sensibilidad y, por lo tanto, la reciprocidad no tiene sentido.

Como se sabe, donde la preservación de los recursos naturales ha sido una preocupación, la lógica de la modernidad ha llevado a calcular sus valores monetarios o, en el lenguaje economicista, visibilizar y cuantificar las externalidades, lo que en la actualidad se llama economía verde. Sin embargo, la economía verde no es más capaz que la economía neoclásica de ayudarnos a los humanos a promulgar rituales regenerativos de reciprocidad con el mundo no humano, ya que dar un valor monetario a aspectos del mundo no humano no reconoce, en ningún sentido, su voluntad o sensibilidad.

Solo he escrito en términos del suelo. Sin embargo, tanto en la cosmología indígena amazónica como en las cosmologías campesinas europeas premodernas, el mundo estaba animado, como se trató ampliamente en los capítulos anteriores, por una multiplicidad de presencias todas incluidas en una «alma mundial» o *anima mundi* que no nos excluía a nosotros, los humanos. Es decir, la naturaleza y la cultura no fueron concebidas como categorías mutuamente excluyentes como lo son en la modernidad. Los actos que nos hacen conscientes de la necesidad de volver a la tierra son fundamentales para sostener la civilización y son casi universales, siendo la modernidad occidental la flagrante excepción. Estos actos deben recuperarse, simplemente se dan por sentados entre las sociedades campesinas e indígenas de todo el mundo y, en su mayoría, han sido tratados por los antropólogos bajo la etiqueta de la «economía del don». Es necesario que dé una breve mirada crítica al concepto antropológico.

Repensando la economía del don

El término «economía del don» se acuñó en el libro *Ensayo sobre el don* (*Essai sur le don*, 1925), del antropólogo francés Marcel Mauss,[16] que se convirtió en un clásico en el campo de la antropología. Mauss capturó con las palabras «el espíritu del don» elaborados rituales de intercambio en sociedades no modernas a pequeña escala y el ejemplo que eligió fue el del pueblo indígena maorí de Nueva Zelanda.

Mauss afirma que en la costumbre maorí «este vínculo creado por las cosas es, de hecho, un vínculo entre personas».[17] Esta visión de que los intercambios de obsequios consisten en crear vínculos entre las personas humanas, haciendo así invisible o ineficaz la presencia de los espíritus, ha dominado la literatura antropológica sobre este tema. Los intercambios de obsequios transmiten siempre obsequios a seres invisibles, a saber, las deidades o espíritus o antepasados. Solo entonces estos llamados intercambios de dones se vuelven verdaderamente regenerativos.

Ver los intercambios de obsequios como algo «de hecho» entre los seres humanos está en consonancia con la fuerte tendencia de la antropología a considerar que los espíritus, las deidades y otros seres invisibles representan una realidad que pertenece a algún otro aspecto del dominio humano, es decir, cultural, como el semiótico, el social, el político, el económico, o algún otro aspecto de la realidad humana. En general, los eruditos en este campo no han tomado la ruta de dar agencia a aquellos aspectos del mundo natural responsables para el sustento de nosotros (los seres humanos) ni reconocido la necesidad de que los humanos

---

16. Mauss, 1967 (1925).
17. Mauss, 1967 (1925): 10.

correspondan a aquellos a través de ofrendas para regenerar los dones.[18]

Las bondades del mundo no humano se regeneran mediante constantes ofrendas ritualizadas entre las personas y los espíritus, como en nuestro caso Mama Allpa, el espíritu de la tierra y todos los demás espíritus de la chacra. Son estas acciones constantemente reiteradas de hacer ofrendas y, por lo tanto, de reciprocidad, las que aseguran la posibilidad continua de recibir sustento y no agotar la fuente de sustento. Es decir, es la reiteración constante de rituales de ofrendas recíprocas lo que asegura la regeneración de la fuente de los dones.

El don, según Mauss y muchos después de él, aumenta la sociabilidad, es decir, los lazos entre humanos. Yo diría que aumenta también la espiritualidad si entendemos por este término un flujo continuo que va más allá de uno mismo y más allá de la propia comunidad humana hacia el mundo no humano y de sus diversas encarnaciones espirituales. Como deja en claro el profundo entendimiento de Lewis Hyde: «Si esto no fuera así, si el donante calculara su devolución, el don sería retirado del todo y entraría en el ego personal, donde pierde su poder».[19] El reconocimiento de Lewis Hyde de la realidad crucial del «todo» es fundamental, y, más adelante, tendré la oportunidad de volver a esta profunda percepción. Este «todo» apunta a la inseparabilidad del ser humano y la naturaleza y, con ello, a la posibilidad de percibir lo que, para nosotros, los modernos, permanece invisible e irreal.

Tales dones recíprocos merecen ser etiquetados con el término de «reciprocidad cosmocéntrica». Esta reciprocidad en la que la

---

18. Esta situación ha comenzado a cambiar bajo la influencia del trabajo de la física cuántica de Karen Barad, que inspiró mi libro de 2011 y que se conoce como «el giro ontológico».
19. Hyde, 1983: 128.

El cercamiento del yo y la reciprocidad cosmocéntrica

regeneración de las fuentes de sustento no se toma como un proceso natural o biológico automático, sino que se reconoce que depende de la acción recíproca ritual adecuada de los humanos. La regeneración surge de las interacciones entre los humanos, los no humanos y los espíritus. Es un tipo de reciprocidad radicalmente no antropocéntrico. Es decir, es una reciprocidad profundamente diferente de la economía capitalista antropocéntrica y extractivista.

Los espíritus de la chacra para los kichwa-lamas no son proyecciones del mundo humano sobre el mundo no humano, metáforas utilizadas por los humanos para representar el mundo no humano. Más bien, encarnan, literalmente, aquello que permite a los humanos vivir en un lugar particular, cosechando los alimentos del mundo no humano o natural sin agotarlo. Los humanos corresponden a sus fuentes no humanas de sustento, con ofrendas a estas, cuya agencia es reconocida y está típicamente encarnada en un espíritu nombrado cuya necesidad de recibir respeto y gratitud es igualmente reconocida. Los espíritus tienen una identidad similar a la humana: Mama Allpa es tanto un espíritu como el suelo/tierra; Mama Killa es tanto la luna como un espíritu, etcétera. Estas acciones constituyen una severa restricción a la explotación del mundo no humano, ya que tal comportamiento explotador abriría a uno (y al grupo de uno) a la represalia de los espíritus. Estas represalias también pueden reconocerse en la degradación del suelo –el sustentador de la civilización– el bosque, las fuentes de agua, etcétera. Las ofrendas rituales a las fuentes de sustento aseguran la regeneración de esas fuentes y encarnan un reconocimiento implícito de que esta regeneración depende de las acciones humanas adecuadas y no es automática.

Los espíritus o deidades posibilitan ciertos tipos de acciones y hacen que otras acciones sean difíciles, reprensibles o pecaminosas. Las consecuencias de tales acciones son a la vez materiales o físicas y, al mismo tiempo, también discursivas y espirituales.[20] La diferencia entre un recurso natural y el espíritu del bosque o del suelo/tierra marca la diferencia entre la explotación y la regeneración de esas fuentes de sustento. También sirven para poner límites severos a los usos humanos de estos dones. Estos rituales «restablecen o desarrollan» una regeneración biocultural continua a través de una variedad de acciones y expresiones que encarnan el entrelazamiento de los humanos, los no humanos y los espíritus. Son estos entrelazamientos los que quiero capturar con el término «reciprocidad cosmocéntrica». Es decir, que la reciprocidad cosmocéntrica es un sistema regenerativo y no explotador en el que la redistribución entre los humanos, los no humanos y el reino espiritual tiende a producir equidad en lugar de diferencias marcadas en la riqueza entre los humanos, además de asegurar la regeneración de las fuentes de sustento para los humanos.

Los reformadores en la Europa del siglo XVI llamaron a tales rituales «mágicos» debido a su insistencia en la separación total entre los humanos, los no humanos y lo religioso/sagrado, es decir, Dios. La separación entre la Tierra y Dios fue también central para la Iglesia. Pero este último había declarado sagrados algunos lugares de la Tierra. Sin embargo, la sacralidad de tales lugares no surgió de la divinidad que reside en ellos, sino de las acciones de los representantes de la Iglesia.

La situación fue más extrema con los reformadores. Para ellos, la agencia, la voz y el significado se convirtieron en atributos exclusivamente humanos, así como en las prerrogativas de un dios completamente alejado de la esfera terrenal. Desde la separación, por parte de los reformadores, entre lo material y lo espiritual, tales

---

20. Para un argumento sobre el entrelazamiento de lo material y lo discursivo, utilizando la comprensión de Niels Bohr de la mecánica cuántica, consulte el capítulo 4 de mi libro de 2011 basado en gran medida en el trabajo de Karen Barad.

rituales de regeneración solo podían ser entendidos como humanos que representaban, simbólica o metafóricamente, a los no humanos que se volvían pasivos y silenciados. Así como los puritanos de una Nueva Inglaterra, como John Winthrop, podían sentirse legítimos al expulsar a los indígenas de la tierra, los conquistadores y las autoridades del Perú colonial se sentían legítimos al promulgar las leyes de extirpación de la idolatría, que tenían como objetivo impedir a los nativos realizar sus rituales regenerativos, vistos como obra del diablo. Para los españoles, los espíritus eran diablos, diablos que, por supuesto, reconocen su existencia, pero los demonizan.[21] Esto contrasta marcadamente con la visión modernista que los considera no reales, sino más bien proyecciones de la mente humana.

En la actualidad, estamos alejados del control de la Reforma y su efecto, y no solo en la Iglesia con la Contrarreforma, sino también en todo, incluida una antropología secularizada.[22] Las acciones claves que se necesitan son con aquellas entidades del mundo natural que tienen voluntad e interactúan con los humanos, para asegurar su sustento continuo. Esto es, en mi opinión, un esfuerzo material y espiritual que merece la etiqueta de «reciprocidad cosmocéntrica».

21. Sobre este punto, véanse especialmente los capítulos 5 y 6 de mi libro de 2011.
22. Como muestra Batnitzky, en su libro de 2011, la categoría de «religión» es protestante desde que para el judaísmo, como para el hinduismo y probablemente para muchas otras tradiciones espirituales, la espiritualidad de uno no es un asunto privado de «creencias» mantenido en la privacidad de la mente y el corazón de uno, sino toda una forma de vida. Pero también muestra cómo esta categoría se volvió ineludible para todos a través del establecimiento por parte del Estado-Nación de una separación entre una esfera pública propiamente política y una esfera privada a la que pertenecía la «religión». La secularización de la antropología y, en realidad, del sistema educativo moderno en su conjunto es parte de este fenómeno. Para la antropología, este desarrollo es a la vez irónico y problemático, desde que por lo general las personas que estudia no reconocen algo así como una esfera totalmente secular.

La situación ecológica actual
en la Alta Amazonía del Perú

Cuando descubrí la existencia de *terra preta*, hace varios años, al leer el libro de Charles Mann de 2005, inmediatamente me pareció digno de un estudio más profundo y también de una posible aplicación en la región.[23] Para entonces llevaba unos 15 años viniendo a Lamas y era consciente de la urgencia de la situación: la práctica local de la agricultura de roza y quema por parte de los agricultores indígenas y mestizos pobres.

Lamas se ubica en el departamento de San Martín, al noreste de Lima, en las estribaciones tropicales orientales de los Andes, y este departamento tiene la dudosa distinción de tener la tasa más alta de deforestación en todo el Perú.[24] Cada año que vuelvo a Lamas, hay menos bosque. La deforestación es el resultado de varios factores. La región experimentó, de 1980 a 1990, un enorme aumento en la producción de coca para el comercio ilegal de cocaína. Localmente, este oficio fue identificado como el «bolsillo de los movimientos guerrilleros». Este comercio ilícito significó una enorme cantidad de deforestación para dar paso a los campos de coca.[25]

---

23. Mann, 2005.
24. Panduro y Rengifo, 2001: 12.
25. La coca es una planta tradicional originaria de la región del Alto Amazonas y es utilizada en la región de la sierra con fines medicinales y rituales desde tiempos inmemoriales. El aumento de la producción de coca durante las décadas de 1980 y 1990 se debió al enorme aumento de la demanda de cocaína en Estados Unidos. Los usos tradicionales requieren la hoja seca sin procesar con un contenido de alcaloides no superior al 2 %, mientras que la producción de cocaína trata químicamente la planta y la transforma en una droga con un contenido de alcaloides de alrededor del 80 % y requiere una cantidad mucho mayor de hoja. Desde que el gobierno de Alberto Fujimori (1990-2000) encarceló al cabecilla de Sendero Luminoso (en 1992) y arrestó a los líderes del otro movimiento guerrillero, el MRTA, el cultivo de coca en la región ha disminuido drásticamente.

Además, desde que se abrió la región con la construcción de una carretera en la década de 1960, por parte del primer Gobierno de Fernando Belaunde (1963-1968), se ha generado una cantidad vertiginosa de inmigración de campesinos hambrientos de la sierra o la costa del país. Con el estímulo oficial del gobierno para la agricultura de monocultivo industrial y la ignorancia de los migrantes sobre la naturaleza especial de los suelos arcillosos pobres de la Amazonía, se han talado también grandes extensiones de bosque para dar paso a la ganadería o la agricultura comercial con cultivos como la coca, arroz, maíz, caña de azúcar o algodón.

La agricultura de roza y quema (o itinerante) fue introducida cuando los españoles, en el siglo XVI, trajeron herramientas de acero (véanse los detalles más adelante). Los expertos calculan que, para que este método de agricultura sea sostenible, una familia debe poseer como mínimo 50 hectáreas de terreno.[26] La cantidad promedio de terreno de los agricultores indígenas en la actualidad es de 3 a 10 hectáreas.[27] Esto ha conducido a periodos de barbecho más cortos entre los claros, con el resultado de que el bosque secundario, que se regenera en las chacras abandonadas, es progresivamente menos vigoroso y finalmente cesa por completo, dejando la tierra degradada donde los cultivos ya no se pueden cultivar y el bosque ya no se regenera.

La situación de los pueblos indígenas locales en esta región es el resultado de su conquista en 1656 por Martín de la Riva y Herrera. Como era costumbre en los españoles de los siglos XVI y XVII, la población indígena fue reubicada y reducida en nuevos asentamientos

---

26. Conferencia en mi programa de estudios en el extranjero impartida por el ingeniero agrónomo Dr. César Enrique Chappa, de la Facultad de Agronomía de la Universidad Nacional de San Martín en Tarapoto, enero de 2007.

27. Comunicación personal, Cooperativa Agraria Cafetalera Oro Verde, Comercio Justo, Lamas.

228   La voz de Frédérique

para facilitar el control y la evangelización. Los descendientes de estos pueblos indígenas todavía se los puede encontrar en la zona de Lamas llamada Wayku, donde fueron reubicados por primera vez, así como también en unos trescientos pequeños asentamientos rurales en la región, adonde se dispersaron en los últimos 120 años. Los pocos españoles que se asentaron en el pueblo de Lamas se cruzaron con las mujeres locales y crearon una población mestiza, un proceso que ha continuado hasta ahora. Cuando los hijos de tales uniones son reconocidos por el padre, ellos adoptan los apellidos españoles y se identifican con la lengua, la cultura y las costumbres españolas. Desde la Conquista, los miembros más poderosos de la población mestiza han dominado y explotado a los habitantes indígenas, quienes han sido relegados a las tierras más pobres en las laderas más empinadas y han prohibido el acceso a la educación a los indígenas hasta tan recientemente como la década de 1970.

Los líderes de los kichwa-lamas son conscientes del problema. El expresidente de la más grande de las seis organizaciones kichwa-lamas, el Consejo Étnico de los Pueblos Kichwa de la Amazonía (Cepka), Misael Salas Amasifuen, así lo afirmó en su charla con estudiantes universitarios estadounidenses, parte de un curso de verano que dirigí, el 31 de julio de 2011:

> Nuestra costumbre es hacer chacras en el monte, tumbando los árboles sin arrancarlos de raíz y luego quemamos las ramas. Después de tres a cuatro años, dejamos que el bosque se regenerara durante unos 8, 10, hasta 15 años y luego volvemos a tumbar los árboles. Somos tres hermanos y nuestra madre viuda. Juntos somos propietarios de 18 hectáreas y ya no podemos abrir grandes chacras. Solo podemos hacer chacras pequeñas. Ya no podemos talar el monte y cada vez se degradan más tierras. ¿Cómo vamos a sobrevivir si talamos el pequeño monte que nos queda? Tendremos que migrar y no quere-

mos hacer eso. Esperamos que su centro pueda ayudarnos a aprender otra forma de cultivar alimentos que no requiera talar el monte.[28]

La gran mayoría de los kichwa-lamas dependen de sus chacras para sobrevivir. Gracias al trabajo comunal –llamado *maki-maki* o *choba-choba*, en quechua, donde familiares, vecinos y amigos forman grupos para trabajar juntos en los campos o los proyectos de los demás–, la necesidad por el dinero es mínima. En la actualidad, desde que el gobierno central exige que todos los niños asistan a la escuela, lo que significa que los padres deben comprar uniformes y otros suministros, la necesidad por el dinero ha aumentado considerablemente. Los kichwas suelen vender en los mercados locales los excedentes de producción que cultivan en sus chacras. También venden su mano de obra para adquirir dinero en efectivo, por ejemplo, en momentos de máxima demanda durante la cosecha de café y en otras labores agrícolas. Sin embargo, su capacidad para cultivar sus propios alimentos no es solo una necesidad económica, sino también la garantía de su autonomía. Es esa autonomía la que, a su vez, les permite mantener en gran parte su identidad distintiva. Por lo tanto, la soberanía alimentaria de los kichwa-lamas no solo significa su supervivencia física, sino también su sostenibilidad política y cultural.

Dado que la roza y quema es su forma de agricultura y que requiere bosques, los kichwa-lamas están muy activamente involucrados en negociaciones con el gobierno regional para la administración de la reserva de conservación del bosque local, ubicada en la cercana cordillera Escalera y que, además, es parte de su territorio ances-

---

28.   Grabé este discurso y este extracto es literal. Fue este pedido de Misael Salas Amasifuen lo que me decidió a enfocar el trabajo de mi centro en la regeneración de Yana Allpa, un trabajo que continúa.

tral. Lo que me llamó mucho la atención es que los kichwa-lamas no tenían planes de continuar con su forma de agricultura en esas reservas forestales.

Lo que me sorprendió de esa actitud de los kichwa-lamas es que parecen aceptar la lógica de la separación entre actividades utilitarias, por un lado, y la conservación o preservación, por otro. A pesar de que conciben actividades de caza, recolección en el bosque y otras también, rechazan la elaboración de chacras en él y, por lo tanto, la soberanía alimentaria a través de su forma tradicional de agricultura de roza y quema. El área de conservación forestal creada por el Gobierno peruano, y administrada por el Gobierno Regional de San Martín, es heredera de las primeras áreas históricas de conservación de este tipo. Estas fueron creadas en Estados Unidos, en la segunda mitad del siglo XIX, como parques naturales.

Como el historiador William Cronon de tales parques nos ha hecho a todos conscientes, estas «reservas naturales» fueron reconvertidas en el Templo de Dios.[29] Como muestra Cronon, el cercamiento de los indígenas en las reservas, al final de las guerras indias en la segunda mitad del siglo XIX, así como la desaparición de la frontera, fueron ingredientes claves en la invención de esas reservas. Un parque natural o reserva se constituyó como un espacio no utilitario de la naturaleza nacional sagrada. Cronon señala: «Hasta hoy los *blackfeet* (los indígenas llamados en inglés "los pies negros") continúan siendo acusados de "la caza furtiva" en las tierras del Parque Nacional Glacier que originalmente les pertenecían y que fueron cedidas por tratado solo con la condición de que se les permitiera cazar allí».[30] Como se sabe, la idea de parques naturales y luego de las reservas de la biodiversidad se exportó a todo el mundo y

29. Cronon, 1996: 72.
30. Cronon, 1996: 79.

generalmente excluía a los pueblos indígenas que viven en/de estas tierras. Sin embargo, recientemente varios gobiernos han cambiado de rumbo y han permitido que las personas que solían vivir en tales tierras tengan el derecho a continuar permaneciendo en ellas.[31] Está claro que, para los kichwa-lamas, como para los pueblos indígenas en todas partes, lo sagrado y lo utilitario no están separados.[32]

La explicación articulada por el consejo de los kichwa-lamas se fundamenta porque acordaron no practicar la agricultura en el área de conservación forestal. Afirman que queda tan poco bosque que, de continuar practicando la tala y la quema en el área de conservación, se conduciría a la misma situación que existe en las comunidades nativas. El consejo enfatizó la urgencia de preservar los bosques para la identidad misma de las generaciones futuras.[33] En su charla con mis alumnos, en julio de 2011, Misael Salas Amasifuen enfatizó la necesidad de proyectos bajo la dirección de expertos para introducir nuevas formas de agricultura permanente en las comunidades nativas. Como me confirmó al final de su charla, tenía en mente nuestro propio proyecto chacra-huerto en el Centro Sachamama. Son precisamente estas conversaciones las que me condujeron a crear un proyecto de agricultura permanente en colaboración con los kichwa-lamas. Hemos denominado este trabajo como el proyecto chacra-huerto para comunicar de inmediato que la chacra alimentaria no necesita estar en el monte, lejos de los asentamientos, sino que puede también ser elaborada cerca de ellos, como los huertos

---

31. Como señala Luis Vivanco (2006), las reservas forestales de biodiversidad «reflejan y confirman conceptos autorizados de naturaleza salvaje museizada y despoblada». Para otras denominadas áreas silvestres construidas de manera similar y artificiales, consulte Haraway, 1989: 26-58.

32. Sobre este punto, véase Apffel-Marglin y Parajuli, 2000: 291-316.

33. En el Centro Sachamama apoyamos plenamente los esfuerzos de los kichwa-lamas para tener el control de la reserva biológica cordillera Escalera.

de la casa. Los huertos contienen árboles frutales, hierbas, plantas medicinales, así como el tomate y el ají local, cultivos originarios de la región de la Alta Amazonía. Estos huertos son permanentes y cuidados mayoritariamente por las mujeres de la casa.

Para recapitular, he intentado sugerir que la forma de cultivar alimentos y otras actividades por parte de los kichwa-lamas, especialmente los intercambios recíprocos entre ellos y los espíritus del cosmos, equivale a un yo fuertemente connatural con el mundo no humano, pero también a uno en conexión diaria e íntima con los espíritus, los seres invisibles. Es decir, un yo que no ha sido completa o fuertemente cercado y, por lo tanto, no ha sido distanciado de la naturaleza y del mundo espiritual.

La situación de Randy

Lo anterior ha dibujado el contexto natural y cultural más amplio en el que vive Randy. Ahora bien, Randy no es un kichwa-lamas en sí, aunque su madre proviene de un entorno campesino mestizo pobre y comparte mucho con sus vecinos indígenas, pero no sus prácticas espirituales en general. Ella misma se convirtió en una maestra de secundaria como su esposo y, como se mencionó, comparten la cosmovisión secular. Ellos rechazan el camino del curanderismo, el camino chamánico. Randy no creció inmerso en este contexto. Lo más factible es que él lo supiera de una manera muy vaga y, en general, no se puede decir que estas fueran sus creencias o sus experiencias personales mientras crecía.

Esta profunda diferencia con las prácticas indígenas hizo que Randy intentara rechazar lo que sus iniciadores le estaban ofreciendo. Sin embargo, él fue incapaz de tal rechazo. Debo enfatizar que la palabra «incapaz» captura la intención con el levantamiento de su brazo al agarrar la espada que se le presentó –y con lo que selló su aceptación del camino chamánico al final de su primera iniciación–, sucedió a pesar de sí mismo, por su propia cuenta, a pesar de su propia voluntad, como me explicó. La voluntad de sus iniciadores desencarnados sobrepasó por completo su propia voluntad y deseo. Dado que Randy no experimentó largos años de aprendizaje con chamanes vivos, él no podría haberlo absorbido y hechas suyas su cosmovisión y sus experiencias. Los espíritus repentinamente brotaron sobre él sin previo aviso, sin que se lo pidieran y sin conocerlos.

Es importante recordar que Jacques Mabit, quien fue crucial en la tutoría de Randy al principio, había elegido convertirse él mismo en chamán y buscó maestros chamanes vivos en la región de Tarapoto. Jacques aprendió con esos maestros durante muchos años, después de lo cual los espíritus guardianes del monte, en una visión, le pidieron que correspondiera a esas enseñanzas curando a los drogadictos. Hay que recordar que en esta región la forma normal de convertirse en chamán es a través del aprendizaje con un chamán vivo. Lo último es también el caso de Davi Kopenawa, el chamán Yanomami, a quien su suegro le enseñó, lo cito en el segundo capítulo de la primera parte. La iniciación espontánea, por parte de los espíritus, es extremadamente rara en esta región y yo nunca había oído hablar de ella en más de 25 años de asistencia regular a las ceremonias de ayahuasca.[34]

Aunque no se puede equiparar a Randy con un habitante plenamente aculturado de la modernidad con un yo completamente cercado, tampoco se le puede equiparar con un kichwa-lamas casi sin yo cercado. Estos hechos no pueden pasarse por alto y me obligan a formular preguntas muy difíciles. Antes de ser más explícita al respecto, permítanme afirmar inequívocamente que, aunque a Randy le

---

34. Sin embargo, la evidencia académica menciona que esto sucede. Véase especialmente Eliade, 1972, y Joan Halifax, Nueva York, 1982.

costó aceptar el camino del curanderismo, él nunca tuvo duda de lo que estaba experimentando, viendo, oyendo, era tan real como lo que experimenta en esta dimensión terrenal. Tanto es así que, a menudo, él no estaba seguro de en qué dimensión veía, oía, experimentaba.

Una de las razones por las que decidí escribir sobre las experiencias de Randy es precisamente por este aspecto, que fue un iniciado muy reacio. No tenía ninguna duda de que los extranjeros podían convertirse en chamanes poderosos, porque tenía una larga relación con Jacques Mabit y por haber realizado cientos de ceremonias de ayahuasca con él junto a sus colaboradores chamanes en Takiwasi. También conozco a varios mestizos que aprendieron con chamanes indígenas y terminaron convirtiéndose en chamanes. Algunos de ellos me llevaron a sesiones de ayahuasca. Pero en todos esos casos, la voluntad y el deseo del iniciado hicieron que su participación en el aprendizaje fuera incondicional, alineada con su propia voluntad y deseo. Randy no rechazó ese mundo de plano, como lo hicieron sus padres, él no fue criado en ese mundo y no lo reconoce como su propia herencia cultural, tampoco mostró ningún interés en participar en los rituales que Royner Sangama Sangama –miembro clave del personal de mi centro– dirigió para mí y mis estudiantes, lo que constituye la evidencia más importante de que Randy no quería pertenecer a esta cultura indígena.

Entonces, la cuestión difícil que plantea el caso de Randy es la siguiente: su propia pertenencia cultural, su propia voluntad y deseo fueron completamente abrumados por la voluntad y el deseo de otros seres, diferentes de los seres humanos, algunos de ellos son de manera clara lo que llamamos generalmente como «seres de la naturaleza», pero otros no identificables como tales, seres desencarnados e invisibles que están cerca y alrededor de Randy. Recordemos cuando su maestro indígena se le apareció por primera vez mientras Randy dormía con su pareja de entonces, Kemy, en su dormitorio. Randy despierta a Kemy y le pregunta si lo ve. Ella, molesta, le responde que no ve nada y se vuelve a dormir. La aparición fue tan real para Randy que simplemente asumió que Kemy también la vería. Además, Randy no estaba bajo la influencia del brebaje de ayahuasca y, por lo tanto, no esperaba visiones.

Asimismo, debo agregar que, conociendo a Randy desde que tenía 15 años –y estando fuertemente asociada con él por su trabajo en mi centro desde su fundación–, puedo decir que lo conocí como un pintor talentoso, alguien confiable, estable, inteligente y extremadamente capaz, arquitecto y constructor autodidacta. También sabía que era totalmente genuino, no propenso al disimulo ni a la mentira. En efecto, Randy, después de su iniciación, compartió sus experiencias en detalle conmigo y con Jacques Mabit. Su pareja de entonces, Kemy, no tenía ningún interés en estas experiencias, tampoco los padres de Randy y, además, él era muy reticente a compartir sus experiencias con sus amigos y vecinos. Esto quiere decir que estoy tan segura de la total honestidad de lo que me ha dicho como uno puede estarlo. Es decir, es extremadamente difícil, y de hecho imposible, entender las experiencias de Randy como inventadas por su imaginación o como mentiras descaradas o como proyecciones de su inconsciente, ya que no tenía conocimiento de los seres que se le aparecían, le hablaban y actuaron sobre él. Este solo podría ser el caso si se tiene en consideración el «inconsciente colectivo» de Carl Jung con sus arquetipos.

Dejaré, para más adelante, los intentos de comprender estas experiencias en esos u otros términos. Por ahora, doy por hecho que sus experiencias son completamente reales, que los seres que le hablan y actuaban sobre él son tan reales como también su efecto sobre él. Quedará por ahora entre paréntesis el estatus onto-epistemológico de estos «seres reales» pero invisibles a otros. Me doy cuenta, por supuesto, de que mi propia experiencia prolongada con la ayahuasca me influye en esta aceptación, así como también mi experiencia prolongada con Randy. Sin embargo, me apresuro a agregar que mis experiencias personales con la ayahuasca son mucho menos vívidas, concretas y específicas que las experiencias de Randy, además, ninguna de ellas implicó recibir poderes de algún ser desencarnado. Dicho esto, varias de mis experiencias fueron profundas y místicas, donde la experiencia de lo último fue tan profunda, tan real, que hizo palidecer las experiencias en esta dimensión terrenal en comparación y han permanecido como un recuerdo intenso y me han cambiado.

5. Implicaciones para la sociedad y el mundo no humano

El cercamiento del yo es algo que resultó de las fuerzas combinadas de, principalmente, tres procesos históricos: 1) la exterminación de *anima mundi*/chamanismo, 2) el cercamiento de los comunes, y 3) la transformación del trabajo en mercancía. En el mundo de *anima mundi*, la persona estaba conectada con todo lo demás en el cosmos, ya sea esta una planta, una piedra, el agua, el aire, las estrellas, los animales, los ángeles, las hadas, los espíritus, Dios y, por supuesto, otros humanos. Todo. Con el cercamiento de los bienes comunes y el cercamiento del yo, la integralidad del mundo, del cosmos, finalmente se desvaneció y con ella la conexión de los humanos con todo lo que hay en el cosmos. Esta transformación fue captada por Chaucer en «El cuento de la comadre de Bath» («The Wife of Bath's Tale»), en las siguientes líneas:

> Toda esta gran tierra era tierra de hadas.
> La reina de los elfos, con su alegre cortejo,
> a menudo danzaba en muchos de los prados verdes…
> Pero ya sabes, ahora ningún hombre puede ver a los elfos.
> Allí mismo hoy camina el propio limitador… (líneas 863-867).[1]

---

1. Doy las gracias a mi amigo literato Robert Tindall por esta referencia.

238 La voz de Frédérique

Lo que Chaucer llama «el limitador» es para referirse al cercador. Las acciones del limitador desencantaron la tierra, tanto al cercarla como al transformar a sus antiguos habitantes humanos –los sembradores y segadores, los herbolarios, los curanderos, los chamanes y las chamanas– en trabajadores asalariados que necesitaban poseer su fuerza de trabajo individual y exclusivamente, un requisito necesario para que ellos puedan venderla. El desencanto se debió a la sinergia entre la tierra, que se convirtió en una inversión para un solo hombre, y el obrero, a quien se le pagaba solo por su propio trabajo, y ya no podía sembrar y cosechar en esa tierra, así como recolectar hierbas o pescar o cazar en ella o corresponder a los espíritus.

Sin embargo, es solo cuando combinamos estas dos fuerzas con otra cuando podemos comenzar a comprender, más allá de sus implicaciones políticas y económicas, el profundo significado de lo que Karl Polanyi denominó la gran transformación. Esta tercera fuerza fue onto-epistemológica más que político-económica. Fue la base de la revolución mecanicista, a saber, la transformación de la naturaleza en un mecanismo insensible.[2] Esta fue, como se argumentó en el capítulo 2 de esta tercera parte, la solución para salir de los interminables conflictos religiosos que diezmaban a Europa en ese momento. Los filósofos naturales que crearon la revolución mecanicista no eran, en sí mismos, secularistas. El secularismo fue algo que recién comenzó a suceder en el siglo XVIII. En este periodo, Dios, los ángeles y todos los sobrenaturales estaban por encima y, por lo tanto, fuera de la creación de Dios, como dice el mismo término: «sobre-natural». Esto esclareció el aire para hacer de la creación, o del cosmos, el dominio neutral que los filósofos naturales requerían

---

2. Siguiendo a Rupert Sheldrake, de ahora en adelante utilizaré este término, que es más exacto y menos engañoso que el término «Revolución científica». Me centro en las ideas de Sheldrake en el capítulo 7 de la tercera parte.

como base para el nuevo conocimiento cierto. Ellos podían interrogar e investigar esta naturaleza-máquina permaneciendo cuidadosa y completamente fuera de ella, siendo neutrales en cuanto a los temas que dividían tan sangrientamente a protestantes y católicos.

La Guerra de los Treinta Años llegó a su fin en 1648 con el Tratado de Westfalia. Uno de los resultados fue la creación del Estado-Nación. A fines de la década de 1700, el nuevo conocimiento, lo que se conoció como ciencia en general, se convirtió en un elemento central del funcionamiento del Estado, aunque ese proceso comenzó en el siglo XVII. El trabajo de James Scott, en su libro *Ver como un Estado: cómo han fallado ciertos esquemas para mejorar la condición humana* (1998), detalla cómo la agricultura científica –agronomía–, iniciada en Alemania después de 1700, condujo a la silvicultura científica, también inventada en este país. La agronomía y la silvicultura científica se volvieron indispensables para el funcionamiento del Estado-Nación.[3] La necesidad de ingresos por parte del Estado requería una drástica simplificación del paisaje, los bosques, los campos, de hecho, casi todo.

Para el Estado, un bosque era un ingreso potencial y, para calcular su rendimiento, tenía que ser sometido a un proceso radical de abstracción, lo que Scott llama «simplificación», racionalizado a partir de los árboles reales, el suelo real en el que crecieron, la vida real del bosque. Lo que había que calcular era el volumen de madera y los ingresos que generaría. Lo mismo ocurre con la agricultura científica. El aumento de la productividad, los ingresos y las ganancias se convirtió en la motivación subyacente para el desarrollo de la agricultura (y silvicultura) científica. La vida de la tierra, de los bosques, de los ríos, de los mares, de todo, estaba bajo estos mandatos. Esta transformación significó que aquellos que vivían con/desde los

---

3. Scott, 1998.

240 La voz de Frédérique

bosques, la tierra, el mar, los ríos ya no realizaban sus actividades en una conversación y reciprocidad íntima y constante con ellos. Los que vivían de/con esas partes del mundo se convirtieron en jornaleros con un yo cercado sujeto a las demandas de sus jefes.

Como se sabe, estos procesos, esta agricultura científica, esta silvicultura científica, han dado lugar a un tipo de silvicultura y agricultura que ha empobrecido drásticamente la biodiversidad de los árboles y los cultivares. Con la agricultura industrial y su fuerte dependencia de los aditivos químicos de todo tipo, así como la dependencia de unos pocos cultivares, los suelos y las aguas están siendo envenenadas y se están amortiguando. El Estado necesitaba los ingresos también del comercio y la industria, la métrica y las matemáticas eran herramientas indispensables para lograr tales cálculos. La cuadrícula y los levantamientos catastrales facilitaron la mercantilización de la tierra, así como los cálculos del Estado para propósitos de impuestos y límites. El libro de Scott nos da en detalle cómo se realizaron tales procesos y cuán centrales fueron para el funcionamiento de esta nueva institución política, el Estado-Nación.

Estos procesos equivalen a una cosificación de la tierra, transformándola de un cosmos integral viviente de otra época en una cosa mecánica, insensible, desprovista de agencia y psique. Este objeto mecánico insensible podría ser manipulado por completo para servir exclusivamente a ciertos fines humanos y, en particular, a los fines de la política, el nuevo Estado-Nación. La cuantificación, la medición y la simplificación se convirtieron en la orden del día. A fines del siglo XVII y con la publicación de *Principia Mathematica* (1687), *opus magnum* de Newton, la cosmovisión anterior de *anima mundi* había sido erradicada con éxito. Sus practicantes, los chamanes y las chamanas, como también muchos de sus aliados letrados, los filósofos ocultistas, fueron exterminados con éxito. Su cosmovisión fue vista como supersticiosa e irracional, incluso satánica.

Pronto las prácticas de esos curanderos, herbolarios, sembradores y segadores fueron relegadas a los reinos retrógrados de lo «primitivo», lo «supersticioso» y lo «precientífico».

En el siglo XVIII, el comienzo de la Revolución industrial ya estaba en marcha.[4] En el siglo XIX, ya estaba sucediendo a una velocidad vertiginosa. Por esa época, el cambio hacia una condena de las prácticas, de aquellos que vivían en el mundo de *anima mundi*, se había completado y, tales prácticas, representaban una forma herética de comprensión religiosa, así como una comprensión precientífica totalmente irracional. Pero, poco a poco, la herejía fue reemplazada por una condena de esas formas de vida en términos de que eran incorrectas, erróneas, no basadas en hechos científicos, sino más bien en supersticiones. Esta se convirtió en la visión dominante, especialmente con la colonización en el siglo XIX, y sigue vigente hasta hoy.[5]

Una de las implicaciones de mayor alcance de la separación de la mente del cosmos de Descartes y Boyle fue el desarraigo o desvinculación de los humanos, más específicamente de sus mentes y psiquis, del cosmos. Esto fue, por supuesto, requerido por la nueva cosmovisión de un cosmos mecánico e insensible introducido por los filósofos naturales durante la Revolución mecánica. La característica central y relevante de la mente humana era la racionalidad. Por lo tanto, este nuevo conocimiento difería radicalmente de los pensadores griegos clásicos para los que el conocimiento era una cuestión de sintonía con el cosmos.[6] El filósofo Charles Taylor escribe:

---

4. En su libro de 1988, Jacobs traza la historia de cuatro generaciones de hermanos Watts a partir de fines del siglo XVII y muestra que buscaron ventajas económicas a partir de descubrimientos basados en la nueva ciencia que motivó la Revolución industrial y, finalmente, la máquina de vapor.
5. Sobre este punto, véase especialmente el libro de Adas, 1989.
6. Véase Taylor, 1989: 145.

242   La voz de Frédérique

> Para Descartes, en cambio, no existe tal orden de Ideas al que recurrir y comprender la realidad física en tales términos, es precisamente un ejemplo paradigmático de la confusión entre el alma y lo material del que debemos liberarnos. Llegar a la plena realización del propio ser como inmaterial implica percibir claramente la zanja ontológica entre los dos, y esto implica captar el mundo material como mera extensión. El mundo material aquí incluye el cuerpo y llegar a ver la distinción real requiere que nos desconectemos de nuestra perspectiva encarnada habitual [...]. Tenemos que objetivar el mundo, incluidos nuestros propios cuerpos, y eso significa llegar a verlos mecanicista y funcionalmente, en la misma manera que lo haría un observador externo no involucrado.

La zanja ontológica entre la razón y el cuerpo y el cosmos significa que el cuerpo y el cosmos ya no son órdenes significativos, sino que están expresivamente muertos. Entender el cuerpo y el cosmos ya no era una cuestión de sintonía con ellos, como lo era para los pensadores griegos clásicos o, incluso, para los no iniciados en los secretos eleusinos. El mundo, como lo expresó Max Weber, se «desencantó», fue despojado de la multitud de seres invisibles que existían en la Europa medieval y existen en sociedades no –o menos– modernizadas en todo el mundo. El cosmos se convirtió en un mecanismo «desespiritualizado», desprovisto de psique, de alma, para ser captado por conceptos y representaciones construidas por la razón. Este aferramiento para Descartes, y, después de él, para el funcionamiento del Estado, fue construido como un control instrumental y el dominio de la naturaleza.[7] A lo que Boyle, como se mencionó, se refirió como el «dominio de las criaturas inferiores de Dios».

Esta zanja ontológica no solo dejó el cosmos desencantado,

---

7.   Descartes VI: 62, citado en Taylor 1989: 149.

despojado de intención y multitud de invisibles, sino también aprisionó la mente, la racionalidad, la psique, en la subjetividad del ser humano, que se consideraba y se considera residir en el cerebro. La mente, y con ella el significado y los seres desencarnados, se aprisionaron en el cerebro humano y se alejaron del cosmos. Y todavía esta es la situación hoy, en el siglo XXI. El psicólogo neo junguiano James Hillman lo afirma sin ambigüedades. Señala la naturaleza antropocéntrica y totalmente centrada en el ser humano del campo de la psicología. Señala que los diccionarios de psicología y las escuelas de psicología de todas las orientaciones coinciden en que la realidad es de dos tipos:

> Primero, la palabra ["realidad"] significa la totalidad de los objetos materiales existentes o la suma de las condiciones del mundo externo. La realidad es pública, objetiva, social y generalmente física. En segundo lugar, hay una realidad psíquica, no extendida en el espacio, el reino de la experiencia privada que es interior, deseosa, imaginativa.[8]

Así, el mundo exterior no tiene psique, no tiene alma y el alma ha migrado y se ha reducido hacia la interioridad de los seres humanos. Ello debido a que la psicología es una disciplina occidental moderna, y esta, difícilmente, podría ser de otra manera. Nació gracias al asesinato del *anima mundi*, este último reemplazado por un cosmos mecánico. Hillman señala que, durante los últimos cien años, la psicología se ha vuelto cada vez más individualizada e intrasubjetiva. Cuando apareció la patología mental, el enfoque de la psicología consistió en reajustar la psicodinámica interna. Como dice Hillman: «Complejos, funciones, estructuras, recuerdos,

---

8.   Hillman, 1992: 95.

emociones: la persona interior necesitaba realinearse, liberarse, desarrollarse».[9]

Hillman repasa rápidamente el campo más reciente de la terapia familiar y grupal, donde el problema era intersubjetivo, ubicado en las estrechas relaciones sociales del paciente. La terapia, entonces, consiste en mejorar la psicodinámica interpersonal. El mundo continúa, sin embargo, siendo una «realidad externa», un telón de fondo objetivo para la acción y la subjetividad humana, pero sin su propia subjetividad, sin su propia psique.

Hillman admite que se ha reconocido que la dinámica de la psique está influenciada por un pequeño grupo social alrededor del paciente, pero insiste en que la psicología nunca la ha visto como causada por el mundo exterior. El mundo exterior, ya sea de origen humano o natural, no tiene psique en sí mismo. No sufre, no se comunica con la psique humana individual. El entorno construido, como las ciudades, los edificios, la agricultura, la minería, etcétera, se reconocen en las variedades de la psiquiatría social como posibles causas objetivas de la psicopatología:

> Este era especialmente el sueño americano, el sueño de un inmigrante: cambia el mundo y cambias al sujeto. Sin embargo, estos determinantes sociales siguen siendo condiciones externas, económicas, culturales o sociales; ellos mismos no son psíquicos o subjetivos. Lo externo puede causar sufrimiento, pero no sufre en sí mismo. A pesar de toda su preocupación por el mundo exterior, la psiquiatría social también trabaja dentro de la idea del mundo exterior que nos transmitieron Tomás de Aquino, Descartes, Locke y Kant.[10]

9. Hillman, 1992: 93.
10. Hillman, 1992: 94.

La psiquiatría social reconoce el entorno construido como una posible causa de psicopatología, pero, al igual que el entorno «natural», ninguno de ellos posee subjetividad. Es decir, la *res extensa* –ya sea construida o natural, ya sean cuerpos o edificios– no tiene subjetividad, ni psique ni alma. Por lo tanto, esta *res extensa* desalmada no puede ser diagnosticada con ningún tipo de psicopatología propia.

Debido al papel fundamental otorgado a una racionalidad separada de la psique, las emociones, el corazón, la belleza, la ética y, por supuesto, cualquier tipo de numinosidad o sacralidad en el nuevo laboratorio de Robert Boyle, las leyes de la naturaleza, que esta nueva ciencia europea ha «descubierto», guardan silencio en cuanto a todas estas dimensiones. Como lo ha expresado Albert Einstein: «Los conceptos que [la forma científica de pensar] utiliza para construir sus sistemas coherentes no expresan emociones. Para el científico, solo hay "ser", pero no hay deseos, ni valoración, ni bien ni mal. En resumen, no hay meta».[11] La separación exigida, entre la búsqueda de la verdad y las preocupaciones éticas por el bien, se reivindica explícitamente como necesaria en las diversas metodologías ideadas para llegar a un conocimiento verificable y, por lo tanto, cierto.[12]

La expansión de las potencias europeas al resto del mundo percibió esos mundos no europeos en esos términos. Es decir, en necesidad de modernización, lo que significaba más educación científica. Una de las declaraciones más (in)famosas de tal punto de vista proviene de Thomas Macaulay, quien sirvió en el Consejo Supremo de la India de 1834 a 1838. Macaulay argumentó, en sus *Minutes on Education* (1835), que la instrucción en las escuelas de la India

---

11. Citado en Maxwell, 1984: 131.
12. Proctor (1991) nos brinda una historia detallada del surgimiento de la separación entre las actividades científicas y las preocupaciones éticas, como lo hacen Shapin y Schaffer, el trabajo clásico sobre el laboratorio de Boyle y su invención del método científico experimental (1985), así como el libro de Potter (2001).

británica debería estar en inglés en lugar de sánscrito y persa. Esos lenguajes no eran simplemente «una pérdida absoluta para la causa de la verdad», sino también como «dinero de recompensa pagado para levantar campeones del error [...]. Debemos enseñarlo porque es fruto de supersticiones monstruosas». Y un poco más adelante escribe que si continuaban como lo habían hecho los británicos hasta ese momento, es decir, enseñando las sagradas literaturas de la India, entonces significaría que «debemos enseñar historia falsa, astronomía falsa, medicina falsa».[13] Desde entonces, la educación en la India bajo los británicos estaba en inglés y, además, ha permanecido así para la educación luego de la secundaria en general y para la mayoría de la educación privada de la clase alta.

Hoy en día, estas palabras de Macaulay serían generalmente reconocidas como mostrando una mentalidad colonialista. Sin embargo, su espíritu permanece en gran parte de la literatura desarrollista que considera las prácticas «tradicionales» como un drenaje de recursos productivos que deben ser reemplazados por otros de base científica, siendo estos los únicos verdaderamente eficaces en el sentido de ser productivos.

Creo que es importante hacer visible el entrelazamiento entre el proceso de mercantilización de la tierra y la invención de los «recursos naturales», por un lado, y la mercantilización del trabajo, por otro. Esto me permitirá intentar mostrar los frecuentes costos ocultos de tales procesos. Tomemos un ejemplo concreto. Vandana Shiva muestra cómo la transformación de ciertas especies de árboles en productos básicos –a saber, la madera– transforma otras especies de árboles en maleza. En ese proceso, el papel de estos árboles «maleza» de proteger el suelo de la erosión, retener la humedad del suelo, proporcionar forraje verde para los agropastores locales, proporcionar

---

13. Macaulay en Sharp, 1920 (1835): 114,115.

madera para la construcción de viviendas, aumentar la biodiversidad y otras cosas más, todos estos procesos devienen mucho menos visibles y relevantes.[14] El resto del «medio ambiente», tanto no humano como humano, también se ve afectado y, a veces, profundamente. Las comunidades locales para las cuales los árboles «maleza» son sustento de la vida pierden relevancia y visibilidad para el Estado, las empresas y los expertos en desarrollo.

De manera similar, el trabajo de quienes usan esos árboles «maleza» no es generalmente un trabajo remunerado, sino que lo realizan miembros de comunidades agropastorales para su propio sustento y continuidad. Este tipo de trabajo ha sufrido un destino parecido al de las «maleza». En general, se le ha etiquetado como trabajo de «subsistencia» y no se le ha considerado generador de riqueza. La atención a la continuidad de la vida de las comunidades humanas y no humanas se considera generalmente –sobre todo en la literatura desarrollista– como poco importante, así como atrasada. Por razones de incremento de la productividad y la riqueza, los bosques son talados y reemplazados por monocultivos comerciales con todos los daños profundos causados a la biodiversidad, la salud del suelo, la atmósfera, las fuentes de agua y la psique de las comunidades agropastoralistas y del mundo no humano, por no hablar de los espíritus.

En las comunidades agropastoralistas o indígenas, la fuerza laboral de las personas no les pertenece exclusivamente, sino que está inserta en la comunidad tanto humana como no humana, como se argumentó en el capítulo anterior. En las sociedades humanas poco mercantilizadas o no mercantilizadas, el trabajo de las personas es reclamado por los parientes, los vecinos, así como por los espíritus y otros seres invisibles que requieren ser celebrados y correspondidos. Muchas celebraciones, festivales y ceremonias del ciclo de vida de

---

14. Shiva, 1993.

248 La voz de Frédérique

la comunidad movilizan el trabajo de los miembros de la comunidad. Con la extracción del trabajo de su contexto, estos eventos quedan relegados a un dominio privado que debe tomar una posición secundaria y dependiente frente al dominio oficial del Estado y de la economía donde reina el trabajo asalariado. Tales eventos comunitarios son transmutados por el Estado o las empresas en el equivalente de maleza, un drenaje para la creación de ingresos para el Estado o ganancias para el empresario. Con el incidente de Bagua tratado en el capítulo 3 de la tercera parte, he sido testigo de primera mano de estos procesos en el Perú.

En las comunidades indígenas o agropastoralistas, la actividad para mantener la comunidad de los humanos, los no humanos –lo que en la modernidad se conoce como «el medio ambiente»–, los espíritus, así como también la interrelación entre todos estos, se realiza típicamente con el canto, la música, la danza y la comida.[15] Esto es comunal y alegre. Por supuesto, con la mercantilización del trabajo, el patrón paga solo por el tiempo trabajado y, de ese requisito, surge la necesidad de supervisar de cerca a los trabajadores y cronometrar su actividad. El tiempo y el espacio para la reciprocidad no solo con la comunidad humana, sino también con los no humanos y la comunidad de los invisibles, también se desvanecen.[16] Lo que se desvanece, con el tiempo, es el florecimiento de las comunidades no humanas y las comunidades de los invisibles. Es decir, en las llamadas sociedades industrializadas «avanzadas», el mundo se ha vuelto completamente antropocéntrico y mecánico. Todo tiene que

---

15.   Para ver dos ejemplos andinos, véanse especialmente los capítulos 5 y 6 de mi libro de 2011.

16.   Para una crítica profundamente perspicaz de la noción de que esto es necesario por razones tecnológicas, consulte Marglin, 1974. Allí argumenta persuasivamente que surgió de la necesidad de los patrones de controlar a los trabajadores. Véase también su ensayo de seguimiento, muy posterior, 1996: 185-248.

ver con los humanos, sus comunidades, sus necesidades, sus psiquis, su salud, etcétera. La triste ironía es que este antropocentrismo radical, de hecho, no ha producido el florecimiento de los humanos y sus comunidades. Como se señaló, estos están plagados de epidemias de trastornos mentales, de adicción a las drogas, de desigualdad entre las diversas comunidades humanas y de conflictos entre ellas, como se tratará en el capítulo 9 de la tercera parte.

¿Es posible separar totalmente el mundo de los humanos de los no humanos?

Esta zanja ontológica, entre los mundos de los humanos y el mundo de los no humanos, ha sido radicalmente cuestionada y perturbada por la física cuántica. Dejaré para un capítulo posterior el tema de la separación con el mundo de los espíritus, desde que, para la física cuántica, y para casi cualquier otra disciplina, el mundo de los espíritus simplemente no existe realmente, sino solo en la imaginación de los humanos. Karen Barad, una física cuántica y filósofa feminista, en su libro *Encontrándose con el universo a medio camino (Meeting the Universe Halfway)*, ha llevado a cabo un profundo y exhaustivo estudio del trabajo de Niels Bohr, uno de los más importantes de entre los padres de la física cuántica, especialmente de sus artículos de filosofía-física publicados después de su muerte. Ahí desarrolla una teoría que denomina «realismo agencial», que incorpora la idea fundamental de Bohr acerca de que la realidad física es una función de las agencias de observación en lugar de preexistir las mediciones u observaciones que estas agencias de observación producen.[17]

---

17. Barad, 2007.

250   La voz de Frédérique

Barad explora las implicaciones onto-epistemológicas de esta idea fundamental y utiliza los más recientes experimentos mentales (*Gedankenexperiment*) realizados, así como la teoría posestructuralista y feminista, para ampliar el marco de Bohr. El tema de la metafísica ya no puede evitarse desde que esos experimentos tocan la naturaleza misma de la realidad material. El argumento de Barad atraviesa los debates entre realistas y constructivistas sociales en las (in)famosas «guerras científicas» de mediados de la década de 1990, al cuestionar sus supuestos representacionalistas subyacentes.[18] El trabajo de Barad muestra que la materia y las prácticas discursivas humanas están siempre entrelazadas, poniendo así en cuestión la realidad de una naturaleza objetiva «ahí afuera». Su trabajo aborda un tema fundamental, a saber, la separación radical entre el sujeto observador y el objeto observado.

El desafío fundamental de Bohr al marco cartesiano-boyliano-newtoniano se logró en gran parte resolviendo uno de los dilemas cuánticos más conocidos: la paradoja onda/partícula. Esta paradoja consistía en lo siguiente: la materia y la luz se presentaban a los experimentadores, a principios del siglo xx, a veces como una onda y otras veces como una partícula. La paradoja consiste en lo siguiente: bajo ciertas disposiciones experimentales, la luz o la materia presentan propiedades de partículas; bajo diferentes arreglos experimentales, incompatibles con el primero, mostraron propiedades ondulatorias.

Las partículas y las ondas son fenómenos ontológicamente exclu-

---

18. Las guerras científicas fueron iniciadas por el físico Alan Sokal, quien publicó un artículo postmoderno falso en la revista *Social Text*. Cuando el artículo estaba a punto de salir, Sokal escribió a otra revista, *Lingua Franca*, diciendo que el artículo de *Social Text* era un fraude. También le informó a *The New York Times* sobre todo esto. Esto desató un enconado debate entre científicos naturales realistas y varios estudiosos de la ciencia y la postmodernidad.

yentes entre sí. Según la dispensación clásica de la física precuántica, esto es una paradoja, ya que ontológicamente la materia o la luz deben ser una onda o una partícula, no pueden ser ambas. Las partículas son objetos localizados que ocupan una ubicación determinada en cada momento del tiempo, mientras que las ondas no son entidades propiamente dichas, sino más bien perturbaciones en algún medio o campo de fondo. Las ondas tienen extensión en el espacio, ocupan más de una posición en cualquier momento y pueden superponerse entre sí para formar patrones de interferencia o difracción.

Para Barad, Bohr resuelve esta paradoja así: la medición del objeto supone una elección del aparato que proporciona las condiciones necesarias para dar una definición ontológica a un conjunto de manifestaciones con exclusión de otras manifestaciones igualmente esenciales. Al hacerlo, las manifestaciones y el aparato incorporan un corte que delimita el «objeto» de las agencias de observación. Bohr denominó a esto el «principio de complementariedad», refiriéndose al hecho de que la onda es una manifestación de la materia (o luz), mientras que, en diferentes condiciones experimentales, se hace aparente una manifestación complementaria, es decir, una partícula. Ambas manifestaciones, onda y partícula, son igualmente reales o verdaderas, pero nunca pueden manifestarse al mismo tiempo.

Bohr sostiene que los conceptos teóricos son definidos por las circunstancias requeridas para sus mediciones. No existe, por lo tanto, una manera inequívoca de diferenciar entre el «objeto» y las «agencias de observación», como el observador, el aparato experimental y, por supuesto, los constructores del aparato. Ellos forman un todo. La separación o corte entre un observador y un objeto observado es representada o realizada por un experimentador usando un aparato en particular. Por lo tanto, los valores medidos no pueden ser inherentes ni atribuirse a la observación de objetos independientes «allá afuera». Esta ausencia de separación, entre objetos y agencias de observación, Bohr la llama la «totalidad cuántica». Él denomina «fenómenos» a esas instancias específicas de totalidad.

Lo fundamental en el marco de Bohr es su entrelazamiento de las dimensiones conceptuales y físicas del proceso de medición. En el fenómeno, lo físico y lo conceptual forman un todo no dualista. En la lectura que hace Barad de Bohr, las propiedades medidas se refieren al «fenómeno» que son las «intra-acciones» material-conceptual cuya explicación inequívoca requiere una descripción de todas las características relevantes del aparato experimental. Barad acuña el neologismo «intra-acción» para significar la inseparabilidad de los objetos y las agencias de observación en los fenómenos. Evita el uso de «interacción», que presupone una separación ya existente entre dos entidades. Sin embargo, con la realización de un experimento, se promulga un corte que separa el «objeto» de las «agencias de observación». Barad llama a este corte un «corte de agencia» y el principio que encarna, «separabilidad agencial». Pero los objetos y las agencias de observación surgen solo dentro de los fenómenos, siempre son contextuales. No preexisten por separado, ontológicamente, antes de la realización de un experimento, medición u observación. La ontología ha pasado de ser una naturaleza universal predeterminada, independiente de los actos de medición, observación o representación, a lo que Barad llama una realidad agencial.

En este marco o paradigma, el referente ya no puede ser una realidad independiente de la observación, sino, para usar el término de Bohr, un fenómeno en el que estos dos –el observador y el observado– forman un todo. Las implicaciones de este nuevo paradigma son profundas. El propio Bohr comprendió las implicaciones filosóficas de la imposibilidad de separar el objeto del aparato de observación. Es decir, los aparatos experimentales ya no son instrumentos de observación pasivos y transparentes como en el paradigma clásico cartesiano-boyliano-newtoniano. Más bien, ellos son producto de/

parte de los fenómenos. Para él, esta inseparabilidad «implica […] la necesidad de una renuncia al ideal clásico (cartesiano-boyliano-newtoniano) de causalidad y una revisión radical de nuestra actitud hacia el problema de la realidad física».[19] El principio de complementariedad de Bohr, según Barad, se ofreció conscientemente como una alternativa al paradigma de la física clásica.

Usando la noción del «discurso» de Michel Foucault, Barad expande la investigación teórica de las ideas de Bohr. Por «discurso», Foucault se refiere a las dimensiones productivas y restrictivas de las prácticas incorporadas en los aparatos y uno de sus centrales ejemplos es el panóptico.[20] Con el abandono de una ontología de objetos universales predeterminados y con las nociones de intraacción y realidad agencial de Barad, el mundo no humano participa activamente en la formación de la realidad. Los seres humanos ya no son los únicos actores, los «sujetos» predados que observan, miden y representan los «objetos» predados. Es decir, el dualismo entre la mente humana y un mundo material natural sin mente se desvanece.

Sin embargo, el tema de la realidad de los espíritus y otros seres desencarnados es otra situación completamente diferente, y ninguna explorada por Barad. El trabajo de Barad ha sido influyente en las ciencias sociales, incluida la antropología, una influencia conocida como «el giro ontológico». No obstante, aunque es un enorme paso hacia la desmecanización del cosmos, este movimiento no está preparado para abordar la ontología de los seres desencarnados. Esto es algo que, simplemente, no puedo evitar, desde que está en el corazón de la transformación de Randy. El próximo capítulo se centra en este tema.

---

19. Ensayos de Niels Bohr, 1958-1962 en 1963: 59-60, citado en Barad, 2000: 232.
20. Foucault, 1979.

6. Espíritus y otros seres desencarnados

El capítulo anterior analiza el nuevo paradigma que surge de la física cuántica de Bohr y, con la ayuda del trabajo de Karen Barad y Foucault, traté de aclarar que la zanja ontológica clásica había sido superada. El mundo no humano ha adquirido agencia. Así, observador y observado forman un todo y, con eso, el cosmos ha perdido su naturaleza mecánica e inerte de objeto material puramente externo. Los observadores y sus aparatos de observación, sin embargo, no crean el objeto a partir de la nada. La naturaleza del objeto así observado o medido depende de la naturaleza de los observadores y sus aparatos y aquello en lo que se centren. Los dos están entrelazados. Es decir, ya no es posible poner un límite entre la mente del observador y su encarnación en un aparato, por un lado, y el objeto material supuestamente «ahí afuera» en la naturaleza, por otro. Incluso el uso del término «objeto material» parece ahora inapropiado, desde que se entrelaza con la mente del observador. Así como los humanos somos tanto materia como mente, así parece ser el mundo, el cosmos. Es decir, somos del cosmos, en la mente y en el cuerpo.

Evidencia de los estudios cercanos a la muerte

Se puede objetar que la mente, que en general se piensa que está en el cerebro, no podría estar también en el cosmos, dado que esta última no tiene un cerebro. Pero la cuestión de que la mente sea una propiedad proveniente del cerebro ha sido seriamente cuestionada por algunos neurocientíficos y otros. Esta afirmación es más evidente en algunas de las experiencias cercanas a la muerte (ECM) reportadas. La literatura científica sobre ECM ha crecido enormemente desde la fundación, en 1978, de la Asociación Internacional de Estudios Cercanos a la Muerte (IANDS, por su sigla en inglés).[1] Un buen número de personas que han tenido ECM tienen experiencias místicas de atravesar un túnel dirigiéndose hacia una luz y emerger a una sensación de amor incondicional absoluto y puro. Muchas veces, ellos se encuentran con parientes muertos que les dan la bienvenida con alegría. Por lo general, atraviesan un túnel dirigiéndose hacia una luz y son recibidos, en el otro extremo, por guías angelicales y experimentan el amor absoluto al que, a menudo, se refieren como Dios. Como dice el neurocientífico Mario Beauregard:

> Los efectos de las ECM son intensos, abrumadores y reales. Varios estudios realizados en Estados Unidos, los países de Europa occidental y Australia han demostrado que la mayoría de las personas que han tenido ECM se transforman profunda y positivamente con la experiencia. Una mujer dice: «Quedé completamente alterada después del accidente. Yo era otra persona, según los que vivían conmigo. Estaba feliz, riendo, apreciaba las pequeñas cosas, bromeaba, sonreía mucho, me hice amigo de todos [...] tan completamente diferente de lo que era antes».[2]

Tales experiencias son extracorporales, dado que sus cuerpos yacen en la mesa de operaciones de un hospital sin latidos ni actividad

1. Beauregard, 2013: 161.
2. Beauregard, 2013: 168-169.

256 La voz de Frédérique

cerebral, es decir, muertos. Estas personas con ECM normalmente ven su cadáver desde un punto por encima de ellas. Los escépticos argumentan que tales experiencias se basan solo en los informes de las ECM. No se pueden corroborar. Pero en las últimas décadas, los informes de algunas ECM han sido corroborados de forma independiente por testigos. Uno de los casos más conocidos es el de María, una trabajadora migrante. Ella había tenido un ataque cardiaco grave mientras visitaba a unos amigos en Seattle. Fue trasladada de urgencia al hospital de Harborview y, unos días después, sufrió un paro cardiaco y fue resucitada. Su trabajadora de cuidados sociales críticos, Kimberly Clark, la visitó y María le dijo lo siguiente:

> Durante su paro cardiaco, pudo mirar hacia abajo desde el techo y ver al equipo médico trabajar en su cuerpo. En un momento de esta experiencia, dijo María, se encontró fuera del hospital y vio una zapatilla en el borde del lado norte del tercer piso del edificio. Ella pudo proporcionar varios detalles sobre su apariencia, incluida la observación de que uno de sus cordones estaba atascado debajo del talón y la zona del dedo meñique estaba gastada. María quería saber con certeza si había visto «realmente» ese calzado y le rogó a Clark que intentara localizarlo.[3]

Clark fue a buscarlo, encontró la zapatilla, pudo recuperarla y pudo confirmar todas las descripciones de María. Clark comentó que la única forma en que María pudo haber observado este calzado fue por haber estado flotando cerca de él, pues desde donde estaba su cuerpo, mientras los médicos trabajaban en él, no podría haberlo visto.

Todo el libro del neurocientífico Beauregard sobre el cerebro es un argumento en contra de la opinión de que la mente es una pro-

3. Beauregard, 2013: 171-172.

piedad proveniente del cerebro. Este último punto de vista sostiene que la mente surge de la increíble complejidad de las neuronas cerebrales. Es una visión materialista reduccionista y que se adhiere al paradigma dualista de la zanja ontológica entre la mente y la materia, siendo esta última aún dominante en la cultura moderna actual. Sin embargo, las evidencias que Beauregard, así como Alexander y Newell, entre muchos otros, recopilan en sus libros, de los que he extraído solo unos pocos pasajes, son abrumadoramente persuasivas en cuanto al hecho de que la mente o la psique pueden existir y existen independientemente de su sustrato corporal físico normal.[4]

Es sorprendente que las frecuentes experiencias místicas de las personas que han tenido ECM se parezcan, como lo veremos en el capítulo 9 de la tercera parte, mucho a las experiencias con los psicodélicos. El otoño pasado asistí a una charla virtual de Roland Griffith organizada por el Centro para el Estudio de las Religiones del Mundo en Harvard.[5] Griffith es un conocido neurocientífico de la Universidad John Hopkins que estudia los efectos de los psicodélicos desde hace décadas. Griffith afirmó que la mayoría de los voluntarios que participaron en esos experimentos dijeron haber tenido profundas experiencias místicas, las que consideraban las más importantes de sus vidas y que, además, les afectaron profunda y duraderamente.

Cabe mencionar que la gente en Lamas habla de las experiencias de la ayahuasca como «ir al otro mundo», literalmente, es decir, al mundo después de la muerte. Las experiencias de las personas

---

4. Una de las ECM más dramáticas es la del neurocientífico y neurocirujano Eben Alexander, durante un coma que duró una semana debido a un daño grave en su cerebro por una meningoencefalitis bacteriana abrumadora. Recomiendo su último libro, escrito con Karen Newell, *Viviendo en un universo consciente* (*Living in a Mindful Universe*, 2017). Para estos autores, la conciencia/mente es en todo el universo, y nosotros estamos en él y somos parte de él.

5. Que ocurrió virtualmente el martes 15 de setiembre de 2020.

258   La voz de Frédérique

con ECM y de quienes toman psicodélicos son, inquietantemente, similares. Debe señalarse de inmediato que tales experiencias pueden surgir de manera espontánea, sin psicodélicos o ECM, como lo atestiguan muchos místicos y otras personas como Carl Gustav Jung, de quien trataré a continuación. Beauregard dedica todo un capítulo a ese tema. Viví, a la edad de 12 o 13 años, una experiencia mística extracorporal espontánea extremadamente poderosa que me abrumó y me asustó por completo, y que también ha permanecido muy fresca en mi memoria. Se siente como si hubiera inscrito sus lecciones de manera indeleble en mi alma. Creo que, con los años, esta experiencia ha sido la base para mi posterior tendencia hacia las experiencias espirituales de varios tipos. Nada, en la cosmovisión y el estilo de vida de mis padres, hacía que tal suceso fuera remotamente probable.

Como una antropóloga que ha leído, por su profesión, una gran cantidad de etnografías sobre culturas muy diferentes a la moderna, además de haber vivido durante muchos años en culturas poco modernizadas –como Marruecos, donde me crie; en un centro de peregrinación en el este de la India, haciendo mi primer trabajo etnográfico, y en la alta Amazonía peruana–, me sorprende el hecho de que todavía no he encontrado ningún grupo o sociedad para quien la realidad de un «otro mundo» no existe. Un «otro mundo» de este tipo está poblado por seres normalmente invisibles de diversos tipos, a menudo una amalgama de humanos y animales, y no pocas veces incluye a los antepasados, y se da completamente por sentado. La modernidad de Europa occidental es la excepción y, como se argumentó en un capítulo anterior, esto se debe en su mayor parte al asesinato de una cosmovisión integral medieval y renacentista, la de *anima mundi*, un asesinato fundamental para la creación de un nuevo sistema de conocimiento durante la revolución mecanicista, un conocimiento que requería una base neutral para su investigación, ajena a la religión, a la metafísica, y a lo sagrado, a saber, la de una naturaleza mecánica inerte.

Las experiencias de Carl Gustav Jung

Cuarenta y ocho años después de su muerte, en 2009, los documentos privados y las pinturas de Jung se publicaron en lo que se conoce como *El libro rojo*. Sus pinturas son increíblemente hermosas, muchas de ellas como mandalas. Allí escribe sobre las experiencias espontáneas que le sucedieron de 1913 a 1919, cuando se encontraba en la cúspide de su éxito profesional. Esto escribe en *El libro rojo*:

> En aquel entonces, a mis cuarenta años, había alcanzado todo lo que alguna vez había deseado. Había alcanzado fama, poder, riqueza, saber y toda la felicidad humana.[6]

Las experiencias que Jung relata en *El libro rojo* son sorprendentemente similares, en algunos aspectos, a las experiencias de Randy con ayahuasca o sin ella. No hace falta decir que Randy proviene de una clase y un mundo totalmente diferentes al de Jung. En *El libro rojo*, Jung relata que fue transportado a otros lugares y se reunió con personajes identificados con los que tiene largas conversaciones. Escribe en 1957, en el epílogo de la versión en español de *El libro rojo*:

> Los años en los que seguí a mis imágenes internas fueron la época más importante de mi vida y en la que se decidió todo lo esencial. Comenzó en aquel entonces y los detalles posteriores fueron solo agregados y aclaraciones. Toda mi actividad posterior consistió en

---

6. Página 172 de *El libro rojo*. He utilizado aquí la edición española de *El libro rojo* (sin las pinturas), primera edición, Editorial El Hilo de Ariadna, Buenos Aires, 2012, traducida por Romina Scheuschner y Valetín Romero de la edición alemana, con introducción de Sonu Shamdasani y prólogo de Ulrich Hoerni. También tuve la oportunidad de hojear *El libro rojo* original con las pinturas y tengo una versión editada y mucho más pequeña de las pinturas de Jung que se publicó más tarde.

> elaborar lo que había irrumpido en aquellos años desde lo inconsciente y que en un primer momento me desbordó. Era la materia originaria para una obra de vida. Todo lo que vino posteriormente fue la mera clasificación externa, la elaboración científica, su integración en la vida. Pero el comienzo numinoso, que lo contenía todo, ya estaba allí.

Es significativo que Jung identifique el origen de estas experiencias como «el inconsciente» en lugar de «mi inconsciente». Esto está en consonancia con la teoría que desarrolló más tarde del inconsciente colectivo y de los arquetipos.

Citaré ahora algunas de las experiencias fundamentales de Jung y señalaré en qué formas son similares, pero también diferentes, de las experiencias de Randy. No obstante, podría ser útil señalar algunas diferencias generales. La más destacada es que las experiencias de Randy se iniciaron durante una ceremonia de ayahuasca y Jung nunca participó, que yo sepa, de alguna experiencia psicodélica. Randy, sin embargo, también tuvo varias experiencias fundamentales sin ayahuasca. La más notable es la aparición de su maestro indígena entregándole poderes de su boca a la boca de Randy y de la mujer pájaro, de rostro verde, que le entregó poder de sus ojos y su boca a los ojos y a la boca de Randy. Los seres que se le aparecen a Jung, y con los que mantiene largas conversaciones, son todos personajes identificados, mientras que los seres que contactan con Randy no tienen nombre y no conversan con él, ciertamente no mucho, sino, más bien, en ocasiones, le dan breves indicaciones verbales. Jung no recibe poderes concretos y encarnados de esos personajes como Randy, y las conversaciones que Jung tiene con ellos son bastante filosóficas y también bastante largas.

He elegido el encuentro de Jung con Filemón, el mago, para tratarlo aquí. Así es como Jung lo cuenta, bajo el título de «El mago»:

Tras una larga búsqueda, encontré la pequeña casa en el campo, ante la que se extiende un cantero de tulipanes florecientes y donde habitan el mago Filemón y su mujer, Baucis. Filemón es un mago que todavía no fue capaz de desterrar la ancianidad, sin embargo, él la vive dignamente y a su mujer no le queda otra que hacer lo mismo. Sus intereses de vida parecen haberse vuelto estrechos, incluso pueriles. Riega su cantero de tulipanes y conversan acerca de las flores que se han abierto recientemente. Y sus días declinan allí en una pálida penumbra vacilante, alumbrado por las luces del pasado, apenas asustados por la oscuridad de lo venidero...

Estoy en la puerta del jardín. No se han fijado en mí. «Filemón, viejo maestro brujo, ¿cómo estás?», exclamo. No me escucha, parece estar sordo como una tapia, lo sigo y lo tomo de la manga. Se da vuelta y me saluda torpe y temblorosamente. Tiene una barba blanca, pelo blanco fino y un rostro arrugado, donde parece haber algo. Sus ojos son grises y viejos. Hay algo raro en ellos, se podría decir vivo. «Me va bien, extraño –dice–, pero ¿qué quieres por aquí?».[7]

Sigue una larga conversación entre Filemón y Jung sobre la magia. Solo citaré algunos pasajes:[8]

> JUNG: Por favor, no te tomes a mal mi curiosidad. Recientemente he escuchado algo sobre la magia que ha despertado mi interés por este arte pasado. Entonces enseguida he venido a ti porque escuché que entiendes el arte negro. Si hoy aún se enseñara magia en las universidades, entonces la habría estudiado ahí. Pero ya ha transcurrido mucho desde que ha sido cerrado el último colegio de magia. Hoy

7. Jung , 2012: 373-374.
8. Jung , 2012: 374-375.

ya ningún profesor sabe algo de magia. Así que no seas quisquilloso ni avaro y déjame oír algo de tu arte. Pues, ¿no querrás llevarte tus secretos a la tumba?

Filemón: Solo te ríes de todo esto. Entonces, ¿por qué he de decirte algo? Es mejor que todo sea enterrado conmigo. Alguien que venga después puede volver a descubrirlo. No quedará perdida para la humanidad, pues la magia renace con cada hombre.

Jung: ¿Qué quieres decir? ¿Crees que la magia sea innata al hombre?

Filemón: Sí, por supuesto, pero tú lo encuentras irrisorio.

Jung: No, no me río, pues ya me he sorprendido con suficiente frecuencia de que todos los pueblos de todos los tiempos y de todos los lugares tengan estos mismos usos de la magia. Yo mismo ya he pensado algo parecido a lo que has pensado tú.

[…].

Filemón: Con eso has reconocido un segundo punto principal. Sobre todo, debes saber que la magia es lo negativo de lo que se puede conocer.

Jung: También eso, mi querido Filemón, es una parte difícil de digerir que me causa molestias no poco insignificantes. ¿Lo negativo de lo que se puede reconocer? Con eso te refieres a lo que no se podría conocer, ¿no? Hasta ahí llega mi comprensión.

Filemón: Ese es el tercer punto que debes apuntarte como esencial, a saber, que no tienes tampoco nada que entender.

Jung: Admito que eso es nuevo y singular. Entonces, ¿no hay absolutamente nada que entender en la magia?

Filemón: Completamente correcto. Magia es precisamente todo lo que no se entiende.[9]

---

9.   Jung , 2012: 374-376.

Las experiencias de Jung ocurren en escenarios muy concretos que describe con precisión. También relata la aparición de sus interlocutores con mucha exactitud y, así, transmite con fuerza el sentido general de realidad de estas experiencias. En estas, ellas son como sueños que se sienten reales mientras sueñas. Esto también es cierto en las experiencias de Randy cuando las vuelve a contar, ya sea aquellas provocadas por la ingestión de ayahuasca, o aquellas que llegan espontáneamente sin la ayahuasca. Al comienzo del diálogo sobre la magia, Jung le dice a Filemón: «Si hoy aún se enseñara magia en las universidades, entonces la habría estudiado ahí. Pero ya ha transcurrido mucho desde que ha sido cerrado el último colegio de magia. Hoy ya ningún profesor sabe algo de magia».[10] Aquí las experiencias de Randy y de Jung difieren drásticamente. Randy vive en un lugar y tiempo donde la magia, y las artes negras, están muy vivas y forman parte del conocimiento cotidiano de la mayoría de la gente, mientras que la magia, en el mundo europeo de Jung, ha sido exterminada más de trescientos años antes.

He seleccionado estos escritos específicos no solo para ilustrar su similitud con las experiencias de Randy, sino también porque tocan el tema de la universalidad de tales experiencias. Por supuesto, la conversación entre Jung y Filemón se refiere, en concreto, a la magia. Pero Jung afirma, inequívocamente, que la aparición de varios seres, escenas y cosas por el estilo, a lo que él se refiere aquí como magia, es innata en el hombre, una afirmación que Filemón respalda. Luego Jung agrega: «Todos los pueblos de todos los tiempos y de todos los lugares tengan estos mismos usos de la magia. Yo mismo ya he pensado algo parecido a lo que has pensado tú». Encuentro aquí el germen de la propuesta posterior de Jung sobre el inconsciente colectivo y los arquetipos. Es decir, lo innato en el «hombre»

---

10. Jung , 2012: 398-399.

La voz de Frédérique

(que significa en los humanos) es la magia, la percepción de seres incorpóreos y escenas de lugares y acontecimientos en otros mundos.

Una de las discípulas de Jung, la analista Anne Baring, nos brinda información histórica crucial en su libro *El sueño del cosmos, una búsqueda del alma* (2019). La cito:

> Durante los siguientes siete años [después de separarse de Freud en 1912], de 1913-1919, cuando estaba tratando de desarrollar su propia orientación para el tratamiento de sus pacientes, se retiró deliberadamente de su posición designada como sucesor de Freud y giró hacia su mundo interior, reservando tiempo para responder y registrar una irrupción casi abrumadora de visiones, sueños y fantasías. Llamó a este periodo su Nekyia –una palabra griega que describe un descenso al inframundo–. Es importante señalar que esta experiencia ocurrió justo antes y durante la Primera Guerra Mundial, cuyos efectos catastróficos había previsto en una serie de sueños y visiones que tuvo durante el otoño de 1913 y la primavera de 1914. La idea de la guerra no se le ocurrió en absoluto, por lo que llegó a la conclusión de que debía estar amenazado por una psicosis. Pero a medida que los acontecimientos culminaron con el estallido del conflicto en agosto de 1914, comenzó a comprender el significado de esas visiones y sueños, y a tomar en serio el inconsciente como una dimensión no reconocida de la realidad en la que participa toda la humanidad.[11]

A diferencia de otros que vieron esto como un Jung siendo psicótico, Anne Baring escribe: «Algunos [...] han etiquetado a Jung como esquizofrénico. Otros, incluida yo, ven esto como una iniciación chamánica en la experiencia directa de un nivel más profundo de

---

11. Baring, 2019: 246.

realidad».[12] Es más, menciona repetidamente esta cualidad chamánica de las experiencias de Jung. Cuando leí por primera vez *El libro rojo*, tuve la misma reacción, reconocí la cualidad chamánica de las visiones de Jung. Como Filemón le enseñó a Jung, esta dimensión no reconocida –no reconocida en el mundo de Jung– era tan real como el mundo físico. En la página siguiente, Baring agrega:

> Como psiquiatra, debió interpretar esta materia prima y encarnarla en una forma que la gente pudiera entender, que podría convertirse en la base de una comprensión contemporánea de la necesidad de una relación entre los dos aspectos separados de la psique (la mente consciente y la dimensión más profunda del alma que él llamó inconsciente)…
>
> A través de estas páginas bellamente trabajadas [de *El libro rojo*], podemos seguir la búsqueda de Jung de la dimensión perdida del alma: cómo se rescata del abandono y la oscuridad, cómo se le da a su vida una expresión significativa en imágenes y palabras meticulosamente pintadas, cómo se convierte para él en una realidad viva más que en una abstracción teórica. Estas conmovedoras palabras registran su comprensión de que el alma *es una entidad viviente independiente o una dimensión de la realidad, algo cuyo inmenso rango no podemos captar, cuya voz es «el espíritu de las profundidades»*.[13]

Creo que podría ser instructivo insistir en la diferencia entre el contexto de Jung y el de Randy. Aunque Randy no es de ascendencia solo indígena y su familia es laica, está inmerso en un contexto sociocultural saturado de catolicismo y espiritualidad indígena,

---

12. Baring, 2019: 246.
13. Baring, 2019: 247; énfasis en el original.

especialmente en forma de curanderismo/brujería. Jung, por el contrario, es europeo y se identifica como científico, así heredero de la historia –resumida, brevemente, en los capítulos 1 y 2 de la tercera parte–, a saber, el asesinato del chamanismo, de *anima mundi* y la erradicación de las «brujas» durante los siglos de la Época de la Hoguera. Esta erradicación, como expuse en el capítulo 2 de la tercera parte, tuvo mucho que ver con el establecimiento de una base nueva y religiosamente neutral para el nuevo conocimiento que se creó en los siglos XVI y XVII. Un conocimiento basado en inventar un nuevo objeto de estudio para esta nueva ciencia, esto es, una naturaleza inerte, mecánica, insensible. He relacionado, en este breve retrato histórico, la erradicación del chamanismo europeo con la necesidad de encontrar una base religiosa –y metafísicamente– neutral, sobre la cual erigir un nuevo conocimiento que pudiera brindar la certeza a la que los europeos se habían vuelto adictos desde la cristianización de Europa. El cristianismo europeo estaba centralizado bajo el Papa y había monopolizado la educación, por lo que poseía el poder institucional para certificar, y enseñar, lo que era verdadero y lo que era falso.

Sin embargo, el cristianismo europeo, a diferencia de la cosmovisión de *anima mundi*, colocó a Dios fuera de la creación. Es cierto que había conferido a muchos lugares naturales el estatus de sacralidad, como ciertos manantiales u otras características naturales del paisaje. La Iglesia, no obstante, vio esta sacralidad como resultado total de su autoridad y de sus representantes y no, enfáticamente, de una sacralidad que emana directa y espontáneamente del lugar mismo. La doctrina de la Iglesia, como la declaró Tomás de Aquino, reconoció que algunos lugares naturales tenían signos que los hacían efectivos, por ejemplo, algunos manantiales podían curar,[14] pero solo

---

14. El más conocido es Lourdes, en el suroeste de Francia.

los signos designados por la Iglesia eran efectivos.[15] En su mayoría eran lugares u objetos sacralizados por el poder de los santos o las reliquias, así como por la aparición de la Virgen. La diferencia, entre estos dos tipos de lugares u objetos, fue crucial. Aquellos lugares u objetos no sacralizados por la Iglesia, o por la propia Virgen, eran parte de una cosmovisión de *anima mundi* y se consideraban supersticiosos. Llegaron, con el tiempo, a ser vistos como heréticos y, por lo tanto, necesitaban ser erradicados.

A fines del siglo XVII, todas las experiencias visionarias no autenticadas por la Iglesia habían sido certificadas como supersticiosas o heréticas. Tanto es así que Isaac Newton, una de las figuras más destacadas de la Revolución mecánica, mantuvo totalmente en secreto sus artículos sobre alquimia y otros movimientos filosóficos ocultos. Esos documentos privados y secretos solo se descubrieron cuando uno de sus descendientes los encontró en la década de 1930 en su ático y los vendió en una subasta. Newton sabía que era mejor no revelar estos intereses suyos, porque, en efecto, le habrían robado la inmensa fama que obtuvo durante su vida y que él buscó activamente.[16]

Como ha argumentado Frances Yates, la expulsión de la mente o la psique del mundo fue una reacción contra la magia y la práctica de los filósofos ocultistas y una variedad de curanderos campesinos orales, todos bajo la etiqueta de brujos. Para el mago o chamán, la psique impregna el mundo, así como también a los humanos. Equivale a lo contrario del dualismo cartesiano entre *res extensa* y *res cogitans*. Había que evitar, a toda costa, una conexión tan íntima entre mente/psique y el mundo. No habría ningún compromiso emocional y subjetivo con el mundo. Como muestran Shapin y Schaffer en su libro clásico de 1985, *Leviatán y la bomba de aire* (*Leviathan*

---

15. Belmont, 1983: 9-23.
16. Wertheim, 1995: 120 y *pássim*.

268 La voz de Frédérique

and the Air Pump), Robert Boyle inscribió esta separación en las reglas del método científico experimental que aún es dominante. En el momento de los experimentos de Boyle en su nuevo laboratorio público –a mediados del siglo XVII–, la magia ya estaba derrotada. En ese momento, todo en el universo fue visto compuesto de partículas como protones, electrones y neutrones, que son también la base de la vida. La materia, el espacio y el tiempo se definieron todos puramente en términos matemáticos. Esta visión está respaldada por las instituciones públicas de las sociedades europeas y americanas y las derivadas de ellas. En los pasillos del poder epistemológico, esta visión todavía domina. Cualquier persona pensante debe rechazar cualquier noción de almas inmateriales y espíritus animados. Estos están oficialmente fuera, oficialmente supersticiosos –también conocidos como no reales– o, como mucho, culturalmente vinculados y no universales.[17]

Teniendo en cuenta aproximadamente estos cuatrocientos años de historia europea, no debería sorprendernos que muchos contemporáneos de Jung lo consideraran un psicótico. La genealogía de la comprensión de las experiencias chamánicas como psicóticas es extensa. En antropología, tal comprensión solo comenzó a descartarse alrededor de la década de 1960, pero por esa época de las experiencias visionarias de Jung, estaban en pleno apogeo. Anne Baring habla de las experiencias visionarias de Jung como una búsqueda

---

17. Wertheim, 1995: 97. Esos temas han sido el ámbito de la disciplina de la antropología, que, en su conjunto, ha interpretado los fenómenos de culturas donde la modernidad no ha penetrado completamente, en términos de expresar otros aspectos de la cultura en la que se encuentran, lo que significa que tratan de aspectos de la sociedad humana. Por lo general, no se consideran que tengan una realidad ontológica intrínseca, sino que la antropología los considera que se originan en algo parecido a un imaginario cultural colectivo. Con el «giro ontológico» más recientemente, esta visión ha comenzado a cambiar.

para rescatar una «dimensión perdida del alma» de la oscuridad y el abandono. Lo que estoy tratando de decir es que la dimensión perdida del alma de Jung, lo que él llamó el «inconsciente colectivo», había sido deliberadamente asesinada en Europa en nombre de restablecer la certeza sobre lo que eran fundamentos inquebrantables y premisas universales. Al separar la mente/alma –la psique– de la materia, se pudo reclamar la universalidad de sus hallazgos, desde que todos pertenecían al mismo mundo material, universal, tal como lo percibía toda la humanidad dotada del mismo aparato perceptivo. Esto hizo, de este sistema de conocimiento, uno con validez universal, totalmente separado de la psique/mente individual del científico o de la mente colectiva de la cultura o la religión del científico. Este último hecho desempeñó un papel central en la difusión mundial de la ciencia mecanicista, ya que no compitió con la cultura de quienes la adoptaron. Su propia autocomprensión era que estaba separada de cualquier religión o cultura dada y, por lo tanto, universal.

La ciencia mecanicista nacida en Europa occidental podría viajar a cualquier lugar bajo su propia apariencia de un sistema de conocimiento religiosa y culturalmente neutral. De ahí la facilidad de su difusión global bajo su manto de universalidad totalmente libre de cualquier anclaje cultural, religioso o político específico. Esta separación de la nueva ciencia mecanicista de cualquier cosmovisión religiosa o cultural específica ha sido clave para su capacidad de difundirse por todo el mundo y ser aceptada como una forma universal de conocimiento. Este manto de universalidad, sin embargo, es una ilusión desde el momento en que hace invisibles los mismos cimientos de Europa occidental sobre los que se construye y que he tratado de visibilizar en el capítulo 2 de la tercera parte.

Aun así, existe una cierta universalidad en la ciencia mecanicista, pero necesito aclarar en qué consiste, exactamente, esta universalidad. Estoy tratando de hacer visible el hecho de que para lograr esta universalidad material y, con ella, la certeza, era necesario separar radicalmente la mente/psique de la materia, algo que el cristianismo romano (europeo) facilitó al considerar todos los aspectos numinosos de la naturaleza como supersticiosos a menos que estuviesen autorizados por la Iglesia. Esto también fue facilitado por la separación radical de la Iglesia entre Dios y la Creación. El hecho de que los católicos, los protestantes y los nuevos científicos mecanicistas (conocidos como «filósofos naturales» por entonces) estuvieran de acuerdo en reconocer la cosmovisión de *anima mundi* como herética o peligrosa y que necesitaba ser erradicada, expresa que estos tres grupos compartían la creencia, a pesar de los sangrientos conflictos entre las dos formas de cristianismo, en la clara separación entre el mundo natural, por un lado, y el numinoso o sagrado, por el otro.

La noción de Jung del «inconsciente colectivo» no solo se basa en lo que ha aprendido a través de sus propias experiencias visionarias, sino también a través de los sueños y las experiencias de sus pacientes. Jung reporta sueños de sus pacientes que ni ellos ni él pudieron descifrar. Investigó la mitología y los rituales del mundo y, a menudo, encontró una asombrosa confirmación de tales sueños en culturas muy remotas y exóticas que el paciente no podía conocer. Jung viajó a África y otras regiones e investigó en las bibliotecas sobre temas como la alquimia, la cábala, los textos tántricos, el *I Ching* y las mitologías y rituales del mundo[18] en busca de los posibles orígenes de los sueños y visiones de sus pacientes, así como de los suyos. Lo que las tradiciones esotéricas de la Europa medieval y renacentista comparten con las tradiciones esotéricas del Oriente, y de otras partes del mundo, y con las tradiciones chamánicas de los pueblos indígenas en todas partes, es precisamente la falta de separación entre este mundo –o la naturale-

---

18.   Sobre este tema, véase Peat, 1987: 14. También Baring, 2019: 251 y pássim.

za– y la otra dimensión, que uno podría etiquetar como «numinosa» o «espiritual», ya que, en aquellas tradiciones, las dos dimensiones están vivas con espíritus. Esto es cierto, como se trató en el segundo capítulo de la primera parte, para la tradición chamánica amazónica.

Jung cuestionó la universalidad de la ciencia mecanicista. Argumentó que la racionalidad, la mente consciente, «descansa como un nenúfar en este sustrato mayor de nuestra vida psíquica».[19] Wolfgang Pauli (1900-1958), uno de los primeros físicos que formó parte de la revolución cuántica, se convirtió en paciente de Jung. Ellos desarrollaron una larga relación durante unos 25 años. Juntos formularon el concepto de «sincronicidad» que desafió la separación entre materia y mente. La física cuántica, por supuesto, ha hecho esto de una manera radical pero diferente, como traté de contar brevemente en el capítulo anterior. Pero la noción de sincronicidad reúne la noción de Jung del inconsciente colectivo con la revelación cuántica de la inseparabilidad del observador y el observado.

Utilizaré el trabajo del físico cuántico David Peat, cuyo libro de 1987, *Sincronicidad: el puente entre la materia y la mente* (*Synchronicity: The Bridge Between Matter and Mind*), ha repercutido profundamente en mi pensamiento. Permítanme citar a Peat en uno de los ejemplos clásicos de sincronicidad, contado por el propio Jung, sobre una crisis que ocurrió durante la terapia:

> La paciente de Jung era una mujer cuyo enfoque de la vida sumamente racional hacía que cualquier forma de tratamiento fuera particularmente difícil. En una ocasión la mujer relató un sueño en el que apareció un escarabajo dorado. Jung sabía que ese escarabajo era de gran importancia para los antiguos egipcios, porque se lo consideraba como símbolo de renacimiento. Mientras la mujer hablaba,

---

19.   Citado en Baring, 2019: 249.

272 La voz de Frédérique

el psiquiatra en su oficina a oscuras escuchó un golpe en la ventana detrás de él. Corrió la cortina, abrió la ventana y entró volando un escarabajo verde dorado –llamado *rose chafer* o *Cetonia aurata*–. Jung le mostró a la mujer «su» escarabajo y desde ese momento se terminó la excesiva racionalidad de la paciente y sus sesiones juntas se volvieron más productivas.[20]

Pauli se convirtió en paciente de Jung y esta relación, con el tiempo, se convirtió en una relación de colegas. Peat escribe que, «gracias a Pauli, Jung cristalizó aún más sus ideas y en 1952 los dos hombres publicaron juntos *La interpretación y la naturaleza de la psique*».[21] La reacción habitual a tales sincronicidades es desestimarlas tan solo como pura coincidencia, sucesos de pura casualidad. Ellas se diferencian de la forma en que el observador en un experimento cuántico interviene para colapsar una función de onda. Es cierto que tales intervenciones suponen una ruptura radical entre la separación estándar entre el observador y lo observado en la ciencia newtoniana clásica. Para el físico John Wheeler, citado en Peat, «la vieja palabra "observador" simplemente debe ser tachada de los libros, y debemos poner la nueva palabra "participante"».[22] Sin embargo, tal participante permanece muy lejos de las sincronicidades registradas primero por Jung y Pauli y, luego, por muchos otros. La diferencia es que, en las sincronicidades, la cuestión del significado para la persona que las experimenta está en el centro del suceso de una manera que está ausente en el participante de un experimento cuántico. No aparecen escarabajos dorados o su equivalente durante tales experimentos. Estos sucesos, supuestamente aleatorios o casuales,

---

20. Peat, 1987: 6-7.
21. Peat, 1987: 22.
22. Peat, 1987: 4, énfasis en el original.

tienen un significado profundo para la persona que los experimenta. Así lo expresa Peat:

> Porque si bien los eventos aleatorios siempre pueden arrojar patrones por pura casualidad, la esencia de una sincronicidad es que el patrón particular tiene un significado o valor para el individuo que lo experimenta. Si bien las leyes convencionales de la física no prestan atención a los deseos humanos ni a la necesidad de significado (las manzanas caen, lo deseemos o no), las sincronicidades actúan como espejos de los procesos internos de la mente y toman la forma de manifestaciones externas de transformaciones internas.[23]

Otra diferencia es la abundancia de símbolos que Jung ha podido identificar como pertenecientes a tradiciones espirituales lejanas en todo el mundo. Incluso un breve escrutinio de las extraordinarias pinturas de Jung en *El libro rojo* original deja en claro la importancia central del patrón del mandala oriental en ellas, un patrón compartido por la mayoría de las tradiciones índicas y presente también en el misticismo cristiano, como los grandes vitrales en forma de rosa de las catedrales de Notre Dame o de Chartres. La propia experiencia de Jung y las de sus pacientes permitieron acceder a una colección mundial extremadamente rica de temas y diseños místicos como también espirituales. Lo que es fácil de ver para mí es que la mayoría de estas tradiciones comparten una ausencia de separación entre la naturaleza y lo divino o sagrado. Este mundo brilla con numinosidad, toda sacralidad no está relegada a un dominio «sobrenatural» por encima de la naturaleza. En esto, estas se diferencian de la corriente principal de las religiones abrahámicas monoteístas, pero no de sus corrientes místicas y esotéricas. Creo que algo similar se refiere a las tradiciones orientales donde

---

23. Peat, 1987: 24.

el taoísmo, el tantra, el *I Ching*, el budismo Vajrayana, la tradición Shakta y otras cepas místicas ocupan un lugar destacado.

Volveré a referirme al trabajo de Baring para conocer su comprensión de la noción de Jung del inconsciente colectivo que, para mí, ha sido muy esclarecedora. Inicialmente entendí la palabra «inconsciente» en términos bastante freudianos, como algo por debajo del nivel de la mente consciente de un individuo e inferior a él, aunque muy poderoso para moldear el comportamiento de ese individuo. Baring insiste en que, en realidad, la situación es al revés. Para Jung, el término «inconsciente» se refiere a la naturaleza no reconocida o ignorada de una conciencia infinitamente mayor de proporción cósmica, a saber, el aspecto psíquico invisible de la matriz cósmica a partir de la cual la mente consciente ha evolucionado. Es esta comprensión del inconsciente colectivo lo que ha dejado en claro el parentesco íntimo entre las experiencias de Jung y el enfoque de las experiencias chamánicas en el mundo de Randy. En palabras de Baring:

> Esta gran conciencia o dimensión mayor del alma tiene un foco o centro de conciencia dentro de ella, que funciona allí como una inteligencia autónoma, un principio dinámico, estructurador, ordenante e integrador que Jung llamó el sí-mismo. En su opinión, esta inteligencia más profunda (incluso cuando no se reconoce) inicia y supervisa la alquimia de la transformación de la conciencia –ya sea en el individuo o en nuestra especie en su conjunto– mediante la cual el centro de gravedad se desplaza gradualmente de lo personal a lo transpersonal o, para decirlo de otra manera, donde la personalidad consciente o el ego crece y se expande alineándose con la base invisible de la vida. La creación de esta relación a lo largo de la vida es la quintaesencia del proceso de individuación.[24]

---

24. Baring, 2019: 260.

Es decir, el inconsciente colectivo es la base de la vida no reconocida, la dimensión cósmica de la psique/alma/mente. Tanto la naturaleza profunda como la no reconocida de este fundamento de toda la vida es lo que Jung denomina inconsciente colectivo, pues este subyace a toda la humanidad y conciencia, y existe en una dimensión planetaria y cósmica.[25] Esta comprensión del concepto de Jung del inconsciente colectivo es casi idéntica a la conclusión a la que llega el neurocientífico y neurocirujano Eben Alexander y su coautora, Newell, en su libro de 2017, que amplía la experiencia de una ECM de una semana de duración de Alexander:

> Nuestro pequeño teatro individual de la conciencia parece a primera vista ser solo nuestro, pero la evidencia que surge de la física cuántica y del estudio más profundo de la naturaleza de la conciencia y el problema mente-cuerpo indica que todos somos realmente parte de una mente colectiva. Todos estamos juntos en esto y estamos despertando lentamente hacia un objetivo común: la evolución de la percepción consciente.[26]

Aquí Alexander y Newell se hacen eco de Jung al hablar de una mente colectiva y la evolución de la percepción consciente, lo que implica que nuestra percepción actual no es consciente de la verdadera naturaleza de la conciencia/mente/psique, lo que también implica que la percepción colectiva es actualmente inconsciente, el mismo concepto de Jung del inconsciente colectivo.

---

25. Aquí debo señalar que Jacques Mabit ha argumentado que los arquetipos de Jung son, de hecho, espíritus desacralizados. Véase, Mabit, 2020: 113-154.
26. Alexander y Newell, 2017: 238-39. El libro está escrito en la primera voz, la de Eben Alexander, pero él escribe largamente sobre la contribución crucial de Karen Newell en su entendimiento de las implicaciones de su ECM, dándole crédito a ella para su entendimiento.

Esta falta de percepción de la verdadera naturaleza de la mente/conciencia/psique como planetaria y cósmica es reconocida por todos los autores que he citado en este capítulo. Tal falta de percepción –tal inconciencia– no se encuentra en todas partes del mundo, especialmente no entre la familia de tradiciones índicas –hinduismo, budismo, jainismo, shaktismo, sufismo del sur de Asia–, en el taoísmo y en las tradiciones indígenas y las tradiciones esotéricas o místicas de las religiones abrahámicas, entre otras. No hay duda de que el uso que hace Jung del sí mismo proviene de su familiaridad con muchas de las tradiciones índicas en las que el pequeño sí mismo individual, el «atma», y el sí mismo cósmico, «brahman», corresponden a su uso. A lo largo de *El libro rojo* esto queda claro. El aroma de las tradiciones ocultas europeas: alquimia, hermetismo, cábala, impregna también *El libro rojo*. Sin embargo, estas tradiciones, con las tradiciones populares de curación campesina y el chamanismo, fueron consideradas heréticas por la Iglesia, oficialmente en 1484, y erradicadas con éxito a través de las inquisiciones de las Iglesias protestante y católica, como se analiza en el capítulo 2 de la tercera parte. Como se argumentó en ese capítulo, el asesinato de *anima mundi* fue necesario para establecer la certeza sobre el terreno neutral de una materia sin alma, inerte e insensible, manteniendo así a raya los horrores de las guerras de religión. La religión podría mantener el dominio de lo «sobrenatural», es decir, lo que estaba por encima de este mundo, por encima de la naturaleza, y el dominio de la ciencia no pisaría de ninguna manera ese terreno, sino que permanecería en un plano puramente material y no sobrenatural. Se puede decir que la resolución de los problemas político-religiosos, tan profundamente arraigados, se basó en gran medida en esta división del territorio europeo en dos dominios no superpuestos, lo que Stephen Jay Gould denominó NOMA (siglas en inglés de Non-Overlapping Magisteria) que, para este naturalista, «era» una realidad contemporánea.

Creo que la resistencia continua y profundamente arraigada a las implicaciones filosóficas y metafísicas de la revolución cuántica, así como a la evidencia de la psicología profunda, la investigación psicodélica, las ECM y más, se remonta a estos acontecimientos fundamentales en la historia europea. A esto agregaría una resistencia basada en el hecho, ampliamente reconocido, de que la estricta separación entre observador y observado, mente y materia, implica una relación de poder entre los dos. La materia, al ser inerte y sin agencia, no puede reaccionar a las manipulaciones y observaciones del observador consciente y atento. La fallecida filósofa australiana Val Plumwood sondeó de manera brillante estas implicaciones en su libro *Feminism and the Mastery of Nature* [El feminismo y la dominancia de la naturaleza].[27] Ella resalta los efectos de tal dominio no solo en la naturaleza, sino en todos aquellos percibidos por los europeos, especialmente de la variedad colonialista, pero es cierto que no en exclusiva, por estar más cerca de la naturaleza como todas las mujeres y la mayoría de los hombres no europeos. Podría darnos una pista sobre la increíble resistencia que existe hoy en Estados Unidos para admitir la naturaleza sistémica del racismo en ese país en vista de los repetidos casos de violencia ejercida sobre las personas de color allí, a pesar de que pueden verse claramente en la televisión. Además, como se trató en el capítulo 5 de la tercera parte, el hecho de que la cosmovisión científica mecanicista de una naturaleza/cosmos inerte e insensible fue la base sobre la que se basó el Estado-Nación, como lo muestra el libro *Seeing Like a State* [Pensando como un Estado], de James Scott, así como el corazón de lo que Bruno Latour ha llamado la «Constitución moderna», puede comenzar a darnos una idea de lo inmenso que es el peso de la visión consensuada del materialismo filosófico. Creo que comienza a dar sentido al escepti-

---

27. Plumwood, 1993.

278   La voz de Frédérique

cismo dominante que reina en la academia, pero, también, más allá de la academia, en muchas áreas de la sociedad moderna.

Lo que Jung y Pauli denominaron «sincronicidades» son sucesos naturales que hablan directamente de la experiencia de un ser humano en particular y que tienen un profundo significado para esa persona. Esos son sucesos que colapsan nuestra separación que damos por sentada entre la materia y la psique. Sin embargo, dar por sentado la naturaleza de tales sucesos como fortuitas es el resultado tanto de la Era de la Razón como de la Época de la Hoguera, los siglos del exterminio de la cosmovisión de *anima mundi*, del chamanismo con las «brujas» y de los filósofos ocultistas. En muchas y quizá la mayoría de otras culturas, los signos del mundo natural que hablan a un individuo se consideraban presagios y se observaban y registraban cuidadosamente. Pero, en la modernidad, todos estos sucesos llegaron a ser generalmente descartados como supersticiosos, pertenecientes a un mundo arcaico, atrasado y ya superado.

Cabe señalar que los signos del mundo natural no son los únicos que irrumpen en los sueños, las visiones o las experiencias de los humanos. Creo que conviene una reflexión más profunda sobre estos hechos. Hice una distinción entre las categorías de los «distintos de los humanos» y la categoría de los «no humanos». La última, refiriéndose a entidades naturales y, la primera, a entidades que no ocurren en la naturaleza, sino en los sueños humanos o en las visiones. Permítanme ilustrarlo con ejemplos de las visiones de Randy, como el ave fénix, los dragones, el caballo alado que precedió a la aparición de su maestro indígena, la mujer-pájaro verde que le dio poderes de sus ojos y boca, la Virgen de Guadalupe, su maestro indígena, las entidades de apariencia humana que salieron del cuerpo de Grimaldo, los espíritus de varias plantas que aparecen como humanos con flores que brotan de sus cabezas. Es decir, lo que llamo entidades distintas a los humanos son aquellas que no ocurren en la naturaleza. Cuando

Espíritus y otros seres desencarnados 279

estas entidades aparecen en los sueños y las visiones humanas, se
las reconoce por ser diferentes de cualquier animal, planta o parte
del paisaje, pero características de lo que en general se conoce como
la imaginación humana. Llamar, inmediatamente, productos de la
imaginación humana a tales entidades o tipos de personas cuestiona
su realidad. Esta visión es común en la modernidad. Sin embargo,
no la comparte la mayoría de las personas en el mundo. La tradición
de la filosofía perenne, y de Henri Corbin en particular, habla del
mundus imaginalis como un mundo real.[28]

La experiencia de Randy, a primera vista, respaldaría la realidad
del *mundus imaginalis* de Corbin. Randy recibió poderes de entidades como, principalmente, su maestro indígena, la mujer-pájaro
verde, la Virgen de Guadalupe, la encarnación del águila del cerro
Waman Wasi. Antes de su iniciación, Randy no tenía absolutamente
ninguna habilidad para curar a nadie de nada. Esto cambió de manera
radical después de su iniciación y aumentó con el creciente número
de entidades que le dieron poderes. Randy no buscó esos poderes ni a
esas entidades. Al principio, él se negó a aceptar lo que le ofrecía su
maestro indígena. La Virgen de Guadalupe le dijo, específicamente,
que le estaba entregando esos poderes para que pudiera curar a las
personas que sufrían.

Uno de sus primeros pacientes puede ilustrar la eficacia de su
curación. Esta mujer lo llamó diciendo que había ido al hospital y
había sido atendida por varios médicos. Sin embargo, ella no tuvo
éxito en su tratamiento. Los médicos no pudieron encontrar nada
malo. Ella sufría de lo que parecían quemaduras de segundo o tercer
grado en todo su cuerpo. Su piel estaba descamada, en carne viva
y dolorosa. Ella no se había quemado y los médicos no pudieron

---

28. Véase, entre otros, su libro sobre misticismo persa *Cuerpo espiritual y tierra celeste*
(1960). Además, su libro sobre Ibn Arabi: *Solo con la soledad* (1960).

encontrar ninguna causa natural para su condición. Randy le dirigió una sesión de ayahuasca. Luego que ella se fue a casa, llamó a Randy a la mañana siguiente para pedirle que acudiera a su casa, lo cual hizo. Randy se sorprendió al encontrarla completamente curada, mostrando una piel normal. Randy siempre tiene cuidado en preguntarles, a las personas que acuden a él por alguna dolencia física, si han visitado antes a un médico o acudido a un hospital y han tratado de asegurarse de que la condición no sea natural. Si Randy no está seguro, envía a esas personas a un médico. La reputación de Randy creció rápidamente en la pequeña ciudad de Lamas y más allá. Él ha curado no solo dolencias físicas, sino también trastornos de la psique, como ludopatía, adicción a las drogas y alcoholismo.

Los seres distintos de los humanos aparecen en los sueños y visiones de los humanos. El hecho de que no existan en nuestra dimensión diaria del espacio-tiempo conduce a la mente moderna a afirmar que son particularidades de la psique humana. Sin embargo, la visión de Jung sobre el asunto parece considerar que existe una matriz cósmica a partir de la cual emerge la mente humana. Una vez que hemos roto la barrera, entre la materia y la psique, y reconocemos que somos parte de una mente colectiva o psique en palabras de Eben Alexander, o que nuestra mente emerge de una «matriz cósmica» en palabras de Jung, el desconcierto peculiarmente moderno sobre estos seres comienza a desvanecerse. La única mente/psique colectiva –el inconsciente colectivo en la terminología junguiana– es muy capaz de producir una infinidad de seres, así como los muy diversos seres naturales en este planeta y el cosmos, evidencia clara de una mente cósmica infinitamente creativa. No obstante, me parece que el inconsciente colectivo de Jung sigue el modelo de la mente humana. En el próximo capítulo profundizaremos en este pensamiento.

7. La memoria colectiva en el cosmos

La siguiente cita, tomada del último capítulo, puede revelar un rastro de sesgo antropocéntrico cuando escribo sobre la noción de la mente/alma/psique: «Incluso usar el término "objeto material" parece ahora inapropiado desde que está entrelazado con la mente del observador. Así como los humanos somos tanto materia como mente, así parece que es el mundo, el cosmos». Aquí es fácil suponer que la mente pertenece solo al observador humano y no a la materia misma. Esta última solo está entrelazada con el primero y matiza la comprensión de la segunda oración para decir algo como: «El cosmos, como los humanos, tiene mente y materia», y esto se desliza con demasiada facilidad para implicar que el aspecto mental del cosmos es similar al humano.

Mi propia sospecha es que no puedo estar sola en este sesgo inconsciente. Otros pueden tener también un sesgo inconsciente hacia una noción antropocéntrica de la mente. Este problema se convirtió en una señal de alerta al leer el libro *The Science Delusion* (2013),[1] de Rupert Sheldrake. Aunque he escrito un capítulo de mi libro de 2011 titulado «El dualismo naturaleza/cultura revisitada», en el que argumento en contra de la separación mutuamente excluyente entre naturaleza y cultura, la cultura sigue siendo un esfuerzo humano.[2]

Al leer a Sheldrake, me di cuenta de que hay niveles cada vez

---

1. Sheldrake, 2013. Rupert Sheldrake es un biólogo británico.
2. Apffel-Marglin, 2011: 21-34.

más profundos de conciencia sobre el dualismo entre naturaleza y cultura, y entre materia y mente. Además, advertí que, en ocasiones, surge la suposición de que la mente/psique/alma es, de hecho, humana o similar a la humana. Incluso cuando se habla de la mente cósmica, el Ser o el Brahman. La teoría o hipótesis de Sheldrake, sobre una memoria colectiva, es radical y evidentemente mucho pero «no» antropocéntrica, mientras que mi lectura de Jung tiende a ver la mayoría de sus compromisos visionarios con figuras humanas, pero reconociendo que tales encuentros también se manifiestan para él en diseños abstractos. Este hecho hace de su inconsciente colectivo una entidad algo teñida por un sesgo antropocéntrico. El inconsciente colectivo de Jung, aunque de proporciones cósmicas, no obstante, parece estar modelado en la psique/mente humana en lugar de incluir colectividades no humanas o distintas de las humanas.

La hipótesis de Sheldrake es notable por su visión radicalmente no antropocéntrica, no materialista, no dualista y holística, con su énfasis en un patrón vibratorio de actividad que él denomina «campos mórficos» en el cosmos. Estos campos mórficos vibratorios interactúan con el campo electromagnético y cuántico de cualquier sistema autoorganizado. Muy importante: estos sistemas autoorganizados cubren la gama desde los no humanos hasta los humanos, incluidos átomos, moléculas, células, tejidos, órganos, organismos, sociedades y mentes que consisten en jerarquías anidadas u holarquías de holones o unidades mórficas.

En cada nivel, el todo es más que la suma de las partes que están, en sí mismas, compuestas por partes. Estos campos mórficos son patrones de probabilidad, como campos cuánticos, y funcionan imponiendo patrones sobre sucesos que, de otro modo, serían aleatorios en sistemas bajo su influencia. A través del proceso que Sheldrake llama «resonancia mórfica», un patrón de actividad existente en un campo mórfico vibratorio resuena en el tiempo y el espacio con

La memoria colectiva en el cosmos   283

patrones posteriores. Este proceso de resonancia mórfica se aplica a todos los sistemas autoorganizados, incluidos átomos, moléculas, cristales, células, plantas, animales, humanos, sociedades animales y sociedades humanas. Este patrón de resonancia mórfica, al crear patrones de actividad similares, lleva a Sheldrake a plantear la hipótesis de que esos patrones posteriores podrían llamarse hábitos. Da los siguientes ejemplos:

> Un cristal en crecimiento de sulfato de cobre, por ejemplo, está en resonancia con innumerables cristales anteriores de sulfato de cobre, y sigue los mismos hábitos de organización cristalina, la misma estructura reticular. Un plantón de roble en crecimiento sigue los hábitos de crecimiento y desarrollo de los robles anteriores. Cuando una araña de telaraña circular comienza a tejer su tela, sigue los hábitos de innumerables antepasados, resonando con ellos directamente a través del espacio y el tiempo. Cuantas más personas aprendan una nueva habilidad, como la tabla sobre nieve, más fácil será para otros aprenderla debido a la resonancia mórfica de practicantes de *snowboard* anteriores.[3]

El lenguaje y los argumentos de Sheldrake construyen cuidadosamente una teoría holística, no antropocéntrica y no materialista, que compara patrones en campos mórficos repetidos, a través de la resonancia mórfica, hábitos; evitando, claramente así, la asociación de la mente con los humanos. La resonancia mórfica depende de la similitud y no se ve atenuada por la distancia en el espacio y tiempo, comportándose de la misma manera que las partículas en los experimentos de no localidad de la física cuántica, donde las partículas previamente asociadas se separan y se envían en diferen-

---

3.   Sheldrake, 2013: 99.

tes direcciones, incluso a distancias infinitamente grandes, y ellas inmediatamente reaccionan de la misma manera, sin que transcurra un tiempo intermedio. Einstein llamó a este efecto «acción espeluznante a distancia». Por lo tanto, la resonancia mórfica funciona de manera no local, mientras que los campos mórficos son locales, dentro y alrededor de los sistemas que organizan.

Para Sheldrake, las mentes no están restringidas a entidades humanas o similares a las humanas, sino que pertenecen a todas las entidades terrenales y cósmicas. De hecho, él denomina a la existencia acumulativa de campos mórficos, moldeados por resonancia mórfica, «memoria», y este fenómeno se aplica a todos los sistemas autoorganizados del cosmos. En el capítulo «¿Se almacenan los recuerdos como rastros materiales?», de su libro *The Science Delusion: Freeing the Spirit of Enquiry* (2013), hace una revisión exhaustiva de las investigaciones neurológicas relativas a la memoria humana. Revisa, en particular, los hallazgos de tres neurocirujanos y neurocientíficos (Karl Lashley, Karl Pribram y Wilder Penfield), quienes asumieron que los recuerdos se almacenaban en ciertas áreas del cerebro. Todos tuvieron que abandonar esta idea y concluyeron que los rastros de la memoria están ampliamente distribuidos en el cerebro.

Pribram, especialmente, empezó a ver el cerebro como un «analizador de forma de onda», comparándolo con un receptor de radio que capta formas de onda del «orden implicado» y las hace explicadas, utilizando las nociones del físico cuántico David Bohm sobre el orden implicado y explicado. Bohm argumentó que el mundo manifiesto es el orden explicado que emana del orden implicado; este último contiene una especie de memoria.[4] Sheldrake sostiene que los recuerdos se transfieren a través de la resonancia de patrones similares en el pasado en lugar de ser transportados en la cabeza

---

4. He aprendido acerca de las ideas de Bohm con el libro de Bohm y Peat, 1987.

de los humanos. Tras revisar la literatura, sobre la teoría de que la memoria humana son rastros materiales en el cerebro, Sheldrake concluye que los recuerdos no están en el cerebro, sino fuera de él. Como sostiene su teoría de la resonancia mórfica, el cerebro actúa más como un receptor de radio que como una radio emisor. Sheldrake amplía esta teoría más allá de la esfera humana al plantear la hipótesis de que todos los sistemas autoorganizados –desde los átomos hasta las sociedades humanas– tienen campos mórficos que son patrones de actividad vibratoria que, a través de la resonancia mórfica en el espacio y el tiempo, crean hábitos y recuerdos. Una implicación crucial de esto es la siguiente:

> Pero si la memoria es un fenómeno resonante a través del cual los organismos resuenan específicamente consigo mismos en el pasado, la memoria individual y la memoria colectiva son aspectos diferentes del mismo fenómeno; difieren en grado, no en especie...
>
> Esta hipótesis es comprobable. Si las ratas aprenden un nuevo truco en un lugar, entonces las ratas de todo el mundo deberían poder aprender el mismo truco más rápido... [Aquí Sheldrake da evidencia de varios estudios]. Todas las ratas similares aprendieron más rápido, tal como lo predeciría la hipótesis de resonancia mórfica. [En la página siguiente da los resultados del efecto Flynn sobre el aumento de las puntuaciones del CI]. De hecho, ese efecto [en humanos] se ha producido y se conoce como el efecto Flynn... Las puntuaciones promedio de las pruebas de CI han aumentado durante décadas en 30 % o más.[5]

Por lo tanto, Sheldrake habla de una memoria colectiva en lugar de utilizar la frase de Jung del inconsciente colectivo. Su término,

---

5.   Sheldrake, 2013: 207-208.

286 La voz de Frédérique

«memoria colectiva», se refiere a cualquier sistema autoorganizado, desde los átomos y partículas subatómicas hasta las sociedades humanas, lo que hace que el término «memoria colectiva» sea verdadera y radicalmente no antropocéntrico.[6] Mientras que, en mi opinión, la noción de Jung del inconsciente colectivo está profundamente anclada en la experiencia humana.

Sheldrake, por el contrario, reconoce de manera sorprendente que la suposición materialista de la ciencia occidental se originó en lo que él llama la «revolución mecanicista» en la Europa del siglo XVII, que emerge de la obsesión europea por los conflictos religiosos que son ajenos a otras partes del mundo, como he argumentado en el capítulo 2 de la tercera parte.[7] También señala que este tipo de ciencia se enseña en Asia, África, países islámicos y muchas más áreas, una ciencia empaquetada en la ideología del pasado europeo.[8] Agrega: «El materialismo obtiene su poder persuasivo de las aplicaciones tecnológicas de la ciencia. Pero el éxito de estas aplicaciones no prueba que la ideología sea cierta».[9]

Otra implicación crucial de lo anterior es que la memoria colectiva –como también la memoria individual– no está en el cerebro. La muerte del cerebro o de la persona, animal o planta, o de la sociedad, no implica el borrador de la memoria. Como muestran los datos de las ECM –discutidos en el capítulo anterior–, la memoria

---

6. Sheldrake, 2013: 99.
7. Prefiero su término «revolución mecanicista» y planeo adoptarlo de ahora en adelante, ya que llevo un tiempo argumentando que esta «Revolución científica» es específicamente europea occidental. Este término implica que solo hay una ciencia considerada universal. De hecho, hay muchas ciencias en el mundo, como señala Sheldrake. Me he referido a este fenómeno como la diversidad de sistemas de conocimiento.
8. Este es un argumento que expuse en nuestro libro editado en 1996. Véanse mis dos trabajos en: Apffel-Marglin y Marglin, 1996, capítulos 1: 1-40 y 5: 142-181.
9. Sheldrake, 2013: 318.

y la percepción se retienen después de que el corazón y el cerebro están muertos; los dos últimos muestran curvas planas en los cardiogramas y las electroencefalografías. Las ECM, que están aumentando en número desde que se incrementa la capacidad de los hospitales para revivir a los pacientes, también parecen mostrar que la mente, es decir, los recuerdos, la percepción y el pensamiento, no es una propiedad emergente de la actividad neuronal en el cerebro. Lo que propone Sheldrake en el capítulo 8 del mismo libro, «¿Están las mentes confinadas a los cerebros?», es una alternativa tanto a la posición materialista radical, que afirma simplemente que la conciencia/mente/psique/alma no existen, como a la posición dualista, que afirma que la mente/alma/psique/conciencia son inmateriales, fuera del tiempo y espacio; es decir, «sobrenatural». Sheldrake propone una teoría de campo de la mente dada su hipótesis de campos mórficos. Los campos mórficos son patrones vibratorios dentro y alrededor de cualquier sistema autoorganizado. El ser humano con su cerebro es uno de esos sistemas autoorganizados. Este tiene, dentro y alrededor de él, un campo, como el campo dentro y alrededor de un imán; o el campo gravitacional de la Tierra, tanto dentro como extendiéndose más allá de ella, manteniendo la Luna en su órbita.

Sheldrake retoma el caso de la visión y se remonta al descubrimiento de Johannes Kepler sobre cómo funciona la visión:

> Kepler se dio cuenta de que el cristalino enfocaba la luz que entraba en el ojo a través de la pupila y producía una imagen invertida en la retina... El problema era que las imágenes de las retinas de ambos ojos estaban invertidas y al revés. Es decir, estaban al revés y el lado izquierdo a la derecha, y viceversa. Sin embargo, no vemos dos pequeñas imágenes invertidas y revertidas... El problema ha perseguido a la ciencia desde entonces... Galileo (1564-1642), igualmente, retiró las percepciones del mundo externo y las compri-

mió en el cerebro... Así, nuestra experiencia directa del mundo se dividió en dos polos separados, el objetivo, afuera [las cualidades primarias], y el subjetivo, en el interior del cerebro [las cualidades secundarias].[10]

Aunque la mayoría de los filósofos y psicólogos se aferran a la teoría de la mente en el cerebro, una minoría se remonta a los escritos de Henri Bergson, William James y Alfred North Whitehead. Este último escribió que «las sensaciones son proyectadas por la mente para revestir los cuerpos apropiados de naturaleza externa».[11] Sheldrake menciona el trabajo de Francisco Varela y Maturana y la estrecha relación entre la actividad y la percepción en su enfoque «enactivo» o «encarnado» donde las percepciones no están representadas dentro de la cabeza, sino que se representan o se manifiestan debido a la interacción entre los organismos y el ambiente. Los humanos son del mundo y están en él.[12] El libro del neurólogo Iain McGilchrist sobre el cerebro dividido, *El maestro y su emisario*,[13] comienza inolvidablemente con la historia de un hombre ciego de nacimiento a quien se le restauró la vista mediante una cirugía y que no podía caminar sin chocar con las cosas. ¡No podía ver! Le tomó un largo aprendizaje de caminar en su entorno para, al final, poder ver efectivamente.

En su discusión sobre la visión, Sheldrake trae la experiencia de ser mirado desde atrás y darse la vuelta. Esto es algo que he verificado repetidamente. También una exalumna que había estado en el ejército

10. Sheldrake 2013: 215-217.
11. Whitehead, 1925: 54, citado en Sheldrake 2013: 219.
12. El trabajo de Varela influyó profundamente en mi libro de 2011, utilizando sus ideas y las de otros para formular mi teoría performativa del ritual. Véase Varela, Thompson y Rosch, 1993.
13. McGilchrist, 2019 (2013).

me dijo que se les enseñaba a evitar mirar a los enemigos potenciales cuando intentaban escapar y mantener la vista en el suelo, incluso si estos no podían verlos. En la industria de la vigilancia, la gente es consciente de este fenómeno que aparentemente existe también a través de las cámaras de vigilancia y las cámaras de los fotógrafos:

> Un fotógrafo de lente larga que trabajaba para el *Sun*, el diario sensacionalista más popular de Gran Bretaña, dijo que estaba asombrado por la cantidad de veces que sus canteras «se daban la vuelta y miraban directamente por la lente», incluso si miraban en la dirección opuesta para empezar. Él no creía que podrían verlo o detectar sus movimientos. «Estoy hablando de tomar fotografías a distancias de hasta media milla en situaciones en las que es bastante imposible que las personas me vean, aunque yo las pueda ver. Son tan conscientes, esto es asombroso».[14]

El mismo fenómeno se encuentra en los animales según informan los cazadores y los fotógrafos de vida silvestre. Los animales pueden detectar la mirada de esas personas, aunque estén bien escondidas y usando lentes telescópicas. Sheldrake comenta que esta habilidad fue evolutivamente ventajosa, sobre todo en los contextos de depredador-presa. Este efecto de detectar la atención a distancia, incluso a través de cámaras, lentes y otros dispositivos, muestra que la percepción y la mente no están aprisionadas dentro del cerebro. Sin embargo, el materialismo es la ideología dominante en la actualidad y «debido a que es el credo de la ciencia establecida, su autoridad es enorme», hizo que mucho de lo que defiende Sheldrake esté más allá de los límites de la ciencia aceptable.[15] Como la reso-

14. Sheldrake, 2013: 223.
15. Sheldrake, 2013: 229.

nancia mórfica, las mentes son campos que se extienden más allá de los cerebros, tanto en el tiempo como en el espacio vinculado al pasado por resonancia mórfica y a futuros virtuales a través de esperanzas y deseos.

La tercera vía de Sheldrake, entre el materialismo y el dualismo, abre la posibilidad de construir puentes, particularmente entre el chamanismo y la ciencia, desde que el chamanismo no solo ve la naturaleza, el cosmos, como algo vivo, sino, más importante aún, como si tuviera alma/mente/conciencia. Cuando los indígenas de la región de Lamas hablan del espíritu de la «selva tropical» (*Sachamama*), el «espíritu de la luna» (*Mama Killa*) o el «espíritu del sol» (*Taita Inti*) –o cualquier otro espíritu–, eso está siendo comunicado. Esas entidades poseen sensibilidad, mente, alma y conciencia. El caso de Randy nos ofrece una situación radical, en el sentido de que su propia cultura y educación no lo prepararon para ver espíritus en la naturaleza/cosmos. Es decir, no creía en estas entidades. No tenía tales «creencias», más bien todo lo contrario, compartía la perspectiva materialista, no religiosa y no espiritual de sus padres. En su caso, no se puede afirmar, como ha señalado Viveiros de Castro, un antropólogo brasileño de la Amazonía: «En el chamanismo amerindio [...] conocer es personificar, asumir el punto de vista de lo que se conoce [...]. La forma del otro es la persona».[16]

Sheldrake reflexiona directamente sobre el chamanismo:

> ¿Qué pasa si los chamanes realmente tienen formas de aprender sobre plantas y animales que son completamente desconocidas para los científicos? ¿Qué pasa si ellos han explorado el mundo natural durante muchas generaciones, descubriendo formas de comunicarse

16. Viveiros de Castro, 2004: 463-484, citado en Sheldrake, 2013: 335.

con el mundo que los rodea que dependen de métodos subjetivos en lugar de objetivos?[17]

La manera antropológica típica de Viveiros de Castro de atribuir el conocimiento chamánico al pueblo de lo que el llama los «amerindios» se contradice directamente con el caso de Randy. En el chamanismo, Randy fue iniciado, en contra de su voluntad, por seres desencarnados y Randy no puede ser llamado «amerindio» o indígena. Específicamente en el caso de Randy, la autoridad de las entidades invisibles con las que se ha encontrado, tanto en las sesiones de ayahuasca como fuera de ellas, en circunstancias cotidianas normales, sobrepasó su propia cosmovisión, sus propias preferencias y deseos. Al principio le resultó difícil aceptar esta realidad alternativa, pero no podía negar el hecho de que estaba profundamente transformado, un cambio que rompió su relación de mucho tiempo con su pareja y, más dolorosamente, con sus propios padres. Esta transformación no solo cambió de manera radical su visión del mundo, sino que también transformó de manera radical sus habilidades. De nunca haber podido curar a nadie, se convirtió en un curandero eficaz; de nunca haber cantado o tocado un instrumento, se volvió hábil en eso mientras dirigía sesiones de ayahuasca. Al decir esto no estoy afirmando que Viveiros de Castro esté equivocado. Para nada. Solo resalto que lo que le sucedió a Randy no se puede explicar por su pertenencia a un grupo cultural regional en particular. No se puede explicar de la manera antropológica habitual. Esta es la razón por la que he reconocido en la teoría de Sheldrake una forma que puede comenzar a dar sentido a lo que le sucedió a Randy y al chamanismo en general de manera más adecuada.

Debo enfatizar aquí que la situación de Randy tampoco puede

---

17. Sheldrake, 2013: 335.

incluirse en la categoría de conversión. Permítanme, para aclarar esto, contrastar el caso de Randy con el de Jacques Mabit, quien fue aprendiz, durante varios años, de varios chamanes locales en la misma región que la de Randy. Aunque he caracterizado la transformación de Jacques como una conversión, necesito distinguir esto. Jacques llegó a la cercana ciudad de Tarapoto con el deseo de ser aprendiz de los chamanes locales, mestizos e indígenas, pues previamente había reconocido la eficacia de los curanderos indígenas mientras estaba destinado, por Médicos Sin Fronteras, en una remota clínica comunitaria en el altiplano peruano. Conozco a Jacques desde 2004 y me convertí en una frecuente participante de las sesiones de ayahuasca que él y su esposa dirigían en su centro. Eso nos permitió cultivar una genuina amistad. Cuando Jacques se acercó por primera vez a un chamán indígena para preguntarle si podía ser su aprendiz, Jacques le dijo que era de una cultura totalmente diferente a la suya y le preguntó si esto lo descalificaría para aprender. El chamán lo miró profundamente a los ojos, le tomó el pulso y declaró que sería mejor chamán que la mayoría de las personas de su propio grupo étnico.

Jacques Mabit fue y sigue siendo médico, en el sentido de que su licencia de médico nunca ha sido revocada, aunque no sea practicante. También es un curandero y, además, un católico muy devoto. Dada la historia de la Iglesia católica en América Latina con el chamanismo en general, no se puede decir que su fe lo inclinara a «creer» en los espíritus. Denomino conversión a lo que le ocurrió a Jacques porque a través de su propia experiencia con los espíritus del monte, que le pidieron que correspondiera, por todo el conocimiento que había adquirido de ellos, curando a drogadictos, él se convirtió a una forma de catolicismo que incluía espiritualidad indígena, aunque no otras formas de espiritualidad.

Una diferencia crucial, entre la experiencia de Jacques y la de Randy, es que Jacques eligió convertirse en chamán y buscó activamente maestros chamanes. Antes de acceder a la solicitud de los espíritus del monte, Jacques había estudiado durante seis años con varios chamanes locales y nunca ha dejado de aprender por completo de los chamanes indígenas como mestizos. Él y su esposa abrieron el centro Takiwasi en 1992.[18] Otra diferencia fundamental es que Jacques estaba profundamente familiarizado con lo sobrenatural y lo sagrado, mientras que Randy era neófito en esas dos dimensiones. Randy, varios años antes de su iniciación, había ido una o dos veces a ver a un chamán mestizo local en Lamas, básicamente por curiosidad, y muy animado por un amigo mestizo cercano que, supuestamente, estaba aprendiendo con ese curandero. Después de solo dos sesiones, Randy se rindió al darse cuenta de que este chamán local se dedicaba, sobre todo por razones financieras, a la magia negra. Entonces Randy perdió el interés que pudiera haber tenido en el chamanismo, y esa experiencia podría explicar su gran apatía por acompañarme a la sesión con el chamán indígena don Aquilino. Le insistí a Randy que me acompañara. Le presioné mucho para que viniera y, ahí, es donde y cuando fue iniciado de esta manera profundamente dolorosa y desorientadora. Así que, en todo caso, Randy tenía una opinión bastante negativa del chamanismo local y trajo eso consigo a la sesión con don Aquilino. Esta es, claramente, una disposición opuesta a la de Jacques Mabit.

Por consiguiente, la explicación antropológica usual no puede utilizarse en su caso, ni en el caso de Jacques Mabit. Los dos casos son similares solo en esta dimensión: ninguno de ellos pertenece a un grupo indígena amazónico. Los casos de Jacques y Randy –que se convirtieron en curanderos eficaces– sugieren que las explicaciones en términos de disposiciones culturales, pensamientos o creencias

---

18.   La esposa de Jacques Mabit es la doctora Rosa Giove, médica peruano-japonesa, no indígena. Como su esposo, ella es católica devota.

294 La voz de Frédérique

no pueden aplicarse fácilmente y, por lo tanto, son limitadas. En mi opinión, las explicaciones antropológicas, por distintas que sean entre sí, se refieren todas a los patrones colectivos de pensamiento, creencia y disposición de un grupo humano en particular. Es decir, todas se basan en fenómenos culturales que tienen que ver con los seres humanos y no con la naturaleza o el cosmos en sí. La teoría de Sheldrake nos ofrece una manera verdaderamente no antropocéntrica de entender el chamanismo que no está arraigada en los fenómenos culturales, sino, más bien, arraigada en lo que podría llamarse fenómenos culturales-naturales.

En esta coyuntura podría ser necesario recordar que la revolución mecanicista del siglo XVII, que inauguró lo que hoy llamamos ciencia «en general», se definió a sí misma como no religión, no filosofía oculta, no chamanismo, entonces llamado brujería. Estos dos últimos, de hecho, no solo fueron declarados heréticos por las dos ramas del cristianismo, protestante y católica, sino que los filósofos naturales se unieron a esas dos ramas en su opinión sobre los filósofos ocultos y el chamanismo. La cosmovisión de los filósofos ocultistas y del chamanismo de las «brujas» no podía devenir una base para la nueva ciencia ya que tal cosmovisión hablaba de un cosmos vivo, integrado, y sagrado. Los filósofos naturales, sin embargo, inventaron un dominio completamente fuera de la religión-espiritualidad-metafísica. La cosmovisión de las brujas y los filósofos ocultistas, a saber, *anima mundi*, postuló un cosmos integrado donde lo divino lo impregnaba todo. La sagrada integralidad de la cosmovisión de *anima mundi* la excluyó como un fundamento válido y posible para la nueva ciencia mecanicista. La nueva ciencia tenía que estar, explícitamente, separada de cualquier tradición religiosa, espiritual, sagrada o metafísica. El cosmos integrado de *anima mundi* no podía separarse en un dominio inerte, mecánico y no espiritual, por un lado, y un dominio religioso y sagrado, por otro. Esa separación fue fundamental no solo para los nuevos conocimientos, sino también para las instituciones del nuevo Estado-Nación que emergieron de las cenizas de la Guerra de los Treinta Años, como se trató en el capítulo 5 de la tercera parte.

Un incidente temprano que le sucedió a Randy, unos tres meses después de su iniciación en 2016, es un ejemplo de sincronicidad, evidencia de un cosmos integrado y sensible. Randy había creado recientemente su primer altar en una habitación de su apartamento que usaba en momentos tranquilos para aprender ícaros y comunicarse en su altar. Cuando salía de esa habitación, y estaba a punto de cruzar la puerta principal para salir, se encontró cara a cara con una serpiente de color verde. Randy se detuvo repentinamente y la serpiente cambió su movimiento deslizante para erguirse en parte, de modo que se miraron a los ojos durante un rato. Luego la serpiente continuó su movimiento deslizante, entró en la habitación de Randy y se enroscó debajo de la pequeña mesa del altar, justo debajo de la imagen de la Virgen de Guadalupe que Randy había instalado allí. La primera visión de Randy, de la Virgen de Guadalupe, había ocurrido poco antes de este incidente en la oficina de Jacques, mientras este último intentaba determinar si el maestro indígena de Randy era un hechicero. Randy vio la imagen de una mujer joven con piel cobriza como la suya, un manto y una dulce sonrisa. Le describió su visión a Jacques mientras ocurría, y este último le pidió que abriera los ojos, le mostró una imagen de la Virgen de Guadalupe y le preguntó si esa era la mujer que veía. Randy respondió: «Sí, esa es la mujer que vi». Jacques le instruyó sobre la identidad de esa mujer de piel cobriza. Después de ese incidente, Randy creó su altar e instaló en él una pequeña imagen de esta Virgen. Se dice que la Virgen de Guadalupe le habló a Juan Diego en náhuatl, palabras registradas en ese idioma en un texto conocido como *Nican mopohua*. Este texto se publicó aproximadamente un siglo después, pero la evidencia muestra que fue escrito unos diez años después de la aparición.[19] Las serpientes son ampliamente conocidas en esta región por representar la tierra o el inframundo.

Por supuesto, en el momento de la sincronicidad mencionada, Randy no había experimentado ninguna otra visión de esta virgen. Sin embargo, esta sincronicidad expresa el carácter terrenal de la precursora de la Virgen de Guadalupe, la diosa Tonantzín, que parece haberse quedado en su atuendo católico y era una predicción de lo que vendría. Elegí este suceso sincrónico y profético para reflexionar sobre una profunda transformación que ocurrió en la psique de Randy. El rudimentario altar bajo el cual la serpiente se enroscó, justo debajo de la pequeña estatua de María Guadalupe, fue la primera expresión de Randy de un sentido de lo sagrado. Su vida previa a la iniciación fue singularmente secular. Estaba preocupado por visitar amigos, tener aventuras con diferentes mujeres, beber con sus amigos, pintar, diseñar, construir *bungalows* o participar en la construcción y mantenimiento de mi centro.[20] Todos sus amigos eran mestizos y, aunque pudo haber sido inusual no ir a la iglesia o celebrar las fiestas católicas, como Pascua y Navidad, compartía las actividades seculares típicas de los jóvenes mestizos locales. Pero durante su iniciación tuvo la siguiente experiencia:

> Estoy sentado, destrozado, agachado y levanto los ojos y veo tres luces en forma de rombos. En ese momento comprendí que estas

---

19. Véase Poole, 1995: introducción.
20. Debo aclarar que Randy mantuvo sus asuntos privados lejos de mí. Sin embargo, cuando nos sentamos por primera vez para que pudiera escribir su iniciación y visiones, me contó acerca de las muchas aventuras amorosas que había tenido. Al principio, estaba desconcertada por su elección, pero luego me di cuenta de que quería que yo entendiera su vida anterior, de dónde venía y cuán profundamente diferente era de su mentalidad actual.

tres luces eran el todo: el único Dios. El creador de todo el universo. La luz era tan fuerte que no pude soportarla. Levanté la cabeza dos veces. Y todo el tiempo había algunas abuelas tocando la shacapa; eran antiguas chamanas.

Esto sucedió poco después de que fuese golpeado sin piedad y llevado a los ancianos en su iniciación. Esta fue una epifanía que transformó profundamente a Randy y lo inició en la dimensión sagrada. Creo que la presencia de las ancianas chamanas durante esta visión indica que su descubrimiento de la dimensión sagrada estaba bajo sus auspicios. La shacapa es el símbolo mismo del chamanismo en esta región. En el chamanismo, el mundo está vivo y es sagrado. En la sección «La esencia de la experiencia chamánica», Baring escribe:

> Debido a que la clara distinción que ahora hacemos entre un mundo interno y externo que no existía entonces, y debido a que sentían que vivían dentro de una orden sagrada, la psique de esa época vivía dentro de esa orden, en comunión con ella. Las palabras dichas, la música escuchada, los sueños y las visiones que se vieron no vinieron de «dentro» de ellos, sino del alma del cosmos, de seres demoniacos, diosas y dioses y los espíritus de animales, árboles, montañas y ríos como también de los antepasados que nunca fueron considerados muertos, pero que formaron una línea continua en conexión con los vivos.[21]

Este fragmento está tomado del capítulo de Baring «La era lunar: la visión chamánica: parentesco con toda la creación». La era lunar de Baring se refiere al tiempo prepatriarcal, cuando la tierra era considerada nuestra madre, y los humanos tenían una conciencia participativa como parte de una amplia red de parentesco con todo el cosmos,

---

21.   Baring, 2019: 92.

como se trató en el capítulo 2 de la tercera parte. Esta conciencia permanece viva en muchas sociedades indígenas contemporáneas, pero, casi en todas partes, se ha visto abrumada por las formaciones patriarcales más dominantes. Así que la era lunar de Baring ha perdurado en varios lugares del mundo, pero sigue siendo una cosmovisión minoritaria, incluso en el estado indio de Odisha, donde estudié la tradición de las bailarinas del templo, también conocidas como sacerdotisas que encarnan a la diosa Kali. Esta tradición ahora ha terminado como un ritual público en un gran templo y permanece principalmente en su forma tántrica secreta y esotérica.

En el libro *Caos, creatividad y conciencia cósmica*, Rupert Sheldrake, el matemático Ralph Abraham y el experto en psicodélicos Terence McKenna utilizan el término de Riane Eisler de «la cultura de la asociación» en lugar del término de Baring de la era lunar. Ralph Abraham analiza el desarrollo en matemáticas de la revolución del caos, pero lleva la discusión más allá del ámbito científico. Afirma que el caos ahora se recupera de un destierro y relegación de 4.000 años al inconsciente y a la negatividad, como lo opuesto a la ley y el orden. El caos, mitológicamente, estaba encarnado en una figura femenina llamada Tiamat, que, hacia el 2000 antes de Cristo, fue vencida por Marduk, dios masculino del antiguo Medio Oriente, a quien Abraham llama «el dios de la ley y el orden», que considera el origen de una represión del caos como una fuente para la imaginación.[22]

McKenna, respondiendo a esta intervención de Abraham, lleva el tema a los psicodélicos y al chamanismo, y al efecto de los psicodélicos de inhibir la formación del ego. Como practicante del chamanismo desde hace mucho tiempo, McKenna conoce de primera mano –como yo– el poder de disolución del ego de los psicodélicos. McKenna sostiene que los cuerpos de las mujeres les brindan una

---

22.   Sheldrake, 2001: 45.

experiencia inmediata mucho mayor de disolución de los límites que los cuerpos masculinos, principalmente a través del parto y la apertura a la penetración. Esto dice:

> Hemos perdido el contacto con el caos porque es temido por el arquetipo dominante de nuestro mundo, el ego. La existencia del ego se define en términos de control... El comienzo de la sabiduría, creo, es nuestra capacidad para aceptar un desorden inherente en nuestra explicación de lo que está sucediendo... La imaginación es el caos. Nuevas formas se extraen de él. El acto creativo es dejar caer la red de la imaginación humana en el océano del caos en el que estamos suspendidos y luego intentar sacar ideas...
>
> La clave es la rendición y la disolución de los límites, la disolución del ego y la confianza en el amor de la Diosa que trasciende la comprensión racional.[23]

Abraham retoma la conversación de una manera que se conecta con lo que ha escrito Baring. Él comenta que floreció en Creta, desde al menos 3000 antes de Cristo, una cultura de asociación sin la dominación de un dios masculino. Una cultura que considera el último vestigio del Jardín del Edén, con tremenda felicidad y florecimiento de belleza en todos los aspectos de la vida. Afirma, además, que los misterios eleusinos eran idénticos a los rituales en Creta que se realizaban en público, mientras que, cuando llegaron a Grecia, aproximadamente un milenio después, se volvieron secretos debido a la toma del poder patriarcal. Sostiene también que «la cultura de la diosa y la asociación de dioses y diosas en Creta continuaron existiendo en Grecia, pero como fiestas secretas conocidas como los misterios».[24]

23. Sheldrake, 2001: 47, 49.
24. Sheldrake, 2001: 50.

300　La voz de Frédérique

Terence McKenna dice que la relación que disuelve los límites con la mente de Gaia «dejó nuestra tradición hace solo unos mil setecientos años».[25] Aquí se refiere al cierre de todos los templos de diosas en el Mediterráneo ordenado por el emperador Teodosio II en el siglo IV después de Cristo, pero, como vimos en el capítulo 1 de la tercera parte, esta tradición permaneció en Europa en el campesinado oral con su variedad de curanderos, chamanes, incluidas las brujas como también los filósofos ocultistas a lo largo de la Edad Media y el Renacimiento. Esta tradición chamánica fue finalmente exterminada durante la Época de la Hoguera. También está viva en muchas sociedades indígenas, así como en varias tradiciones tántricas en el mundo índico, así como en el taoísmo en el este de Asia y, probablemente también, en muchas otras tradiciones. Esto puede asimismo estar regresando con el renacimiento psicodélico mundial, un tema que abordaré en el capítulo 9 de esta tercera parte.

El florecimiento de un resurgimiento del interés por el chamanismo con frecuencia se trata como originando una mercantilización del chamanismo, especialmente en la Amazonía. No estoy argumentando que los efectos nocivos del creciente interés en el chamanismo no existan, ellos, en efecto, existen. Sin embargo, la historia de Randy y su experiencia muestran que no podemos descartar la noción de que este interés revivido pueda haberse iniciado en parte en el reino oculto de una memoria colectiva. Randy aparentemente era un candidato muy poco probable para convertirse en chamán. Era laico, no indígena, de una familia que no pensaba bien de ese camino y, lo que es más importante, no buscaba este camino y no lo acogía con agrado. Esto se lo impuso contra su voluntad y, de hecho, lo pasó bastante mal antes de poder abrazarlo por completo.

25.　Sheldrake, 2001: 2001: 56.

Creo que la historia de Randy es un caso sólido de la intervención de seres de un reino cósmico que, tal vez, siguiendo a Sheldrake, podemos nombrar como «memoria colectiva». El hecho de que la Virgen de Guadalupe fuera vista tanto por Grimaldo como por Randy –en esa ceremonia crucial donde Randy recibió dos tipos de poderes– es que ella no era, en una primera impresión, una ficción de su imaginación y tampoco ninguno de ellos era, previamente, «creyente» de la Virgen. Aquí es relevante señalar que Grimaldo, fundador de la ONG peruana PRATEC con la cual he colaborado durante diez años, ha optado por identificarse con su legado indígena y ha dejado atrás el catolicismo. Así, como me confirmó Randy, Grimaldo inicialmente no esperaba ni estaba emocionado de estar en presencia de esta Virgen católica.

En la conversación de Sheldrake, Abraham y McKenna, el tema gira en torno a entidades desencarnadas que la teoría reduccionista prevaleciente considera parte de nuestra psique humana, generalmente reprimida en nuestro inconsciente. Los espíritus chamánicos y otras entidades, como los espíritus angelicales o, en nuestro caso, la Virgen de Guadalupe, llevan a Sheldrake a preguntarse si todas esas entidades emergen de alguna característica humana como nuestra imaginación o nuestro inconsciente, o, en cambio, puedan provenir de una región suelta, de un reino totalmente separado, que consiste en entidades de naturaleza autónoma; este último quizá encajando en el inconsciente colectivo de Jung.[26] En este libro, Sheldrake no ofrece su propia teoría, que resumí antes, sino que es Abraham quien retoma esta línea de pensamiento y la conecta con la propia teoría de Sheldrake sobre los campos morfogenéticos y la resonancia mórfica. Cito aquí un fragmento relevante de Abraham:

---

26. Sheldrake, 2001: 101.

En el nivel del alma, todo está conectado y todo es uno, como en la superalma de Emerson y Thoreau. Este gran panqueque en el cielo participa en el mundo material arrancando un pedazo de sí mismo para encarnar en la materia. En esta visión, que es la esencia de la tradición hermética, todo tiene alma y las almas son permanentes. Su ocupación como animales o roca o árboles es temporal.

En esta visión hermética, podemos tener la mejor oportunidad de comprendernos a nosotros mismos y a nuestra historia. La historia en la escala del alma mundial es un proceso de morfogénesis. La encarnación es la materialización de la forma mórfica, la entidad, en el cuerpo. Es la resonancia mórfica del alma y el cuerpo. El espíritu es la morada de las entidades, que son aspectos particulares de las formas mórficas. La interacción entre estos diferentes planos se ha descrito como un fenómeno de onda resonante.[27]

Más adelante, en la misma conversación, Sheldrake señala que la visión del mundo espiritual como una proyección de la mente humana ha creado un universo antropocéntrico que se conoce como humanismo. Invoca el mito fáustico narrado por Goethe, en el que «el científico paradigmático vende su alma al diablo a cambio de conocimiento y poder ilimitados». Sheldrake agrega: «El espíritu rector de la ciencia moderna, según el mito fáustico, es un demonio satánico, un ángel caído llamado Mefistófeles».[28] En mi opinión, la visión de Sheldrake, Abraham y McKenna comprende el chamanismo profundamente y puede traducirlo en ideas y teorías comprensibles para la mente racional, construyendo así un puente entre la experiencia chamánica y la modernidad occidental.

---

27. Sheldrake, 2001: 101.
28. Sheldrake, 2001: 106.

A pesar de que Baring ve el inconsciente colectivo de Jung como «el terreno no reconocido de la vida, la dimensión cósmica de la psique/alma/mente» y, por consiguiente, tiene una resonancia superficial con la memoria colectiva de Sheldrake, esta tiene sus raíces en lo que Jung ve, la mente/psique/alma humana como la encarnación individual de tal dimensión cósmica y, por lo tanto, caracterizando a esta última. Dada la poderosa influencia del antropocentrismo en la modernidad, creo que la teoría de la morfogénesis y la resonancia mórfica de Sheldrake, que existe en todos los sistemas cósmicos, nos ofrece un instrumento más refinado y poderoso para ayudarnos a liberarnos del control que el antropocentrismo tiene sobre nuestras mentes modernizadas.

8. La academia y sus descontentos

Sin embargo, la construcción de un puente entre el chamanismo y el sistema de conocimiento moderno, tal como se enseña y se desarrolla en la academia, no es un objetivo fácil. A Sheldrake, Abraham y McKenna se los ha considerado bastante controvertidos en el mundo académico y, a menudo, también se los considera casi heréticos. Durante mis 26 años de enseñanza en la Universidad Smith,[1] tales pensamientos que vinculan el chamanismo con una comprensión científica del cosmos habrían sido inmediatamente tachados con la etiqueta de New Age, una sentencia de muerte segura para la reputación académica de cualquiera. Esta ha sido mi experiencia en los 31 años que llevo enseñando Ciencias Sociales en instituciones académicas en los Estados Unidos. Ahora me doy cuenta de que este puente se está construyendo una vez más, principalmente en los campos de la psicología, la psiquiatría y la neurociencia. Este puente comenzó en el año 2000, tres décadas después de haber tenido que detener todas esas investigaciones, cuando los psicodélicos se clasificaron como sustancias de la lista I en 1970 en Estados Unidos. Me enfoco, en el próximo capítulo, en este fenómeno conocido como «el renacimiento psicodélico». En este capítulo esbozo mi comprensión de por qué las ciencias sociales y naturales han evitado el chamanismo y los psicodélicos y, cuando lo han estudiado –como la antropología–, han sido ge-

---

1.   Y cinco años más en Harvard, Wellesley y Wesleyan.

neralmente en la modalidad de tercera persona, como objeto de estudio y no como una experiencia personal.

Una breve genealogía de la universidad moderna podría ser un punto de partida útil para una mirada más profunda a las perspectivas de tal puente. Empecé a pensar seriamente en estos temas hace muchos años en el contexto de mi campo, la antropología, donde el antropólogo reflexiona sobre la vida de otras personas mientras mantiene la suya al margen de tal ponderación. Muchos antropólogos han tratado de abordar este dilema ineludible recurriendo a lo que a menudo se denomina «poética postmoderna». El antropólogo John Watanabe señala en el siguiente fragmento los serios límites de tal esfuerzo:

> Desafortunadamente, a esta poética postmoderna no le va mejor que al simple positivismo para resolver las asimetrías políticas inherentes a la apropiación problemática –de hecho, ineludible– por la etnografía de la vida de sus sujetos para propósitos más allá de vivir esas vidas [...]. Cualquiera que sea su forma textual, la etnografía siempre diverge del punto de vista de los «nativos», aunque solo sea porque los antropólogos reflexionan sobre mundos que otros viven.[2]

En general, los propósitos por los que los antropólogos y otros investigadores profesionales hacen su trabajo podrían resumirse en la siguiente frase: «contribuir al conocimiento de sus profesiones o disciplinas», para usar una formulación trivial pero útil. Los investigadores profesionales viven su vida laboral dentro de los parámetros y paradigmas de sus profesiones o disciplinas académicas. A veces se pueden cambiar, pero, como Kuhn nos enseñó hace mucho tiempo, esto se hace generalmente empujando los márgenes en lugar de

---

2. Watanabe, 1995: 28.

reformulaciones más radicales.[3] La razón de esto, en mi opinión, radica principalmente en la organización social de las disciplinas académicas. Para obtener un doctorado, luego asegurar un trabajo, mantener el trabajo y adquirir legitimidad –por no hablar de prestigio–, hay que atender las teorías, conceptos, metodologías de la disciplina, dado que las decisiones sobre el empleo están en manos de los departamentos académicos de todas las disciplinas. Tal enfoque debe ocurrir en estricta separación de la atención a la vida personal del investigador. La pasión y los valores pertenecen a este último, mientras que la sobriedad, lo que Boyle llamó «modestia», y la atención a los hechos pertenecen al primero. Esta metodología fue presentada pronto por Boyle en su método científico experimental en su recién creado «laboratorio público» con sus «modestos testigos». El laboratorio público, donde el filósofo natural podía interrogar a la naturaleza mediante el uso de un aparato, era un contraste deliberado con el gabinete secreto del filósofo ocultista, como se trató en el capítulo 2 de la tercera parte.

Boyle había sido alquimista, un tipo de filosofía oculta, en sus primeros años y, por supuesto, necesitaba a mediados del siglo XVII distanciarse claramente de ese pasado. En ese momento, la filosofía oculta, con el chamanismo, eran heréticos y estaban también completamente deslegitimados, no solo con nociones de superstición, sino también con cosas peores, como búsquedas satánicas. Una de las diferencias fundamentales entre la filosofía oculta, en este caso la alquimia, y el nuevo conocimiento mecanicista era que este último separaba por completo la vida del experimentador del conocimiento así adquirido. En contraste, la búsqueda de la filosofía oculta fue a la vez la búsqueda del propio refinamiento de su alma por parte del filósofo oculto y, a la vez, una manipulación de la naturaleza. Mejor

3.   Kuhn, 1970.

dicho, la manipulación de la naturaleza fue también una transformación del alma del manipulador. Esto solo podría ser así dentro de la cosmovisión de *anima mundi*, en que los humanos, sus mentes y almas eran parte de todo lo demás en el mundo/cosmos. La zanja ontológica, sobre la que ha escrito Charles Taylor, entre la mente/alma/psique de los humanos y el mundo se creó mediante el exterminio de *anima mundi* y la filosofía oculta y su sustitución por el conocimiento mecanicista.[4] Este cambio fundamental en la búsqueda del conocimiento de la filosofía oculta al conocimiento mecanicista se institucionalizó firmemente cuando la universidad autónoma hizo su aparición más de dos siglos después.

En el caso de mi disciplina, la antropología, existe una ironía en esa situación. En la mayoría de las sociedades comúnmente estudiadas por mis colegas, es decir, las no occidentales de pequeña escala, la vida no está separada entre un dominio público del trabajo y un dominio doméstico privado.[5] Esta división se hizo mayor con la industrialización. Al respecto, el conocido estudioso de la formación de la clase trabajadora inglesa E.P. Thompson comentó, capturado en su breve formulación, que el capitalismo industrial provocó «la separación del trabajo y la vida».[6]

Existe otro aspecto de la industrialización que ha impactado profundamente en la organización del conocimiento en la universidad autónoma. Me refiero aquí al trabajo de Stephen Marglin sobre el modo de producción fabril, conocido como «la fragmentación de la tarea en el punto de producción».[7] La fabricación de un objeto se

4. Véase Taylor, 1989.
5. Esto fue especialmente así en los primeros años de la disciplina. A fines del siglo XX y en el XXI, el estudio de las sociedades complejas e incluso modernas se ha generalizado.
6. Véase Thompson, 1967: 38 y 59-97.
7. Véase Marglin, 1990: 217-282.

308 La voz de Frédérique

dividió en muchas actividades separadas, realizadas por diferentes grupos de trabajadores. Adam Smith ejemplifica el famoso modelo de este tipo de organización del trabajo en su descripción de la fabricación de un alfiler. La justificación de esta fragmentación siempre ha estado en términos de mayor eficiencia. El trabajo de Marglin presenta tanto pruebas como argumentos convincentes que muestran que, de hecho, no hay ganancia de eficiencia en este método de producción. Marglin ha argumentado persuasivamente que su verdadera función es política: el control de los trabajadores. Me he basado en ese trabajo y he sostenido que las habilidades de los trabajadores fueron desencarnadas y transferidas a la mente de los expertos contratados por el empresario.[8] La lealtad de estos expertos es a sus profesiones y a los empresarios. Esto motivó una correspondiente fragmentación del conocimiento, paralela a la fragmentación de la tarea en la fábrica, así como a una forma desencarnada y desapasionada de conocimiento que se mantiene en la mente de los expertos.

De hecho, esta asociación entre la fábrica y la universidad es una explícitamente hecha por Immanuel Kant en su famoso tratado *El conflicto de las facultades* (*Der Streit der Fakultäten*, 1798), que propone la idea de la universidad autónoma moderna, protegida por la libertad académica y sobre el modelo de la fábrica. Se reconoce que este ensayo sentó las bases de la universidad moderna, que vio la luz por primera vez en Alemania en el siglo XIX. Este es el modelo que se emuló en Estados Unidos en el siglo XIX y, por supuesto, se ha extendido a nivel mundial.[9]

Al comienzo de este tratado, Kant invoca la fábrica (la palabra que usa es *fabrikenmässig*) con su división del trabajo como modelo para la universidad y la organización del conocimiento «para que en

8. Apffel-Marglin, 1996: 142-181.
9. Connolly, 1995.

cada rama de las ciencias haya un maestro público o *professor* designado como su fideicomisario, y todos ellos juntos formarían una especie de comunidad científica llamada universidad».[10] El trabajo de Kant contiene también el germen de la idea del conocimiento por el conocimiento, incrustado en la noción de la búsqueda sin obstáculos de la verdad separada del Estado y otros controles. La noción de conocimiento por el conocimiento, es decir, la búsqueda de la ciencia «pura» sin un *telos* (propósito) práctico, se convirtió en una norma establecida a mediados del siglo XIX. La separación de Kant entre la razón teórica y práctica, y su visión de la universidad inspirada en la fábrica, proporcionaron la legitimidad intelectual para aislar la ciencia de la política, la moral, la religión y la emoción, o, en general, de la vida vivida. La ideología del conocimiento por el conocimiento lo separa de las limitaciones y requisitos que surgen de la vida comunitaria. También es completamente antropocéntrico dado que este conocimiento se mantiene solo en la mente de los humanos. La continuidad de la vida para las comunidades de los no humanos, de las que depende la vida humana y en las que está incrustada, simplemente desaparece y, con ella, la continuidad de la vida, tanto para los humanos como para los no humanos, es decir, el mundo o la naturaleza desaparece como un *telos* digno para el conocimiento. Para los científicos naturales, y muy pronto para los científicos sociales, el telos de la ciencia era el conocimiento por el conocimiento.

Sin embargo, en la política sería más exacto afirmar que el *telos* del mundo no humano era su utilidad para los humanos. El *telos* de la naturaleza como tal, fuera del estudio científico de esta –al menos hasta la invención a mediados del siglo XIX de los parques naturales en Estados Unidos–, se conoció como «recursos naturales», es decir,

---

10.   Kant, 1798, citado por Connolly, 1995.

insumos futuros en el sistema de producción que, por definición, es para los humanos. Es solo en este paradigma moderno donde la continuidad de la vida de los no humanos se vuelve relevante solo como un insumo en el sistema de producción de bienes para los humanos. El estudio de una naturaleza objetivada y mecanizada fue la base de los nuevos conocimientos, cuyas aplicaciones fuera de la academia sirvieron a fines económicos y políticos, invisibilizando así la continuidad del mundo natural. La única excepción es la creación, después del final de las guerras indias en Estados Unidos, de parques nacionales. La creación de los parques naturales nacionales en Estados Unidos encarnó una lógica de que, o la naturaleza se usaba solo para fines humanos, o se dejaba sola, sin usar nada en absoluto, por lo que podría ser «preservada» para la recreación humana, edificación o escape. En la segunda mitad del siglo XIX, quedó claro que la industrialización tenía un efecto negativo sobre el mundo natural. Esta relación mutuamente excluyente, entre la utilidad y la completa falta de ella, es algo que rara vez se encuentra en las sociedades indígenas o campesinas. En estos lugares, el uso de la naturaleza nunca excluye su espiritualidad o sacralidad inherentes, ni implica su uso con el único propósito de aumentar la productividad separada de su propia existencia continua y próspera.[11] Tanto en la región amazónica como en las sociedades campesinas, el bosque y la tierra son espíritus venerados o madres cuya vida continua es cuidadosamente atendida a través de los rituales y ceremonias chamánicas en pleno reconocimiento de la inextricabilidad de la vida de los humanos con las vidas de los no humanos.[12]

---

11. Sobre la creación de parques nacionales en Estados Unidos, véase el ensayo de Cronon, 1996: 69-90.

12. Sobre la falta de un enfoque puramente utilitario de la tierra o de los bosques o de la naturaleza en general, véanse mi introducción y mi ensayo en Apffel-Marglin, 1996, y el capítulo 5 de mi libro de 2011.

La producción de conocimiento, como la producción de bienes, se convierte en un fin en sí mismo desvinculado de la vida humana. La vida vivida siempre está entrelazada en la vida de otros humanos, por supuesto, así como de los no humanos. Yo agregaría de los distintos de los humanos, es decir, los espíritus, antepasados, deidades, demonios o ángeles y otros seres desencarnados que el nuevo conocimiento mecanicista simplemente ha desterrado de su ámbito. Estos últimos eran vistos como productos puros de la imaginación humana, pronunciados desdeñosamente y, por lo general, dejaron de formar parte de las comunidades vivas.

Lo que me he esforzado en hacer visible es la estrecha relación entre la forma moderna de conocimiento institucionalizada en la universidad moderna y la búsqueda de un tipo de conocimiento alejado de las preocupaciones con la continuidad de la vida de las comunidades, tanto de las humanas como de las no humanas.[13] Por supuesto, la medicina y las disciplinas científicas afines se centran en salvar vidas humanas y han tenido un éxito notable en ese esfuerzo, pero salvar la vida de las personas no está necesariamente implicado en las comunidades de esos seres humanos y su continuidad. Existe una excepción importante, extremadamente visible en la actualidad: es la salud pública, donde la epidemiología ocupa un lugar destacado. En ese ámbito, la salud de los humanos es ligada con la salud de la naturaleza y es concebida de manera comunitaria.

En aquellos casos en los que se recurre a expertos con formación universitaria para ayudar a deshacer o prevenir el daño causado a una

---

13. Más recientemente, esas preocupaciones han vuelto a ser relevantes en algunas disciplinas, especialmente en aquellas involucradas en el restablecimiento de ecosistemas que sostienen la vida de ciertas especies, como el salmón, en la decisión de algunos estados de derribar represas que han impedido el ciclo de la vida de esa especie. El libro de Marglin, 2008, es un argumento elocuente que muestra cómo una disciplina, la economía, socava las comunidades humanas.

312   La voz de Frédérique

especie o paisaje en particular, generalmente se ha dado el caso de que tales solicitudes políticas han surgido de las demandas de los pueblos indígenas para quienes esa especie o ese paisaje tiene un significado espiritual. Este es el caso de la remoción de cuatro presas en el río Klamath en Oregon y California que han impedido el ciclo de vida libre del salmón, sagrado para los pueblos originarios a lo largo de ese río.[14]

El caso de los pueblos indígenas yavapai de Arizona revela algo que es central en mi argumento. En el caso reportado por Wendy Espeland en su libro *La Lucha por el agua (The Struggle for Water)*, la Oficina de Reclamación del Gobierno envió un equipo de expertos para entrevistar al pueblo indígena yavapai de Arizona sobre su punto de vista acerca de si una represa debía construirse en su reserva ya que inundaría gran parte de ella. Los expertos debían realizar un análisis de costo-beneficio sobre las ventajas y desventajas económicas y ambientales de la construcción de una represa de este tipo. Los yavapais no querían la represa. Los expertos, después de su análisis de costo-beneficio, decidieron que no se debía construir la represa, basando esa decisión en los resultados. Para su sorpresa, los yavapais no estaban contentos con la decisión. Esto les dijo uno de los ancianos yavapais:

> Dios les dio a los indios la tierra [...] para que la usaran. Realmente no son dueños de la tierra. El anglo [los blancos] con título dice: «Es mío, de nadie más». La tierra es parte de la naturaleza. Los humanos están aquí temporalmente. Viven de la tierra de donde proviene toda la vida. Son uno. Sin los indios, la tierra no puede ser tierra, porque hay que cuidarla para sobrevivir a la vida.[15]

---

14. Véase *The New York Times* del 7 de diciembre de 2020. Necesito reiterar que la sacralidad en tales contextos no significa falta de utilidad.
15. Espeland, 1998: 201.

El pueblo yavapai se sintió traicionado por el análisis de costo-beneficio de los expertos, que aseguró esta victoria porque ignoró totalmente las razones morales y espirituales del rechazo de la represa por parte de los yavapai. El análisis de costo-beneficio de los expertos se hizo solo sobre la base de la racionalidad y el costo o beneficio económico de construir la represa. Es decir, la decisión se tomó con una completa omisión de consideraciones morales o espirituales. Esta forma de tomar una decisión fue vivida como un insulto a la tierra y al pueblo. La continuidad de la tierra con su vida –tanto humana como no humana–, ambas necesarias para la vida continua de la tierra, simplemente desapareció del cálculo racional de los expertos.

La continuidad de la vida debe entenderse aquí como una búsqueda integral, desde la continuidad de la vida de la naturaleza y las comunidades humanas. No debe entenderse como la búsqueda de la vida de cualquier parte de este todo, como la curación de una enfermedad humana en particular, o la salvación de una especie animal o vegetal en particular. A pesar de que los yavapais no querían la represa y la decisión de los expertos llevó a que no se construyera, la forma en que se tomó la decisión se experimentó en contra de algo fundamental en la comprensión de la vida de los yavapais, a saber, la unidad y la sensibilidad tanto de las personas como de la tierra. Es decir, los expertos ignoraron o negaron deliberadamente la integralidad de la vida donde los humanos y los no humanos forman un todo. Para los yavapais, esta negación o ceguera prevaleció sobre el resultado, que fue positivo para ellos, la no construcción de la represa. El yavapai se comportó como si esa negación fuera un insulto. Algo fundamental para ellos fue deliberadamente ignorado.

Difícilmente podría ser de otra manera para aquellos expertos con formación universitaria, desde que la fragmentación del conocimiento en las universidades, inspirada en la fábrica, constituye la estructura misma de su experiencia. La fragmentación de los campos del conocimiento –como la fragmentación de la tarea de fabricar un producto en la fábrica– al desamarrar los campos del conocimiento del conjunto en el que, de hecho, están incrustados ha desencadenado indudablemente un poder extraordinario que ha producido, por ejemplo, los notables avances en medicina y tecnologías de todo tipo. Creo que ha hecho esto en gran parte al desamarrar esas búsquedas de las limitaciones y requisitos de la continuidad de la vida del todo. Esta estrategia puede ser inevitable y necesaria para alcanzar determinadas metas, pero, cuando no va acompañada o seguida de un enfoque en la continuidad del todo, se paga un alto precio. Este poder ha tenido un costo cada vez mayor. Mencionaré solo dos de ellos: la terrible destrucción y empobrecimiento del mundo natural, que incluye la crisis climática acompañada de la mayor extinción de especies jamás vista, así como las crecientes epidemias de adicción y enfermedad mental entre los humanos, epidemias que están en aumento sobre todo en las regiones altamente industrializadas, un tema al que volveré en el próximo capítulo.[16]

La antropología, en mi opinión, no ha ayudado. El punto de vista de los yavapais, sobre la unidad de la vida de los seres humanos y la tierra, o cualquier otro punto de vista similar de cualquier otro grupo indígena o campesino, generalmente estudiado por los antropólogos, se explica por las creencias existentes en este tipo de cultura. No estoy diciendo que los antropólogos no se tomen en serio esas creencias y que no reconozcan que afectan profundamente y, en muchos casos, también regulan los aspectos sociales, políticos, económicos, espirituales o de cualquier otro tipo de la vida de esos pueblos. Se lo

---

16. Para nuestras crisis ecológicas contemporáneas, los datos están ampliamente accesibles, no solo en publicaciones especializadas, sino también en los medios de comunicación. Para obtener datos numéricos sobre las epidemias humanas de enfermedades mentales y adicciones, véase Pollan, 2018. Daré algunas de esas cifras en el próximo y último capítulo.

toman. Tampoco estoy diciendo que comprender cómo esas creencias afectan a otros aspectos de la vida en esas sociedades no equivale a un conocimiento esclarecedor e importante. Por lo general, lo hace. Lo que digo es que poner entre corchetes la propia vida del antropólogo y el contexto en el que se inserta esa vida, especialmente la vida que ha llevado a este antropólogo a estudiar cualquier sociedad indígena, a saber, la universidad, significa que la posibilidad de un diálogo genuino entre diferentes universos está básicamente entre corchetes. Es decir, la construcción de un puente entre universos profundamente diferentes es por lo general y con demasiada frecuencia abortada, sacrificada en el altar del conocimiento por el conocimiento.

El ejemplo de los yavapais y la no construcción de una represa en su reserva trae a colación otro tema, a saber, el hecho de que, para los yavapais, la unidad de los humanos y la tierra es más que un simple hecho, y más que una creencia sostenida en la mente. También es algo imbuido de espiritualidad o numinosidad y experimentado visceralmente. Para los expertos en costo-beneficio, la espiritualidad o la religión están, por definición, excluidas de su proceso intelectual racional. De hecho, desde que Kant escribió *El conflicto de las facultades* en 1798, la universidad fue concebida como una institución libre de valores que estaba inextricablemente entrelazada con la libertad académica. Kant defendió la autonomía de las facultades de Filosofía y Ciencias –lo que más tarde se convirtió en la facultad de Artes Liberales– porque veía su papel como el de crítico y guardián de la verdad frente a las tres facultades superiores: Teología, Derecho y Medicina. Estos tres últimos eran propiamente el ámbito del Estado y estaban bajo su control. Según Kant, el argumento utilizado para convencer al Estado de que renunciara a su control sobre lo que hoy es la Facultad de Artes Liberales fue que esta última fuera imparcial y apartidista, dedicada solo a la búsqueda de la verdad, separada de la utilidad o cualquier otro *telos*. En el mundo actual, donde las corporaciones, y otras instituciones poderosas, ejercen cada vez más poder en las universidades, este es claramente un objetivo digno. Sin embargo, la separación entre la verdad y la ética como de la estética tiene un lado muy oscuro, como intentaré mostrar más adelante.

A mediados del siglo XIX, se estableció en Alemania la búsqueda de la ciencia «pura», perseguida por profesionales asalariados en la universidad autónoma.[17] Por esa época se amplió la autonomía de las ciencias naturales a las ciencias sociales, surgiendo estas últimas entonces. Robert Proctor muestra que, durante el resto del siglo XIX, las ideas de Kant fueron institucionalizadas por los neokantianos en Alemania. Los norteamericanos asumieron este nuevo modelo universitario a principios del siglo XIX y en el XX.[18] La ideología del conocimiento por el conocimiento separa el conocimiento de las limitaciones y los significados que surgen de la vida comunitaria incrustada en su entorno no humano y su propósito de regenerarse para asegurar su continuidad. El bienestar y la continuidad de las comunidades dejan de estar ligados a la producción del conocimiento. El conocimiento se convierte en un fin en sí mismo.

Kant eligió la palabra «universidad» del latín medieval *universitatem*, el término de donde también proviene la palabra «universo». La palabra francesa *université* significaba también lo que hoy entendemos por «universal».[19] La separación de la búsqueda del conocimiento de las limitaciones morales, políticas y religiosas estuvo también implícita e incluso necesaria en la revolución mecanicista con su invención de una naturaleza completamente desprovista de cualquier cosa remotamente sagrada, religiosa o metafísica, al menos en lo que

17. Sobre esta historia, véase Proctor, 1991.
18. Véase Connolly, 1995.
19. www.etymonline.com/word/university, consultada el 12 de setiembre de 2020.

respecta a las ciencias naturales. Pero con la universidad de Kant y los neokantianos en Alemania, esta separación se extendió a todas las disciplinas de la Facultad de Artes Liberales. El conocimiento así, separado de las consideraciones morales, políticas o espirituales, no solo es no local, sino que también se vuelve universal. Es decir, el sacrificio de un puente dialógico entre diferentes realidades vividas equivale a un sacrificio en nombre de un tipo universal de conocimiento secular. La no localidad del conocimiento del antropólogo –para continuar con nuestro ejemplo– se debe a la universalidad de su conocimiento. El conocimiento de los expertos en el ejemplo de la represa en el territorio de los yavapais es un conocimiento universal que se puede utilizar en cualquier contexto. Es racional, mientras que la noción de los yavapais de la unidad de la tierra y la gente es solo una creencia local desprovista de racionalidad. Es solo conocimiento local. Tal punto de vista, sin embargo, se basa enteramente en el supuesto fundamental de una naturaleza mecanicista, inerte, insensible y sin agencia considerada universal por sus inventores, pero, de hecho, profundamente arraigada en la cultura y la historia europeas.

El supuesto fundamental que subyace hoy al conocimiento racional y secular, que le da legitimidad para reemplazar cualquier otro modo de conocimiento, debe reconocerse por lo que es, a saber, una invención de un grupo selecto de pensadores europeos masculinos de clase alta por razones muy europeas de los siglos XVI y XVII, enraizados en los conflictos religiosos particulares de esa región y este tiempo. Una de sus características más destacadas es precisamente el investigador no posicionado. Este posicionamiento desubicado es lo que la antropóloga feminista Donna Haraway ha denominado irónicamente «la mirada de Dios»; irónico por estar tan entrelazado con el rechazo de cualquier rastro de religión o numinosidad, pero exacto desde que, en la tradición occidental, Dios ha sido visto abrumadoramente como fuera y por encima de su creación.

318   La voz de Frédérique

Un requisito para el investigador no posicionado es que su propia voz desaparezca por completo. Como fue magistralmente analizado en detalle en el libro de Shapin y Schaffer de 1985, en que nos muestran que este requisito fue instituido en el laboratorio público de Robert Boyle, a mediados del siglo XVII en Inglaterra, y pronto se convirtió en absolutamente necesario en todas partes. La voz pasiva, y lo que llegó a conocerse como el estilo «objetivo» de escribir o hablar, sigue siendo la norma en las ciencias naturales, la economía y una buena parte de otras ciencias sociales. La desaparición de la perspectiva en primera persona en las ciencias naturales y sociales y, hay que decirlo, en buena parte de las humanidades ha tenido un efecto letal, sobre todo en aquellas experiencias que revelan la numinosidad del mundo. Tales experiencias ocurren espontáneamente en los humanos y se vuelven más típicas cuando se usan psicodélicos, tanto que algunos estudiosos han rebautizado esas sustancias como «enteógenos», una palabra del antiguo idioma griego que puede traducirse como «lo que genera a dios dentro». Esas experiencias, ocurran de manera espontánea o inducidas por algún enteógeno o de alguna otra manera, son por su propia naturaleza profundamente personales. Sin embargo, como en el caso de la sesión de Randy con Grimaldo, el 12 de diciembre de 2017, «ambos» vieron a la Virgen de Guadalupe. No obstante, los detalles variaron entre ellos.[20] El punto principal es que, en cualquier caso, esta evidencia en primera persona solo se descarta en la producción del conocimiento académico desde que no puede ser sometida a replicación y verificación, un protocolo inventado por Boyle para romper claramente con su pasado alquímico, como también para minimizar los conflictos relacionados con «cuestiones de hecho» generadas experimentalmente.

La expresión «evidencia en primera persona» se suele referir a

---

20.   Consulté a Grimaldo en Lamas tras este suceso y él me lo confirmó.

la evidencia que proviene de la experiencia personal de alguien y, a menudo, de sondear su propia profundidad, un método de investigación que se da por sentado en todas las tradiciones índicas y, probablemente, en muchas más. Sin embargo, en Occidente y en la modernidad actual, tal método tiene poca vigencia, sobre todo en el mundo académico.

No obstante, la renovación de las investigaciones científicas sobre los efectos de los psicodélicos en las personas ha vuelto desde principios de la década de 2000. En su mayoría, los realizan neurocientíficos u otros científicos naturales que observan y miden los efectos neurológicos o psicológicos que estas sustancias tienen sobre voluntarios. Uno de los primeros científicos fue William Richards, de la Universidad John Hopkins, colega de Roland Griffith (mencionado en el capítulo 6 de esta tercera parte). Richards comenzó su investigación antes de que los psicodélicos se volvieran ilegales y luego volvió al tema más tarde. En su libro *Conocimiento sagrado: psicodélicos y experiencia religiosa* (*Sacred Knowledge: Psychedelics and Religious Experience*, 2016), Richards escribe:

> La mente puede sufrir una o más experiencias intensas de muerte y renacimiento y la conciencia del ego (es decir, esa parte de tu mente que funciona con tu nombre en la vida cotidiana) puede refluir y fluir. De manera similar, la conciencia del cuerpo acostado en el sofá puede ir y venir como uno esperaría experimentar en un estado de trance profundo […]. Este umbral entre lo personal (es decir, el yo cotidiano) y lo transpersonal (es decir, más fundamental o dimensiones universales de la conciencia) es conceptualizado por diferentes personas de diferentes maneras. Más comúnmente, el término «muerte» se emplea cuando el ego (el yo cotidiano) siente que, literalmente, está muriendo. Aunque uno puede haber leído que otros han informado de una inmersión posterior en lo eterno y

320 **La voz de Frédérique**

> experiencias de renacer y regresar a la existencia cotidiana después,
> en el momento en que la inminencia de la muerte puede sentirse
> agudamente –y para algunos terriblemente– real.[21]

Aquí debo dejar claro que cuando Richards escribe que «Este umbral
[...] es conceptualizado por diferentes personas de diferentes maneras», se refiere a la conceptualización de los voluntarios en John Hopkins u otras universidades u hospitales del norte y no a personas de diferentes culturas.

Puedo dar fe de la veracidad de la intensa experiencia de la muerte en muchas de mis experiencias con ayahuasca. El ego se disuelve, desaparece, y eso se vive como una muerte y al principio me aterraba. Con repetidas ceremonias de ayahuasca, aprendí que esta muerte era normal y llegué a entenderla como la disolución de mi ego, necesaria, de hecho, para acceder a un nivel muy diferente de experiencia, de realidad, que generalmente se llama trascendente o transpersonal. Un nivel de realidad comúnmente imbuido de numinosidad o sacralidad. Y como Jill Taylor nos mostró, la muerte del ego es, de hecho, la subordinación del cerebro izquierdo, lo que permite que la perspectiva del hemisferio derecho del cerebro sea en primer plano. Como su relato tan apasionante de su propia experiencia de un derrame cerebral en su hemisferio izquierdo nos cuenta, esto le permitió la experiencia de ser parte del universo e incluso ser uno con el universo.

Permítanme citar el libro de 2018 de Michael Pollan, quien habla de su propia experiencia con el mismo psicodélico utilizado tanto en los experimentos de Griffith como en los de Richards, los hongos mágicos mexicanos que contienen psilocibina.

---

21. Richards, 2016: 60-61.

«Yo» ahora me convertí en un fajo de pequeños papeles, no más grandes que los *post-it*, y estaban esparcidos por el viento. Pero el «yo» que asimilaba esta aparente catástrofe no tenía ningún deseo de perseguir los resbalones y volver a amontonar mi antiguo yo [...]. Y luego miré y me vi ahí fuera de nuevo, pero esta vez esparcido por el paisaje como pintura o mantequilla, cubriendo una amplia extensión del mundo con una sustancia que reconocí como yo.

Pero ¿quién era este «yo» que fue capaz de captar la escena de su propia disolución? [...]. Porque lo que estaba observando la escena era una posición ventajosa y un modo de conciencia completamente distinto de mi yo acostumbrado. De hecho, dudo en usar el «yo» para denotar la conciencia que preside, era tan diferente de mi primera persona habitual. Donde ese yo siempre había sido un sujeto encapsulado en este cuerpo, este parecía no estar limitado por ningún cuerpo, aunque ahora tenía acceso a su perspectiva [...]. Lo «personal» había sido borrado [...]. Yo estaba presente en la realidad, pero como algo más que yo mismo.[22]

Entonces, la experiencia de aniquilación del yo/ego con psicodélicos que se siente como una disolución del yo está bien atestiguada. Lo que tal experiencia abre para el participante se insinúa al final de la cita de Richards, y Pollan lo formula de manera más explícita hacia el final de su libro de 2018:

Uno de los dones de los psicodélicos es la forma en que reaniman el mundo, como si estuvieran distribuyendo las bendiciones de la conciencia de manera más amplia y uniforme sobre el paisaje, rompiendo en el proceso el monopolio humano sobre la subjetividad que los modernos damos por hecho [...]. La conciencia psicodélica revierte

---

22. Pollan, 2018: 263-264.

ese punto de vista, otorgándonos una lente más amplia y generosa a través de la cual podemos vislumbrar la sujetividad –¡el espíritu!– de todo, animal, vegetal, incluso mineral, todo devolviéndonos de algún modo la mirada. Parece que hay espíritus en todas partes. Aparecen nuevos rayos de relación entre nosotros y todos los otros del mundo.[23]

La capacidad de vislumbrar la subjetividad de todo –el espíritu de todo– se obtiene al precio de la muerte del yo/ego. Más allá de vislumbrar la subjetividad de todo en la naturaleza, los espíritus no naturales, las deidades, los ángeles y los demonios se ven también cuando se toman psicodélicos, como se comenta en los capítulos anteriores. En el próximo capítulo profundizaré en el tema de este renacimiento científico psicodélico.

En el capítulo 6 de esta tercera parte comparto brevemente la evidencia de experiencias cercanas a la muerte (ECM) en el contexto de un argumento sobre la mente que no está encerrada en el cerebro material, dado que la conciencia y la percepción sobreviven a la muerte del corazón y el cerebro en las ECM. Aquí quiero pasar a un tipo diferente de argumento basado en la evidencia de ECM, a saber, el despertar espiritual que a menudo causan las ECM. En el capítulo 6 de esta parte mencioné brevemente la muerte cerebral de una semana del neurocirujano Eben Alexander y la forma en que él y su socia, Karen Newell, escribieron sobre la transformación espiritual que esto causó. Permítanme aquí hablar de otro autor.

Jeffrey Kripal, en su libro *The Flip: Epiphanies of Mind and the Future of Knowledge* (2019), ha recopilado las experiencias de las ECM de varios científicos que los despertaron a la espiritualidad y a la realización de la conciencia como una realidad cósmica, una experiencia que Kripal llama «el cambio» (*flip*, en inglés). Como

---

23. Pollan, 2018: 413.

se trató, el método científico consagrado en la academia requiere la eliminación del observador –en otras palabras, requiere el método de investigación en tercera persona–. Este método de investigación en tercera persona posibilita la medición de distintos objetos en el mundo. Esto, a su vez, requiere que los observadores tengan un perfecto control de su racionalidad. La experiencia de morir, ya sea provocada por la muerte del ego en un suceso psicodélico, o en una experiencia cercana a la muerte, significa que aquellos que experimentan tal experiencia han perdido su capacidad de pensar racionalmente. Así lo expresa el chamán Yanomami Davi Kopenawa: «Los blancos se sorprenden al vernos convertidos en espíritus con el yakoana. Ellos piensan que nos estamos volviendo locos...»;[24] yakoana es el psicodélico de los chamanes extraído de la corteza de cierto árbol y que contiene DMT, como la ayahuasca. A lo largo del libro, Kopenawa se refiere con cierta indiferencia a tomar su psicodélico como «morir», lo cual es percibido por los blancos como una pérdida de la razón. La muerte del ego, al revés, abre a uno a lo que Kripal llama una «epifanía de la mente» que transforma profundamente a quienes lo han experimentado.[25] La experiencia cercana a la muerte, como la experiencia con los psicodélicos, implica una muerte del ego y con él de la racionalidad. Ambos llevan al experimentador a una forma de conocimiento en primera persona que es profundamente diferente de la forma de conocimiento en tercera persona, una donde la racionalidad esencialmente desaparece, lo que llevó a David Kopenawa a decir que los blancos interpretan el efecto de su psicodélico como locura. Sin embargo, en ambos casos, las ECM y la toma de psicodélicos, la experiencia suele ser de naturaleza mística y accede a un nivel de realidad que se experi-

---

24. Kopenawa y Albert, 2013: 418.
25. Kripal, 2019: 12.

menta como más verdadero y real que la realidad espaciotemporal. Kripal lo expresa así: «Uno puede pensar en este [conocimiento directo] como saber algo directamente sin o fuera del "filtro" del cerebro y sus diversas mediaciones cognitivas y sensoriales».[26] Sin embargo, a la luz del trabajo y la experiencia tanto de Jill Taylor como de Iain McGilchrist, creo que deberíamos especificar que esta experiencia es dada al hecho de que nuestro cerebro izquierdo esta temporariamente desactivado.

Este es la clase de conocimiento comunicado por los místicos en todas las tradiciones, así como también por los chamanes de otras partes y por muchos otros que han participado de los psicodélicos chamánicos. Estos, desde la revolución mecanicista, han sido erradicados violentamente o descartados como poco fiables o irrelevantes. Muchos de los científicos «volteados» de Kripal y el propio Kripal –un estudioso de la filosofía y la religión– se sienten impulsados a esperar una nueva forma de conocimiento donde la experiencia en primera persona se tome en serio. Un conocimiento donde la sacralidad de la experiencia no se esconda debajo de la alfombra, sino, más bien, se ponga en diálogo con la forma racional de conocimiento en tercera persona que es dominante en la academia y la cultura de la modernidad en general.

La resistencia y el obstáculo para lograr tal diálogo tienen mucho que ver con el hecho de que los conflictos religiosos fueron la raíz de la invención del modo de conocimiento en tercera persona, una forma de conocimiento en el centro mismo de la creación de la revolución mecanicista. En este y en los capítulos anteriores, he tratado de hacer visible el hecho de que este aspecto del nuevo conocimiento mecanicista está directamente implicado en los conflictos religiosos de la Europa de los siglos XVI y XVII. Al separar radicalmente el nuevo

---

26. Kripal, 2019: 68.

conocimiento de la religiosidad, y con él lo sagrado y lo metafísico, e inventar la naturaleza como puramente material, mecánica y desprovista de sacralidad, hizo que este nuevo conocimiento fuera universal con respecto a la gran diversidad de saberes y tradiciones sagradas de la humanidad. Lo más probable es que esto haya desempeñado un papel importante en la globalización o universalización de la forma moderna de conocimiento en tercera persona. Sin embargo, dado que la invención de una naturaleza inerte, mecanicista y desacralizada surgió en Europa occidental, también paradójicamente hace del sistema de conocimiento moderno uno específicamente europeo occidental y desmiente su supuesta universalidad.[27]

Un académico que, en mi opinión, ha abordado esta paradoja de manera profunda y persuasiva es Iain McGilchrist en su libro *The Master and His Emissary: The Divided Brain and the Making of the Western World* [El maestro y su emisario: el cerebro dividido y la creación del mundo occidental]. McGilchrist se formó primero como psiquiatra especializado en neuroimagen y después obtuvo un doctorado en Literatura en Oxford, donde actualmente enseña. Este libro se ha convertido rápidamente en un clásico y con inquietud intentaré resumir su tesis expuesta con gran extensión y con enorme erudición.

McGilchrist primero ofrece pruebas neurocientíficas y de otro tipo que desacreditan la visión popular del hemisferio derecho como

---

27. Existe un sistema antiguo de pensamiento hindú que es como el moderno occidental. Se le conoce como la escuela Chárvaka, también conocida como Lokaiata, que en sánscrito significa para «los mundanos», una escuela de pensamiento que basa su filosofía en el materialismo y el empirismo que se remonta al 600 antes de Cristo. Rechaza las nociones de algo más allá, un alma y cualquier autoridad fuera del mundo material. De forma lenta, pero seguramente desapareció y en el siglo XII había desaparecido y no regresó. Pero esta escuela no inventó la ciencia tal como la conocemos, lo que me lleva a pensar que, para que esto sucediera en Europa, el surgimiento del mercantilismo desempeñó también un papel clave.

el cerebro femenino e intuitivo; y el izquierdo, como el cerebro dominante, racional y pensante. Con pruebas que van desde la neurociencia hasta la antropología física, la etología y más, muestra que el hemisferio derecho es, de hecho, la parte dominante del cerebro donde el lenguaje surgió por primera vez, probablemente a partir de la música, los gestos y la danza. El hemisferio derecho es el que nos da la imagen del todo y de donde surge el significado. Mientras que el hemisferio izquierdo es el que nos permite centrarnos con extrema claridad en cualquier parte concreta del entorno. Uno de sus ejemplos son los cazadores que, para atrapar una presa, deben centrarse con gran nitidez en su objetivo, separándolo de cualquier otra cosa en su entorno. Esto también requiere que los cazadores, para centrarse exclusiva y agudamente en su objetivo, necesiten ignorar sus propios sentimientos, pensamientos o percepciones que podrían distraerlos de centrarse en su presa. Es decir, la caza implica un tipo de conocimiento en tercera persona, el poner entre paréntesis el todo junto con el entorno interior del propio cazador.

Sin embargo, en las sociedades de caza no modernas, estos requisitos para una caza exitosa no han llevado a un sistema de conocimiento y práctica que haya consagrado este modo como preferido y deseado de la cognición y la percepción en todos los ámbitos. De hecho, como ha demostrado claramente la etnología de las sociedades de caza, los cazadores suelen hacer dos cosas: dividen cuidadosamente a la presa para distribuirla entre el grupo de cazadores y hacen un ritual de gratitud al animal por sacrificar su vida para que los humanos puedan vivir. Es decir, como McGilchrist nos muestra, el modo de conocimiento requerido durante la caza de una presa se incorpora inmediatamente después del éxito de la caza en un contexto mucho más amplio que ubica este acto en la totalidad de la naturaleza –o al menos el paisaje local relevante–, así como del grupo humano más amplio al que pertenece el cazador. Muy comúnmente,

La persona que ha disparado a la presa no se jacta del hecho y regresa al campamento en silencio o degradando la captura.[28] Es decir, la puesta entre paréntesis del todo –ya sea natural o refiriéndose al paisaje interno del cazador, crucial en el acto de atrapar a la presa– se desmarca inmediatamente para poner en primer plano el contexto más amplio natural, personal y social del cazador.

McGilchrist mapea estas dos formas de cognición y percepción en los hemisferios izquierdo y derecho del cerebro y muestra que el modo del cerebro izquierdo –que en el ejemplo de los cazadores corresponde al modo de conocimiento en tercera persona– es vital para la supervivencia humana, como también para los mamíferos en este planeta. También muestra que, en las sociedades de caza –y agregaría en otras sociedades no modernas–, este modo de conocimiento en tercera persona siempre ha estado sometido bajo el todo, un todo que corresponde al hemisferio derecho. La segunda parte de su libro es un amplio estudio de la historia del mundo occidental, donde rastrea el desequilibrio que ha producido el dominio del hemisferio izquierdo sobre el derecho, de ahí el título de su libro. El cerebro derecho, para McGilchrist, es realmente el maestro y el cerebro izquierdo debería ser su emisario. Una situación invertida en la modernidad occidental, tanto en su tradición artística como científica. Citaré las últimas líneas de su conclusión, titulada «El maestro traicionado»:

> Lo que todos estos [grandes filósofos europeos] señalan es la naturaleza fundamentalmente dividida de la experiencia mental. Cuando uno pone eso con el hecho de que el cerebro está dividido en dos partes relativamente independientes que simplemente reflejan ampliamente las mismas dicotomías a las que se apunta: alienación

---

28. Un ejemplo particularmente vivido es el del antropólogo Lee, 1984.

> *versus* compromiso, abstracción *versus* encarnación, lo categórico *versus* lo único, lo general *versus* lo particular, la parte *versus* el todo, etcétera, parece una metáfora que podría tener alguna verdad literal. Pero si resulta ser «solo» una metáfora, estaré contento. Tengo un gran respeto por la metáfora. Así es como llegamos a comprender el mundo.[29]

Sin embargo, con la neurocientífica Jill Bolte Taylor, compartiendo y reflexionando sobre su derrame cerebral hemisférico izquierdo, ahora conocemos que lo que escribe McGilchrist en su conclusión no es una metáfora, sino la verdad literal. Así que quizá la paradoja entre la universalidad de la forma moderna de conocimiento, tal como se la entiende aparentemente en todo el mundo, y lo que revela la historia de su creación, es decir, su especificidad arraigada en el suelo de los conflictos religiosos de Europa occidental de los siglos XVI y XVII, se resuelve bajo la mirada de McGilchrist en un desequilibrio entre dos partes complementarias pero desiguales de nuestro cerebro. El cerebro izquierdo, en su opinión, con su modo racional de conocimiento en tercera persona desconectado debería ser el sirviente del cerebro derecho con su modo de conocimiento y percepción en primera persona, y no al revés. Ambos modos son vitales pero de manera desigual. El cerebro derecho nos trae compromiso, encarnación, plenitud, lo particular y lo único, lo que lo convierte en el hemisferio dominante, y el hemisferio izquierdo debería ser su emisario. Cuando esa relación se invierte, como ha sido en gran parte de la civilización moderna, los resultados pueden ser extremadamente problemáticos.

El peligro del dominio del tipo de conocimiento del cerebro izquierdo con su epistemología en tercera persona no está mejor ilus-

---

29. McGilchrist, nueva edición ampliada de bolsillo, 2019: 462.

trado en ninguna parte que en el libro *Modernidad y el holocausto* (*Modernity and the Holocaust*, 2000), de Zygmunt Bauman. Bauman es sociólogo, sobreviviente de un campo de concentración. Destaca el papel de la organización burocrática racional que, para él, incluye la gestión científica de la organización burocrática de los campos de exterminio. Esto escribe al principio de su libro:

> Llegó [el Holocausto] [...] en un vehículo producido en fábrica, empuñando armas que solo la ciencia más avanzada podía suministrar, y siguiendo un itinerario diseñado por una organización gestionada científicamente. La civilización moderna no fue la condición suficiente para el Holocausto. Sin embargo, era sin duda su condición necesaria. Sin ella, el Holocausto sería impensable. Fue el mundo racional de la civilización moderna lo que hizo pensable el Holocausto.[30]

No obstante, para mí, lo que Bauman argumenta, más adelante en el libro, es particularmente aterrador. La «solución final» se justificó utilizando no solo el lenguaje de la biología, sino también su marco conceptual y, en efecto, su modo de conocimiento en tercera persona. El pueblo judío (con algunos grupos más pequeños, como homosexuales, gitanos y otros) se definió como una infección que había invadido el organismo nacional. Este virus maligno estaba enfermando el cuerpo colectivo y, al final, lo haría morir y, por lo tanto, debía ser exterminado. Al igual que los virus, y otras entidades extrañas letales y peligrosas que invaden el cuerpo del individuo, deben ser eliminados, erradicados. Bauman sostiene que la separación típica del observador de lo observado en la ciencia en general y en la biología en especial fue lo que permitió a los inventores y ejecutores de esta mortífera «solución final» poner entre paréntesis cualquier visión más

---

30. Bauman, 2000: 13.

330 La voz de Frédérique

amplia de la humanidad compartida entre todos los involucrados. Bauman también enfatizó que ese horror podría volver a ocurrir si se dan las circunstancias adecuadas. Para mí, especialmente las noticias en la fase inicial de la administración del expresidente Donald Trump, que muestran un desfile de hombres neonazis marchando con antorchas polinesias (antorchas Tiki) en Charlottesville, Estados Unidos, gritando «¡Los judíos no nos reemplazarán!», trajo este peligro de manera muy cercana. Pero lo que trajo este peligro a una posibilidad real en Estados Unidos bajo la administración de Trump fue a este afirmando que había «buenas personas en ambos lados», después de que uno de esos neonazis hubiese matado a un contramanifestante cuando ningún neonazi fue asesinado por algún contramanifestante. En términos del análisis de McGilchrist, el dominio del modo de conocimiento en tercera persona del cerebro izquierdo, en este ejemplo, revela la urgencia de invertir su importancia y hacer que el modo de conocimiento en primera persona del cerebro derecho sea dominante en la civilización moderna.

Debo reconocer de inmediato que, en el mundo académico, muchas profesoras feministas han insistido especialmente en el uso de la voz en primera persona en la escritura académica. He requerido esta práctica de mis estudiantes en la Universidad Smith –una universidad de élite para mujeres– y no pocas veces me han dicho que no tenían idea de cómo hacerlo, ya que se les había enseñado todo el tiempo en su educación el modo de escribir y pensar en tercera persona. Tuve que entrenarlas y explicarles que no había necesidad de colgar su cerebro izquierdo racional en el vestíbulo antes de hablar, sentir y pensar en primera persona en sus ensayos. En general, después del entrenamiento inicial, se sintieron liberadas y energizadas por este cambio.

Aquí daré un ejemplo mucho más famoso de esto. Creo que la invisibilidad de la participación en el mundo de uno mismo ha llegado a un grado tan extremo que se vuelve patológica. Di la interpretación de Bauman del Holocausto como resultado en parte de la objetivación absoluta de otros seres humanos, vistos como virus en el cuerpo colectivo de la nación que necesitaba ser exterminada. Un resultado menos espantoso, sin embargo, terriblemente dañino de este modo dominante de pensar/escribir es la invisibilidad de nuestra propia participación en el mundo que produce el modo en tercera persona de conocer y escribir.

Primero reportaré un pequeño incidente personal y luego trataré un ejemplo más grave y grande. Me acababan de presentar al abuelo de mi yerno, un físico Premio Nobel. Su nieto le había dicho que otro conocido físico nuclear, Victor Weisskopf, era el abuelo paterno de mi hijo (es decir, era mi exsuegro) a quien yo había conocido bastante bien. Se expresó elocuentemente sobre la personalidad generosa y cálida de Weisskopf y agregó: «Weisskopf era muy inusual en nuestra profesión. ¡Yo soy un bastardo! La mayoría de los físicos son bastardos, a diferencia de Weisskopf. Weisskopf fue generoso y considerado».

Se refiere aquí a la feroz competitividad y la maldad en su campo. Lo que me transmitió su tono y modales es que había casi orgullo, un orgullo que solo puede surgir de un hábito arraigado de pensar y escribir en tercera persona en la ciencia y la academia. Cuanto más brillante sea el pensamiento, menos importantes serán la personalidad y los sentimientos del científico. La separación total de las inclinaciones psicológicas o éticas de un científico de su trabajo profesional parece haber llevado a casi jactarse de la personalidad negativa de uno, lo que implica una relación inversa con el pensamiento brillante de uno.[31]

---

31. Creo que es relevante mencionar que, aunque Victor Weisskopf tuvo una carrera como físico nuclear sumamente destacada, no logró el Premio Nobel, al contrario del abuelo de mi yerno.

332   La voz de Frédérique

Por supuesto, el enfoque en el objeto científico por entender implica poner entre paréntesis su propia participación en el mundo, la participación de uno en el todo. Como muestra magistralmente el libro de McGilchrist, la modernidad occidental ha hecho del hemisferio cerebral izquierdo el maestro, aquel que se enfoca de manera precisa e intensa en el objeto de estudio, poniendo entre paréntesis la propia relación con el todo, la especialidad del hemisferio derecho. Permítanme intentar ilustrar este proceso con un ejemplo que involucra al físico nuclear Weisskopf (el abuelo paterno de mi hijo), quien formó parte del equipo de científicos que se reunieron en Los Álamos, en Nuevo México, de 1943 a 1945, para fabricar la bomba atómica bajo el liderazgo de Robert Oppenheimer y bajo la supervisión del general Leslie Groves. Nunca se había construido una bomba así y los desafíos eran muchos e intensos.

El propio Weisskopf, como judío, fue un refugiado de Austria dos años antes de que los nazis la invadieran. Lo que empujó a todos los físicos, así como al ejército de Estados Unidos, en ese proyecto, producir con éxito esta bomba, fue su creencia colectiva de que Hitler también estaba comprometido en la misma búsqueda. Era necesario, por lo tanto, trabajar lo más rápido posible y vencer a los nazis. La maldad del nazismo debía ser derrotada a toda costa. La bomba fue probada en una zona desierta, no lejos de Los Álamos, el 16 de julio de 1945. Sin embargo, todo el equipo del proyecto se enteró, en abril de 1945, de que Hitler había sido derrotado, anulando así la razón para continuar con el trabajo en la bomba. Esto escribe Weisskopf en sus memorias sobre el asunto:

> Con Hitler derrotado, no había peligro de que los nazis desarrollaran su propia bomba, pero esto no salió a la superficie de nuestra conciencia. Para entonces estábamos demasiado involucrados en el trabajo, demasiado interesados en su progreso y demasiado dedica-

dos a superar sus muchas dificultades. Estábamos comprometidos con el proyecto, no solo por razones pragmáticas, sino también por la búsqueda puramente científica de respuestas. No importa lo que sucediera en Europa, sabíamos que nuestro trabajo debía completarse.[32]

Antes de tratar este suceso, necesito inmediatamente dejar claro que Weisskopf –quien enseñó física en el MIT y fue director del CERN de 1960 a 1965–[33] dedicó gran parte de sus energías a hacer que los gobiernos y la gente se dieran cuenta de que una guerra nuclear destruiría a ambas partes. Weisskopf creó varias organizaciones dedicadas a este objetivo. Aceptó a regañadientes que el bombardeo de Hiroshima, al poner fin a la guerra con Japón, probablemente había salvado la vida de miles de soldados estadounidenses y sus aliados, pero consideró el bombardeo de Nagasaki, tres días después del bombardeo de Hiroshima, un crimen. Weisskopf era una persona profundamente ética, muy cálida y generosa. Dada su dedicación de toda la vida al control de armas nucleares y la paz después del final de la Segunda Guerra Mundial, esta cita es aún más notable. Lo que muestra es que el modo de conocimiento en tercera persona, al poner entre corchetes el todo, ya sea el del científico o el del mundo o ambos, da como resultado que el proyecto sea impulsado solo por su racionalidad y dinámica internas, y los problemas y preguntas que surgen del propio proyecto científico y técnico. El todo más amplio y el propósito en el que se incrusta un proyecto retroceden hasta el punto de volverse invisibles o inconscientes en palabras de Weisskopf. Creo que este modo de buscar el conocimiento ha resultado en la profunda crisis ecológica y climática en la que nos encontramos

32. Weisskopf, 1991: 147.
33. CERN es el acrónimo para el francés Conseil Européen pour la Recherche Nucléaire (Organización Europea para la Investigación Nuclear), con sede en Ginebra, Suiza, un esfuerzo de la mayoría de los países europeos que comenzó en serio en 1954.

334 La voz de Frédérique

hoy, así como en las epidemias de adicción y enfermedades mentales que nos acosan. Si, incluso, un hombre como Weisskopf, profundamente dedicado al control de armas y la paz, pudo actuar de esta manera, muestra que el modo de conocimiento en tercera persona predomina en la ciencia y en gran parte de la academia en la actualidad, y ciertamente en la década de 1940, y necesita ser abordado críticamente y trascendido.

En mi propia experiencia en la academia, comencé sin darme cuenta de la mayoría de los problemas que he planteado en este y otros capítulos. Creía en la búsqueda del conocimiento por el conocimiento y daba por sentada toda la estructura del conocimiento en la universidad.[34] Mi transformación fue tan lenta que, durante mucho tiempo, fue imperceptible. Se inició con el efecto que tuvieron en mí tanto mi trabajo de danza como mi trabajo etnográfico en la India. Advertí que estaba siendo transformada de una persona secular en alguien cuyo tercer ojo espiritual había sido abierto. Sin embargo, a diferencia de Randy, tal transformación fue tan sutil y lenta que pasaron muchos años antes de que se manifestara como una crisis.

La transformación afectó a mi sensibilidad ética y espiritual. Finalmente, en 1993 –unos 18 años después de haber comenzado el trabajo de campo etnográfico en la India–, descubrí que mi cuerpo se negaba a tomar notas y llevar a cabo todas las demás acciones necesarias que se requieren de un etnógrafo. Mientras estaba en «el campo» en Puri, Odisha, todo lo que quería hacer era participar en los rituales y otras prácticas de la gente de allí y había perdido la capacidad de comportarme como una etnógrafa adecuada. Llegué a la conclusión, reflexionando en ese momento sobre este desarrollo,

---

34. Sin embargo, al editar mi tesis doctoral para su publicación, abandoné la escritura en tercera persona y escribí en primera persona, bajo la influencia de académicas feministas.

de que se debía tanto a una crisis ética como espiritual. Y, desde el punto de vista ético, llegué a sentir que mi decisión, de hacer el trabajo de campo basado en una agenda que yo misma había elegido sin considerar seriamente mi capacidad para corresponder a todo el conocimiento que había recibido, era, simplemente, inaceptable.[35]

En lo espiritual, había sido profundamente transformada por todo lo que había experimentado en la India. Incluso me di cuenta de que, si mi libro fuera traducido al idioma oriya, no sería relevante para las personas que me habían transformado. Esto me causó una gran angustia. Sentí que me había aprovechado de su generosidad para mis propios fines de realizar mi propia investigación y obtener un doctorado. Esto hizo que comenzara en casa una práctica ritual basada en aquellas que eran significativas y tenían sentido para mis amigos de Puri, a diferencia de las reflexiones intelectuales de mi primer libro. Esta práctica alivió enormemente mi sentimiento de traicionar a las personas que me habían transformado. Comencé también una práctica diaria de meditación. Pronto vi que era imposible mostrar este nuevo yo, no solo en mi departamento, sino en cualquier entorno académico. Esta incapacidad me preocupó mucho y, finalmente, me comuniqué con un físico cuántico en la Universidad de Amherst (una de las cinco instituciones vinculadas localmente) que había conocido en una conferencia, en la Universidad de Columbia, con el Dalái Lama. Advertí que él también tenía inclinaciones espirituales y quería intentar crear algún foro en las cinco universidades locales, donde mi existencia dividida pudiera completarse.

---

35. Por supuesto, no solo retribuí a mis colaboradoras, también conocidas como informantes, por el tiempo que me dieron, sino que también, después de la publicación de mi primer libro, entregué las regalías a las mujeres bailarinas/sacerdotisas del templo que eran mi principal «objeto de estudio». Sin embargo, esto no me pareció en absoluto adecuado y proporcional para corresponder a las increíbles riquezas de comprensión que me habían obsequiado.

336   La voz de Frédérique

Creamos un seminario para profesores de las cinco universidades que titulamos «Epistemología y Contemplación». Quería reclutar a profesores universitarios interesados y quise enviar un correo electrónico masivo. Enseguida, mi colega me sugirió que no debería hacer tal cosa, ya que los profesores potencialmente interesados no querrían que se hiciera público su interés en estos temas espirituales. Entonces, de boca en boca, en un par de años pudimos reunir a unos 80 profesores de las cinco universidades. Nos reuníamos mensualmente y estas reuniones me permitieron sanar mi división académica lo suficiente como para permanecer en la academia hasta que mi hija se graduó de su universidad en 2006.

Otra decisión importante que tomé en 1993 fue que solo iría a investigar a un lugar que hubiese sido colonizado por europeos (gente como yo) si me invitaban, porque tenía algo que corresponder de interés a ellos. Esto sucedió, como relato en el cuarto capítulo de la primera parte, cuando conocí a Grimaldo Rengifo, en una conferencia en Canadá en 1992, que resultó en que el PRATEC me invitara a colaborar con ellos en el Perú en 1994. Un año después de que mi hija Jessica se graduara de su universidad, me jubilé y continué mi colaboración en el Perú con más intensidad. Tal colaboración borró la distinción entre investigación y activismo, una diferencia muy destacada en mi disciplina y departamento. El activismo carecía de prestigio, mientras que yo sentía que la teoría sin reciprocidad era ética y profundamente problemática, así como también intelectualmente problemática. Mis experiencias con la ayahuasca, desde luego, tuvieron que permanecer en privado mientras aún estaba en la academia.

En el siguiente capítulo me centraré en el renacimiento del estudio científico de los psicodélicos a principios del año 2000, no solo en los hospitales, sino también en las principales instituciones académicas. Espero que este renacimiento a los psicodélicos como herramientas poderosas para abordar muchas epidemias que devastan la sociedad moderna pueda ayudar a transformar la estructura del conocimiento en la academia y su estricta separación de la vida y el conocimiento, parafraseando a E.P. Thompson.

9. Psicodélicos y la curación de males de la modernidad

En su excelente reportaje de 2018, sobre lo que generalmente se conoce como «el renacimiento del estudio científico de los psicodélicos», Michael Pollan nos da muchos ejemplos de la eficacia de los psicodélicos para la adicción, la depresión, el miedo a la muerte y otras enfermedades mentales. En Estados Unidos, la adicción es de proporciones epidémicas y, según los informes de los medios, ha aumentado durante la pandemia del covid-19, al igual que la epidemia de las enfermedades mentales, debido al aislamiento y otros factores estresantes.[1] Estos fenómenos también se encuentran en Europa. Pollan afirma que, según la OMS, 40 millones de europeos padecen trastornos depresivos.[2] Llamo a esto «males de la modernidad», no para afirmar que estos fenómenos no ocurren en lugares no modernizados, o menos modernizados, sino que son más agudos y extendidos en los sectores modernizados del mundo y, de hecho, han adquirido allá proporciones epidémicas. Sin embargo, no los considero los únicos males de la modernidad. Son quizá los males más extendidos que afligen al ser humano, pero hay otros males que

---

1. *The New York Times*, 14 de abril de 2021, muestra la siguiente estadística de los centros para el control y la prevención de enfermedades (CDC, por sus siglas en inglés): las muertes por sobredosis durante la pandemia han aumentado en 29 % durante los 12 meses anteriores.
2. Pollan, 2018: 377.

afectan la esfera de «los no humanos», es decir, la naturaleza, de la misma manera, o más seriamente que los mencionados. A continuación, trataré los males de la modernidad que afectan al mundo de los «no humanos».

Debo mencionar brevemente que considero que la modernidad abarca las sociedades socialistas, comunistas y capitalistas. Las sociedades comunistas y, en gran medida, también las socialistas siguen la ideología del materialismo dialéctico de Marx y Engels que se ha traducido, por ejemplo, en la persecución de la religión y del chamanismo en la Unión Soviética y en China. Mi colega y amigo Piers Vitebsky, que hizo trabajo de campo entre los chamanes siberianos después de tratar con los chamanes tribales shaoras de Odisha –donde nos conocimos–, me dijo que los soviéticos castigaron a los chamanes siberianos disparándoles a todos porque habían arponeado submarinos en el Mar del Norte creyendo que era alguna ballena o pez enorme.

Una de las razones por las que los científicos pueden volver a estudiar los psicodélicos, que fueron declarados drogas ilegales de la clasificación I en 1970 en Estados Unidos, interrumpiendo durante 30 años la investigación sobre ellos iniciada en la década de 1950, se puede resumir así: Tom Insel, director del Instituto Nacional de Salud Mental en Estados Unidos hasta 2015, caracterizó el sistema de salud mental en el país como «quebrado».[3] Los psicodélicos utilizados en la investigación científica, principalmente la psilocibina y el LSD, siguen siendo ilegales, pero las agencias de financiación, incluidas las gubernamentales, están financiando esta investigación en Estados Unidos, Canadá y Europa, una medida clara de la necesidad urgente de encontrar terapias efectivas.[4] Un ejemplo que ilustra la ineficacia

---

3. Pollan, 2018: 335.
4. Como se mencionó, se votó para que la psilocibina sea legal por razones terapéuticas en Oregón, en las elecciones de noviembre de 2020. Acabo de recibir noticias de

340   La voz de Frédérique

de las terapias actuales es que los medicamentos del sistema nervioso central están perdiendo su eficacia y las empresas farmacéuticas ya no invierten en ellos. Los medicamentos antidepresivos son cada vez menos efectivos, aunque la depresión afecta a una décima parte de los estadounidenses y en todo el mundo es la principal causa de discapacidad. Pero la depresión es solo un tipo de enfermedad mental. Hay muchos otros, como: ansiedad, enfermedad bipolar, miedo, entre otros.[5]

Pollan cita los hallazgos de Rosalind Watts, psicóloga clínica que trabaja para el Servicio Nacional de Salud, cuyas entrevistas con voluntarios en la investigación sobre psicodélicos revelaron dos temas principales. El primero: «Es un estado de desconexión, ya sea de otras personas, de su yo anterior, de sus sentidos y sentimientos, de sus creencias fundamentales y valores espirituales, o de la naturaleza». El segundo: «Se refería a vivir en "una prisión mental", otros a estar "atrapado" en círculos interminables de pensamientos que comparaban con un "estancamiento" mental».[6] Es decir, lo que aflige a esos voluntarios es la desconexión de los demás, así como de ellos mismos, de la naturaleza y de estar aprisionados en sus propias mentes. Este último es el resultado de un caso extremo de cercamiento del yo. Tal desconexión y estancamiento es característico de muchas enfermedades mentales, así como un factor de adicción a las drogas.

Yo diría que esos voluntarios están sufriendo por estar desarraigados de sus entornos sociales o naturales, además de tener un yo fuertemente cercado que conduce a una serie de enfermedades mentales. Ambos estados son el resultado del surgimiento del capitalismo a

---

que el Congreso del estado de California ha votado recientemente para legalizar los psicodélicos. Además, el peyote y la ayahuasca son legales en Estados Unidos para la Iglesia Nativa Americana y las Iglesias Santo Daime y União do Vegetal, respectivamente.

5. Pollan, 2018: 335-336.
6. Pollan, 2018: 377.

través de la mercantilización de la tierra, el trabajo y el capital, siendo esos tres –según el estudio clásico de Karl Polanyi– los requisitos centrales para su surgimiento. Como se argumentó, tal desarraigo y cercamiento del yo estaban ausentes en la Europa premoderna, sobre todo entre su campesinado oral, pero no exclusivamente. También están casi ausentes entre los kichwa-lamas contemporáneos. A los argumentos presentados por Polanyi hay que añadir los que traté de hacer visibles en el capítulo 2 de esta tercera parte, la necesidad por parte de los inventores de la revolución mecanicista de inventar una tierra/naturaleza/cosmos totalmente inerte e insensible. En lo que respecta al surgimiento del capitalismo, una naturaleza tan mecánica, insensible y secular lo hizo disponible para su explotación sin apenas restricciones. La necesidad de una naturaleza mecánica y desacralizada completamente separada de Dios encajaba con la percepción de las Iglesias protestante y católica de la cosmovisión integral, viva y sagrada de *anima mundi* como herética y necesitada de erradicación.

El cosmólogo Brian Swimme ha identificado esas condiciones psíquicas como inherentes a cualquier sociedad de consumo:

> Ahora creo que el alcohol y las drogas son una característica intrínseca del estilo de vida consumista. Para expresar mi convicción de la manera más directa posible, creo que esperar una sociedad de consumo sin abuso de drogas es tan inútil como esperar un automóvil sin grasa para los ejes. Las drogas de una forma u otra son necesarias para que el consumismo continúe [...]. El consumismo se basa en la suposición de que el universo es una colección de objetos muertos. Por ello, la depresión es una característica habitual en todas las sociedades de consumo.[7]

7. Swimme, 1996: 33.

Las sociedades de consumo son sociedades modernas que inducen la adicción a las drogas y las enfermedades mentales a un ritmo acelerado. Este fenómeno es más agudo en el norte global simplemente porque una mayor parte de este se ha modernizado por completo. Sin embargo, ha aparecido en aquellas partes del sur global donde la modernidad ha penetrado más intensamente. De hecho, el uso de curaciones tradicionales, tanto chamánicas indígenas como mestizas, para tratar la adicción a las drogas y otros problemas de salud mental, ha aumentado notablemente en las ciudades latinoamericanas.[8] Con «los males de la modernidad» no quiero transmitir que estos males no existen en las sociedades no modernas, solo que la modernidad los ha exacerbado en gran medida.

Brian Swimme enfatiza el efecto de vivir en un mundo muerto de objetos insensibles. Él es un científico indígena de la costa noroeste de Estados Unidos, e imagino que para él los objetos muertos del universo moderno evocan la pérdida de relación con los muchos espíritus que avivan y pueblan el cosmos en las culturas indígenas. Es decir, nosotros en la modernidad estamos privados de nuestras relaciones cósmicas y terrenales con quienes ya no reciprocamos y conversamos como lo hacen los kichwa-lamas y muchos otros pueblos indígenas. Nosotros, los habitantes modernos de un cosmos muerto, estamos desamparados y solos en el universo, sufriendo inconscientemente un estado de duelo permanente. Tal pérdida es difícil de reconocer en la modernidad desde que los seres que pueblan el cosmos no se consideran reales, excepto los certificados por las diversas Iglesias cristianas y otras religiones abrahámicas. Creo que Pollan, reconociendo sus experiencias espirituales «certificadas»

---

8. Véase Takiwasi, 2012. Este volumen cubre América Latina con muchos ejemplos de tratamientos chamánicos o híbridos para la adicción a las drogas y otras enfermedades mentales en las principales ciudades latinoamericanas.

Psicodélicos y la curación de males de la modernidad   343

con psicodélicos, pero excluyendo a los «sobrenaturales» de tales experiencias, se refiere a su posición secular continua. Estas son sus palabras: «Pero no tengo ningún problema en usar la palabra "espiritual" para describir elementos de lo que vi y sentí, siempre y cuando no se tome en un sentido sobrenatural».[9] Mi comprensión de su rechazo de la categoría de «sobrenatural» es su continuo rechazo de la religión como se indica en la siguiente oración: «Incluso para ateos como Dinah Bazer –¡como yo! –, los psicodélicos pueden cargar un mundo del que los dioses partieron hace mucho tiempo con el pulso del significado».[10] Pollan afirma enfáticamente su posicionalidad secular. Está bastante dispuesto a escribir que esos espíritus son reales, como en el siguiente pasaje citado en el último capítulo:

> La conciencia psicodélica revierte ese punto de vista, otorgándonos una lente más amplia y generosa a través de la cual podemos vislumbrar la subjetividad –¡el espíritu!– de todo, animal, vegetal, incluso mineral, todo devolviéndonos de algún modo la mirada. Parece que hay espíritus en todas partes. Aparecen nuevos rayos de relación entre nosotros y todos los otros del mundo.[11]

Mediante el uso de psicodélicos, Pollan, como una persona laica declarada, descubrió espíritus en la naturaleza –menciona animales, vegetales y minerales–, pero excluye específicamente los sobrenaturales. Me pregunto qué habría escrito si se hubiera encontrado, durante sus experiencias psicodélicas –como lo ha hecho Randy–, con la Virgen de Guadalupe o cualquier otra figura religiosa similar.

9.   Pollan, 2018: 288. Pollan no comenta su exclusión de la categoría de «sobrenaturales» e incluso lo que quiere decir con ese término.
10.   Pollan, 2018: 355, énfasis en el original.
11.   Pollan, 2018: 413.

344   La voz de Frédérique

¿Las habría rechazado como sobrenaturales no deseados e inaceptables? Para Pollan, sin embargo, el mundo ya no es un objeto mecánico inerte y muerto, sino que ha cobrado vida con espíritus. Debo señalar de inmediato que el rechazo de las figuras religiosas en la experiencia psicodélica no es compartido por William Richards o Roland Griffiths, dos de los científicos más conocidos que han comenzado nuevamente a estudiar estas sustancias. El libro *Conocimiento sagrado: psicodélicos y experiencia religiosa* (*Sacred Knowledge: Psychedelics and Religious Experience*, 2016), de Richards, a diferencia de Pollan, no excluye la experiencia religiosa y su lenguaje. Richards usa las palabras «Dios» y «trascendencia» repetidamente y aborda el tema de las ventajas del diálogo entre diferentes tradiciones religiosas en el siguiente fragmento:

> En lugar de ver arrogantemente a los chamanes como «médicos brujos» primitivos que han sido privados del brillante conocimiento de la medicina alopática occidental, se está volviendo cada vez más evidente que algunos chamanes poseen un conocimiento valioso para compartir con nosotros, no solo sobre hierbas exóticas y brebajes, sino también sobre las técnicas de navegación dentro de la conciencia y la interconexión espiritual de todos nosotros. Es probable que el intercambio de conocimientos y visiones del mundo en la interacción respetuosa de los curanderos profesionales, ya sea en Brasil, Tíbet, Gabón, Estados Unidos o en cualquier otro lugar, resulte ser una situación en la que todos ganen.[12]

Entre los habitantes de la modernidad con inclinaciones religiosas, los sobrenaturales continúan existiendo y ejercen su influencia sobre los humanos. Sin embargo, los espíritus naturales, como se trató

12.   Richards, 2016: 145.

en un capítulo anterior, en su mayoría se han ido de la naturaleza y del cosmos, que se entienden abrumadoramente como órdenes insensibles y mecánicas. Lo que destaca para mí es el papel terapéutico de las experiencias místicas en el estudio científico de los psicodélicos. Un estudio científico de 2017, de experiencias místicas con psicodélicos, concluye:

> Las experiencias religiosas, espirituales o místicas (RSME) ocasionadas por el uso de sustancias psicodélicas son descartadas por muchos como ilegítimas, es decir, el *bugaboo* ["espantajo"] de origen mórbido sigue escandalizando. Los resultados del presente estudio, sin embargo, sugieren que las experiencias psicodélicas pueden igualar o incluso superar la intensidad y el impacto de las experiencias derivadas por medios no psicodélicos.[13]

Es relevante señalar que en este estudio «hubo un número inusualmente alto de ateos en esta muestra (25 %), en comparación con la población general (1,6 %; Pew Research Center, 2008)». Es decir, la experiencia mística ocasionada por los psicodélicos parece tener un impacto aún mayor que las derivadas de medios no psicodélicos, como la privación sensorial, la meditación, la oración, el aislamiento, o cualquier otro método utilizado por los místicos a lo largo de los tiempos. Además, estas experiencias psicodélicas afectan a los ateos por igual, o más fuertemente, que a las personas con inclinaciones religiosas. Esto es, por supuesto, lo que le pasó a Randy. A continuación, informo sobre la discusión de Pollan del efecto de los psicodélicos, con dos ateos confirmados, que habían sido consumidos por el miedo a la muerte, desde que ambos habían sido diagnosticados con cáncer terminal.

13.   Yaden *et al.* Doy las gracias a Jesús González Mariscal por mandarme este artículo.

346 La voz de Frédérique

En la sección de Pollan sobre la muerte, él informa sobre un voluntario en el ensayo de psilocibina de la Universidad de Nueva York (NYU) llamado Patrick Mettes, diagnosticado con cáncer terminal. Pollan conversa con los dos psiquiatras presentes en la sala de tratamiento de la NYU con psilocibina en Patrick Mettes. Pollan quedó impresionado por la «emoción, al borde del vértigo, de esos psiquiatras, por los resultados que estaban observando en sus pacientes con cáncer, después de una sola sesión guiada de psilocibina».[14] Pollan registra las propias palabras de Patrick Mettes mientras estaba bajo el efecto de la psilocibina y cito la mayoría de ellas:

A partir de aquí, el amor fue la única consideración… Fue y es el único propósito. El amor parecía emanar de un solo punto de luz… y vibraba… Podía sentir mi cuerpo físico tratando de vibrar en unidad con el cosmos… y, frustrantemente, me sentía como un chico que no podía bailar…, pero el universo lo aceptaba… La pura alegría…, la dicha…, el nirvana… Era indescriptible. Y, de hecho, no hay palabras para capturar con precisión mi experiencia…, mi estado…, este lugar. Sé que no he tenido ningún placer terrenal que se haya acercado a este sentimiento…, ninguna sensación, ninguna imagen de belleza, nada durante mi tiempo en la tierra se ha sentido tan puro, gozoso y glorioso como la altura de este viaje… Nunca he tenido un orgasmo del alma antes… Estaba aprendiendo una canción… Era una nota…, «do»… Era la vibración del universo… Una colección de todo lo que alguna vez existió… Todos juntos igualando a Dios.[15]

---

14. Pollan, 2018: 336
15. Pollan, 2018: 342-343. Los tres puntos […] están en el original y no indican que se hayan omitido palabras.

Cuando su esposa fue a buscarlo al hospital, él le dijo que «había tocado el rostro de Dios». Tanto él como su esposa eran ateos confesos. Antes de esta experiencia le habían diagnosticado un cáncer terminal con solo unos meses de vida. Él estaba muy ansioso, abrumado por el miedo a la muerte. Dos meses después de su viaje con la psilocibina, mientras moría lentamente de cáncer, le dijo a su psiquiatra: «Soy el hombre más afortunado del mundo».

Pollan comenta también sobre otro voluntario secular en NYU que fue diagnosticado asimismo con cáncer terminal. En su epifanía, Dinah Bazer, después de unos momentos iniciales difíciles, los sentimientos de amor abrumador se hicieron cargo. Aunque era una «atea sólida», dijo: «La frase que usé –que odio usar, pero es la única manera de describirla– es que me sentí "bañada en el amor de Dios"».[16] Estas palabras me recuerdan a las de Randy durante su iniciación: «Levanto la vista y veo tres luces, ubicadas de manera vertical, en forma de rombos y de tamaños diferentes: el tamaño más grande en la parte superior y el más pequeño en la parte inferior. En ese momento entendí que esas tres luces eran todo: el único Dios. El creador de todo el universo». Randy, como Patrick Mettes y Dinah Bazer, era un «ateo sólido». La diferencia, y es muy importante, es que a Randy le dieron poderes curativos tanto de los espíritus de la naturaleza como de los sobrenaturales. Como resultado, se ha convertido en un sanador profundamente espiritual y eficaz. Los espíritus y los sobrenaturales eligieron a un joven secular para iniciarlo en el camino de la curación y el chamanismo. Su iniciación, según me contó más tarde, borró también su miedo a la muerte, en su caso claramente más débil que en el caso de aquellos voluntarios con enfermedades terminales.

Como señala el propio Pollan, tales experiencias y descubrimien-

---

16. Pollan, 2018: 345.

348 La voz de Frédérique

tos de la terapia e investigación psicodélica parecen «operar en una frontera entre la espiritualidad y la ciencia que es tan provocadora como incómoda».[17] Dada la historia esbozada en los capítulos 1 y 2 de esta tercera parte, sobre el papel del exterminio del chamanismo en Europa y su condición fundacional para la revolución mecanicista, esta afirmación es una forma suave de reconocer la naturaleza exclusiva de la oposición creada entonces entre ciencia y religión, su NOMA estatus.

Los habitantes de la modernidad con más inclinaciones religiosas no han desterrado a los sobrenaturales, pero esos no se consideran espíritus de la naturaleza. La erradicación de estos últimos ha sido un tema constante en Europa occidental, al menos desde el siglo IV después de Cristo, y ha significado la erradicación del chamanismo en la tradición occidental. Esto se debe abrumadoramente, como se trató de manera extensa en los capítulos 1 y 2 de esta tercera parte, a las fuerzas combinadas de las diversas Iglesias cristianas, así como a las fuerzas que crearon el mercantilismo que, con el tiempo, se convirtió en el capitalismo. A estas poderosas fuerzas hay que agregar el rechazo, por parte de los padres de la revolución mecanicista, de prácticas similares asociadas con la filosofía oculta. Dada esta larga y sangrienta historia, no puedo dejar de ver una profunda ironía en que las plantas y hongos chamánicos vengan al rescate de los males intratables de la modernidad. Esto me recuerda, lo que dije en el capítulo 1 de esta tercera parte, los esfuerzos del emperador Valentiniano, a mediados del siglo IV después de Cristo, para cerrar los misterios eleusinos en Grecia:

> Según el historiador griego Zósimo, Vetio Agorio Pretextato en el 364 después de Cristo convenció con éxito al emperador cristiano

---

17.   Pollan, 2018: 334.

romano Valentiniano de que cediera en la abolición de los misterios. Afirmó que hacerlo haría que la vida de los griegos fuera invivible. Además, se le atribuye haber dicho que Eleusis es el único lugar que «mantiene unida a toda la raza humana».

Menos de medio siglo después del exitoso esfuerzo de Pretextato para detener el cierre de esos misterios infundidos de psicodélicos, el emperador Teodosio II efectivamente lo hizo.

En fin, aquí estamos, 17 siglos después del cierre de los misterios eleusinos, a fines del siglo IV después de Cristo, al borde del colapso de nuestra ecología planetaria con la humanidad envuelta en epidemias de adicción a las drogas y enfermedades mentales. De hecho, es una ironía notable que las plantas y los hongos del diablo –esas sustancias satanizadas– sean precisamente las que puedan rescatarnos. No es solo el efecto terapéutico de esas plantas y hongos lo que nos está curando, sino su capacidad para transformar nuestra visión de la tierra y el cosmos, una capacidad que cambia su condición de objetos muertos y los convierte en seres vivos.

Como hemos visto en la parte introductoria, esta capacidad surge de la desconexión temporal de nuestro cerebro izquierdo, lo que permite experimentar la visión que tiene nuestro cerebro derecho de nosotros mismos como parte de un cosmos numinoso. Este silenciamiento seguro y temporal de nuestro cerebro izquierdo con el uso de psicodélicos chamánicos tiene el potencial de revertir lo que McGhilchrist ve como el dominio deletéreo del cerebro izquierdo en la modernidad occidental. Para revertir la importancia de nuestros dos hemisferios, estos psicodélicos deberían estar ampliamente disponibles. Lo que también se necesitaría es el entrenamiento o aprendizaje de psicoterapeutas-chamanes. Psicoterapeutas-chamanes en el sentido de que ingerirían con sus pacientes el psicodélico, revirtiendo el estricto edicto de Boyle de la separación absoluta entre el observador y lo observado, así como entre la vida personal del investigador y su objeto de observaciones.

Un uso tan generalizado de psicodélicos bajo el cuidado de especialistas capacitados nos alejaría del extractivismo violento y nos llevaría hacia la reciprocidad con los otros, los humanos y los no humanos. Con suerte, como predijo Pollan, estas sustancias se legalizarán pronto no solo con fines terapéuticos, sino también espirituales-ecológicos.[18] Si su uso se generaliza, se espera que tengan un efecto duradero en la desaceleración, o, incluso, uno se atreve a esperar, en detener la creciente destrucción ecológica de nuestro hogar planetario y, por lo tanto, una vez más, «manteniendo unida a toda la raza humana», como formuló Pretextato en el siglo IV.

Mirando el extraordinario efecto de estas sustancias desde otro ángulo, no es imposible pensar que los espíritus y seres sagrados que hacen su aparición a través de los psicodélicos estén mostrando una gran compasión por nuestra situación actual. Por supuesto, tal perspectiva se rechaza inmediatamente en la dispensación modernista, o se deja a los antropólogos para que reflexionen sobre su significado, pero no sobre su realidad.

Debo agregar que la decisión de Estados Unidos de ilegalizar todos los psicodélicos, sin distinguir entre los que causan adicción y los que no –siendo estos últimos todos los chamánicos–,[19] debe mucho a la larga historia de la erradicación del chamanismo en Occidente.

---

18. Encontré un anuncio de oportunidades de inversión con fecha de primavera de 2021 titulado «La tendencia masiva del mercado se está formando en terapias con drogas psicoactivas», enumerando varias empresas que ya están invirtiendo en ese campo por una suma de miles de millones de dólares. Por supuesto, la mercantilización de tales plantas y hongos podría resultar bastante problemática. Sin embargo, su amplia disponibilidad podría transformar la modernidad en algo menos letal.

19. Es bueno recordar que el LSD, creado por Hoffman en su laboratorio, se basa en el cornezuelo de la cebada, el hongo que crece en la cebada.

Los psicodélicos fueron utilizados por chamanes europeos –todos agrupados bajo la invectiva de «brujas»– y, por lo tanto, asociados irremediablemente con herejía, prácticas satánicas, superstición, ignorancia, incluso locura. Que sean clasificados como ilegales no es lo sorprendente. Lo que es totalmente sorprendente es su reciente aparición en estudios científicos que atestiguan su eficacia con las enfermedades intratables de la modernidad, un hecho impulsado por el «quebrantamiento» de las terapias convencionales. En mi opinión, el hecho de que estas terapias convencionales carezcan por completo de dimensiones espirituales o sagradas está directamente relacionado con su falta de eficacia. No es solo que la naturaleza, la tierra, el cosmos se han reducido a un mecanismo muerto e insensible y se han transformado en «recursos naturales» para uso exclusivo de los seres humanos. La transformación del mundo en «recursos naturales» requirió positivamente su explotación para «crecimiento económico». Hacerlo era simplemente racional, mientras que hacer ofrendas a seres desencarnados era –y en gran medida lo es todavía– considerado irracional o las «creencias» de personas exóticas, precientíficas, es decir, atrasadas.

Hoy recibimos diariamente en nuestras noticias informes de deforestación, creciente contaminación de ríos y océanos, de la atmósfera –el mismo aire que respiramos–, desertificación, un asombroso empobrecimiento de la biodiversidad y la extinción de innumerables especies, el calentamiento de todo el planeta con su concomitante advertencia grave de los crecientes desastres naturales y el aumento del nivel del mar. Una vez más, no estoy diciendo que las destrucciones ecológicas no hayan aparecido en sociedades no modernas como Diamond nos hizo tan conscientes en sus libros,[20] sino que su proporción planetaria comenzó con la Revolución industrial, un re-

---

20. Diamond, 1997 y 2005.

352   La voz de Frédérique

sultado directo de la revolución mecanicista en Europa occidental[21] que requirió la erradicación del chamanismo.

Permítanme intentar aclarar el vínculo entre la eficacia terapéutica de los psicodélicos y su eficacia potencial para una transformación de la cosmovisión moderna de un mundo mecánico muerto. En el capítulo 4 de esta tercera parte, sobre el cercamiento del yo, incluí el trabajo de Lewis Hyde sobre el don. Permítanme citarlo una vez más: «Si esto no fuera así, si el donante calculara su devolución, el don se sacaría del todo al ego personal, donde pierde su poder». Esta visión de los intercambios de dones en sociedades de pequeña escala no modernas va en contra del canon moderno. Como me dijo el economista Stephen Marglin en más de una ocasión, los textos universitarios de economía suelen afirmar que es parte de la naturaleza humana perseguir el propio interés. Además, tal comportamiento es la esencia de la racionalidad. Tal suposición economicista es exactamente lo opuesto a lo que Hyde afirma en esta cita. Calcular el rendimiento de uno, es decir, el interés propio, supuestamente fundamental para la naturaleza humana, es, de hecho, fundamental para la naturaleza humana moderna occidental, como traté de argumentar en varios capítulos anteriores. Hacerlo separa al ego del todo, como afirma Hyde, y tal separación implica la pérdida del «poder del don». Como ha dejado claro mi discusión sobre la reciprocidad cosmocéntrica y mi crítica de la comprensión antropológica de la «economía del don» en el capítulo 4 de esta tercera parte, el poder del don finalmente significa la regeneración de las fuentes de sustento de los humanos, aquellas que siempre requieren reciprocidad con los espíritus. Es decir, el credo moderno de considerar la búsqueda del interés propio como «la naturaleza humana» produce simultáneamente una intensificación del

---

21. Como ha demostrado claramente el estudio de Margaret Jacob sobre generaciones de los hermanos Watts.

cercamiento del yo y un borrado de nuestra incrustación en la naturaleza/cosmos, lo que Lewis Hyde llama «el todo».

Los dos males modernos, la enfermedad mental humana y la destrucción ecológica, tienen sus raíces en la intensificación de un cercamiento del yo/ego que simultáneamente significa su separación del todo, es decir, la naturaleza/cosmos. Como nos ha mostrado Jill Bolte Taylor, este encierro del yo significa un trasfondo serio de nuestro hemisferio derecho y, por lo tanto, de nuestro conocimiento de que somos parte de un cosmos/naturaleza numinosa.

Como se aclaró especialmente en el segundo capítulo de la primera parte, sobre el chamanismo de la Alta Amazonía, la ingestión de psicodélicos chamánicos provoca la muerte o la disolución del ego. Como Davi Kopenawa, el chamán yanomami, expresó concisamente en esa sección, los blancos ven esto como perder la razón. Un juicio no muy alejado de la afirmación de los libros de economía de que no perseguir el propio interés es irracional y va en contra de la naturaleza humana. Es decir, aquí vemos claramente el nexo entre la intensificación del cercamiento del yo –con su consiguiente trasfondo del hemisferio derecho– en la modernidad y dos de los principales males de la modernidad. Esta intensificación del encierro del yo/ego ha llevado en la modernidad a una disminución constante de la espiritualidad y una intensificación simultánea del secularismo. Es importante subrayar lo que quiero decir aquí con espiritualidad, es decir, un flujo continuo más allá de uno mismo y de la propia comunidad humana hacia el mundo más que humano y sus variados y múltiples seres desencarnados. Siguiendo a William Richards, no restringiría a los seres desencarnados solo a los espíritus de la naturaleza, como lo hace Pollan, sino que incluiría los sobrenaturales de todas las tradiciones espirituales y religiosas del mundo. Por supuesto, esta es también la realidad que Randy ha experimentado desde su iniciación por los espíritus. Además, está mucho más cerca de la visión de Jung del inconsciente colectivo.

354   La voz de Frédérique

Me parece que lo anterior contribuye en gran medida a comprender la extraordinaria eficacia terapéutica de los psicodélicos, como lo atestigua su estudio científico. Asimismo, creo que contribuye en gran medida a comprender por qué tantos de los voluntarios en los estudios científicos de los psicodélicos, así como en las ceremonias chamánicas, tienen «experiencias místicas». Es decir, experiencias de la sacralidad del mundo, incluso los sólidamente ateos. Esto último se muestra en el artículo del *Journal of Humanistic Psychology* de 2017 citado, en que el número de ateos en el estudio supera con creces su proporción en la población general de Estados Unidos. Este estudio, que midió la intensidad de la experiencia mística con psicodélicos, pudo también afirmar que las experiencias místicas con psicodélicos son más fuertes, más profundas que las que ocurren sin ellos.

Los movimientos de los cercamientos, entonces y ahora, al convertir la tierra en «recursos naturales» para el uso exclusivo de los seres humanos y todo en una mercancía, o un «bien de consumo prefabricado» en el lenguaje de Swimme, han transformado los espíritus y los sobrenaturales en invenciones imaginarias de nuestras mentes. Es decir, nuestras mentes, nuestra propia conciencia, han sido cercadas, alejadas de los poderes numinosos de la tierra y el cosmos. Los psicodélicos, por su capacidad para disolver el ego al oscurecer nuestro hemisferio izquierdo, nos permiten experimentar el corazón numinoso del cosmos una vez más, como se muestra de manera precisa y cuantitativa en el artículo de *Journal of Humanistic Psychology* de 2017 citado, lo que confirma la experiencia de los ateos de la numinosidad del mundo/cosmos. Cuando nuestro hemisferio izquierdo está silenciado y nuestro hemisferio derecho puede ser escuchado y vivido, lo que emerge es la numinosidad de la naturaleza, del cosmos. Por lo general, los consumidores de psicodélicos se refieren a esta numinosidad como el corazón o el alma del cosmos. La modernidad nos ha hecho ciegos y sordos, totalmente insensibles, a la psique del mundo, al alma del mundo –*anima mundi*–, pero los psicodélicos restauran milagrosamente nuestro sentido de lo sagrado, incluso para los ateos certificados.

En esta coyuntura, puede ser necesario dejar claro una vez más que poner un límite alrededor del ego no es perjudicial ni negativo en sí mismo. Esto es algo que McGilchrist ha demostrado de manera magistral en su libro *El maestro y su emisario*. Para la mayoría de las actividades de supervivencia, así como para muchas actividades cotidianas de la vida, ya sea en la modernidad o en cualquier otro tipo de sociedad, es indispensable. El golpe de Jill Taylor lo deja muy claro. Pero, como me he esforzado en señalar, esta necesaria delimitación del yo en las colectividades no modernas ha sido, por lo general, seguida inmediatamente y siempre subordinada a la reciprocidad cosmocéntrica. En la modernidad hemos hecho del ego, del yo, el maestro y relegado el hemisferio derecho, donde el todo desempeña un papel central, a un papel emisario «femenino e intuitivo». Como muestran los esfuerzos de Jill Taylor por enseñarnos a acceder a todo nuestro cerebro. Un cerebro completo podría cambiar el impulso de la modernidad de su arco destructivo a uno que mejore la paz.

Aquí consideraría la terminología de Sheldrake. Yo hablaría de pensamientos, mente, percepción, como hábitos y memoria ubicados en el cosmos. Consideraría ambos hemisferios de nuestro cerebro como receptores en lugar de emisores. El lenguaje de morfogénesis y resonancia mórfica de Sheldrake hace un corto circuito radical en nuestro impulso modernizado de ubicar la percepción, la memoria, el hábito y el lenguaje –en pocas palabras, la mente– en el cerebro, ya sea de izquierda o derecha, como se argumentó en el capítulo 7 de esta tercera parte. La teoría de Sheldrake regresa al cosmos el sentimiento y conciencia que la «religión sin nombre» había reconocido en él desde los tiempos del paleolítico y como el chamanismo

356 La voz de Frédérique

mundial continúa haciéndolo, igual que muchas otras tradiciones espirituales o religiosas.

La teoría de Sheldrake de la memoria en el cosmos significa, además, que podemos entender a los seres desencarnados que existen como patrones de resonancia en el cosmos. Tales patrones no se pierden con la desaparición de los individuos, culturas o civilizaciones. Esto significa que los seres desencarnados de diversas tradiciones, en lugar de ser entendidos como creencias culturales o imaginación, aparecen durante el silenciamiento de nuestro cerebro izquierdo. Este aspecto es como la apariencia de la numinosidad de la naturaleza, o el cosmos, cuando el silencio de nuestro hemisferio izquierdo resalta la vista desde nuestro hemisferio derecho. El hecho de que aparezcan seres desencarnados de culturas totalmente desconocidas para el chamán, en nuestro caso para Randy, puede explicarse con la teoría de la memoria de Sheldrake. Estos campos vibratorios con patrones resonantes pueden ser accedidos, incluso por personas que nunca han oído hablar de estos seres. Este es el caso de la diosa orisha de las profundidades marinas, Olokun. Randy hizo un boceto de ella. Inicialmente pensé que podría ser Yemaya, otro orisha asociado al mar. Sin embargo, cuando envié el boceto a amigos, especialistas o devotos de esta tradición, inmediatamente pudieron identificarla como Olokun.[22]

Para mí, el hecho de que los ateos y secularistas confirmados tengan profundas experiencias espirituales o místicas con psicodélicos, y que estas experiencias tengan un poderoso efecto terapéutico, significa que la sacralidad o numinosidad es inherente al cosmos. Tal numinosidad es silenciada o invisibilizada por nuestras mentes modernas intensamente encerradas, es decir, nuestro cerebro izquierdo.

---

22. Quiero expresar mi gratitud a Funlayo Woods y Susan James, por ayudarme a identificar esta orisha.

Psicodélicos y la curación de males de la modernidad   357

También significa que la experiencia de esa sacralidad o numinosidad es curativa, mientras que la ausencia prolongada de su experiencia conduce a una enfermedad mental. Hago hincapié en la palabra «experiencia» y quiero ilustrar mi razón para hacerlo con un ejemplo. Me refiero a un intercambio que ocurrió entre Brian Muraresku y el profesor Charles Stang, director del Centro de Harvard para el Estudio de las Religiones del Mundo (CSWR, por sus siglas en inglés).

Stang había invitado a Muraresku a una conversación pública con él en la primavera de 2021 en el CSWR, a la que asistí virtualmente.[23] Stang es un especialista en misticismo y cristianismo primitivo. Es obvio que encontró el libro de Muraresku extremadamente estimulante, y comentó que los dos se habían hecho amigos. Sin embargo, Muraresku, al escribir sobre la eucaristía paleocristiana enriquecida con algo de psicodélico, utilizado en los primeros siglos de nuestra era, caracterizó la eucaristía sin psicodélico –que luego se convirtió en la eucaristía común–, llamándola un «placebo». Esto sucedió después de que Teodosio cerrara los misterios de Eleusis y otras prácticas «paganas» a fines del siglo IV después de Cristo. Muaresku ha sido educado por jesuitas y se identifica como católico. Al final de la presentación, Stang cuestionó amablemente el uso de Muraresku del término «placebo» para caracterizar la eucaristía normal, sin psicodélico.

Aunque Muraresku evitó hábilmente una confrontación, y la presentación terminó poco después, estaba claro que para Stang llamar a la eucaristía placebo era controvertido. Sin embargo, mi opinión sobre el uso que hace Muraresku del término placebo para referirse a la eucaristía sin psicodélico es una forma efectiva, aunque radical, de enfatizar que lo sagrado, lo numinoso, solo se puede experimentar directamente. Que te lo cuenten es un placebo. De eso trataban los misterios eleusinos y de lo que se trata el chamanismo,

---

23. La conversación pública virtual ocurrió el 22 de marzo de 2021.

358   La voz de Frédérique

una experiencia directa del sagrado corazón oculto del cosmos.[24] Una experiencia tan directa de la sacralidad del cosmos es terapéutica y transformadora. Me apresuro a agregar que esta vivencia se puede lograr sin psicodélicos a través de prácticas como la meditación, la oración, la privación sensorial y otras prácticas. Sin embargo, los psicodélicos, los dones de todas las culturas chamánicas del mundo, incluida la europea, parecen actuar con sorprendente rapidez y eficacia, como lo ha demostrado el artículo de 2017 en el *Journal of Humanistic Psychiatry*.

Basándonos en la memoria de Randy y en la mía, además de en las experiencias místicas de la numinosidad del corazón del cosmos bajo la influencia de la ayahuasca y los informes de voluntarios en el estudio científico de psicodélicos, lo que caracteriza la numinosidad de este corazón del cosmos es una clara «no» especificidad de la naturaleza de este corazón. Muchos llaman Dios al corazón del cosmos. Patrick Mettes, el voluntario de la NYU que enfrenta un cáncer terminal dijo: «El amor parecía emanar de un solo punto de luz… y vibraba… Podía sentir mi cuerpo físico tratando de vibrar en unidad con el cosmos». Tal vibración cósmica es lo que Sheldrake denomina «campos mórficos». Es notable que tal vibración cósmica se haya manifestado en un experimento científico psicodélico. También puedo dar fe de que normalmente puedo sentir mi cuerpo vibrando durante las ceremonias de ayahuasca, lo mismo que menciona Randy en varias partes de su relato.

En ninguno de esos casos es posible asociar esta experiencia con cualquier tradición religiosa específica. Se caracteriza repetidamente como inefable; es decir, extremadamente difícil o imposible de expresar con palabras. El idioma es un fenómeno humano universal,

---

24.   Estoy haciendo eco con el libro de Swimme de 1996 titulado *El corazón oculto del cosmos* (*The Hidden Heart of the Cosmos.*)

pero en realidad no existe un idioma universal y los esfuerzos para crear uno, el esperanto, en esencia, han fracasado. Los idiomas son intrínsecamente diversos, al igual que la vida en la tierra y el cosmos. La ciencia moderna mecanicista ha permitido enormes avances en nuestra comprensión del cosmos, pero no puede revelar su corazón numinoso. Esto solo se puede experimentar con una disolución del ego, de la racionalidad, un esfuerzo ilegalizado en 1970 y un tabú en la academia y la mayoría de las otras áreas de la sociedad moderna, como se trató en los capítulos 5 y 7 de esta tercera parte. La poderosa eficacia terapéutica de tal disolución, en mi opinión, tiene que ver con su capacidad de hacernos experimentar la sacralidad del corazón del mundo, así como de liberarnos de las restricciones de nuestro yo severamente encerrado.

Estas experiencias, en el caso de los ateos confirmados o las personas seculares, no necesariamente los llevan a volverse «religiosos» en el sentido de adoptar una tradición religiosa en particular. Se contentan con ser caracterizados como «espirituales», lo que es en sí mismo bastante notable dado el rechazo enérgico del término Dios o religión entre muchos de ellos. Están abiertos al hecho de que la sacralidad es una realidad universal como el lenguaje es una realidad humana universal. Sin embargo, al igual que los idiomas, la forma de capturar esas experiencias de numinosidad en cualquier idioma es, en general, diversa. Recuerdo el trabajo del antropólogo francés Jean Pouillon sobre el grupo dangaleat del África subsahariana. Los dangaleates experimentan y afirman la realidad de sus espíritus y los nombran. Cuando Pouillon les señaló que sus vecinos, otro grupo étnico, no creen en esos mismos espíritus, no se sintieron perturbados por esta revelación. Ellos respondieron con tranquilidad que sus vecinos no creen en los espíritus de los dangaleates porque viven en un lugar distinto y con diferentes espíritus. Pouillon, después de este informe, reflexiona sobre el carácter absoluto del «otro mundo» que él identifica como una creencia cristiana. Señala que, para los dangaleates, el encuentro con la alteridad «confirma [su] experiencia del mundo, que es relativo desde el principio y, por lo tanto, no puede ser perturbado por la diversidad».[25]

El comentario de Pouillon sobre el carácter absoluto del reino del «otro mundo» se refiere a la interpretación del cristianismo, es decir, asumen que ese reino solo contiene seres específicamente cristianos que se consideran universales o absolutos. Yo diría que el absolutismo o la universalidad no pueden residir en ninguna experiencia nombrada o específica de lo sagrado. En cambio, diría que se experimenta en las inefables experiencias místicas que no se pueden capturar en las palabras de ningún idioma. Cuando el lenguaje interviene para caracterizar estas experiencias, surge la diversidad. Ambas formas de cristianismo en los siglos XVI y XVII, como se trató en los capítulos 1 y 2 de esta tercera parte, insistieron en tener la Verdad Única. Es la imposibilidad de afirmar dos verdades únicas lo que condujo a los conflictos religiosos de larga duración y a la Guerra de los Treinta Años.

Si un nuevo conocimiento fuera a resolver eficazmente esos conflictos, por supuesto, no podría ser religioso. Sin embargo, no podía imaginarse a sí mismo como una mentira, es decir, tenía que ser absolutamente verdadero. El problema se resolvió excluyendo radicalmente la religión de su ámbito de competencia, como se argumentó en capítulos anteriores. La Única Verdad cierta se reinventó basándola en un nuevo dominio, el de una naturaleza totalmente desprovista de mente, de cualquier cosa remotamente religiosa. Es decir, basado sobre la invención de una «naturaleza/cosmos» material muerto, totalmente separada del mundo sagrado e, incluso, metafísico, así como de la mente/psique. El absolutismo del reino cristiano del mundo sobrenatural ha sido trasladado por los padres de

---

25.   Pouillon, 1982: 8.

la revolución mecanicista al cosmos material, preservando su absolutismo en una clave diferente, la del conocimiento de una naturaleza mecánica insensible. La universalidad podría reconocerse tanto en el ámbito religioso cristiano como en el ámbito no superpuesto de los nuevos conocimientos de carácter mecánico, evitando así conflictos. El terreno onto-epistemológico europeo se dividió en dos dominios mutuamente excluyentes, uno exclusivamente material y el otro exclusivamente religioso, lo que el naturalista Steven Jay Gould ha llamado magisteria no superpuesta o NOMA (*non overlapping magisteria*). Hoy, el terreno material se considera universal, el mismo en todas partes del mundo, mientras que la parte religiosa se reconoce como diversa en todo el mundo. Como se argumentó en capítulos anteriores, la universalidad del mundo material es una invención muy europea para abordar los dilemas políticos/religiosos de la Europa de los siglos XVI y XVII. Como sostiene mi breve discusión sobre la física cuántica, la realidad poscuántica es el resultado de un encuentro entre el observador y lo que se está observando. Como lo expresó el famoso físico John Wheeler, «la vieja palabra "observador" simplemente debe ser tachada de los libros, y debemos poner la nueva palabra "participante"», referida en el capítulo 5 de esta tercera parte. El encuentro entre un participante con lo que se está participando, necesariamente, resultará en una diversidad de «realidades».

En mi opinión, la teoría de Sheldrake de los campos y la resonancia mórficos, que abarca tanto el dominio «natural» como el «cultural», trasciende la dualidad de NOMA y la de cultura y naturaleza, *psique* y *phusis*. Si en verdad los humanos hemos emergido del todo, y ese todo es un campo vibratorio, le seguiría experimentarnos a nosotros mismos como radicalmente distintos del «mundo material», y separarnos de él constituiría una alienación fundamental. Semejante situación existencial es una desconexión permanente y, por lo tanto, una alienación, precisamente lo que se ha hallado en las entrevistas con voluntarios en la investigación psicodélica. Un estado de alienación tan permanente genera epidemias de adicción a las drogas y enfermedades mentales.

El otro tema principal que ha surgido en las entrevistas de Rosalind Watts reportadas por Pollan es el de la prisión mental, o lo que ella llama un estancamiento mental. Veo esto como una forma extrema de lo que se hizo necesario en el nuevo conocimiento, a saber, la separación entre la vida, los sentimientos, las emociones del científico y su objeto de estudio. La expulsión de las mujeres durante los años de formación de este nuevo conocimiento tuvo todo que ver con su imputada incapacidad para separar su racionalidad de sus emociones. Esta separación se hizo operativa en la regla que prohíbe la crítica *ad hominem* en el laboratorio público de Boyle. La vida, los sentimientos, las predilecciones y las emociones del científico debían mantenerse estrictamente separados durante su presencia en el laboratorio público del experimento que se estaba llevando a cabo y del establecimiento de «la cuestión de hecho», lo que más tarde se conocería como el «hecho científico».

En este punto me gustaría centrarme en la posible diferencia entre esta regla y lo que se conoce como el dualismo objeto/sujeto del conocimiento moderno. Ese dualismo ha sido trascendido por la revolución cuántica en la física, como se mencionó de forma breve. Sin embargo, en la física cuántica la trascendencia de este dualismo se refiere al hecho de que las percepciones e ideas del científico, especialmente cómo se materializan en un aparato, se entrelazan con los resultados de los experimentos. Creo que el estancamiento mental se relaciona con esto, pero abarca más que ideas y percepciones. Creo que el estancamiento mental es un peligro psicológico que surge del modo de saber y escribir en tercera persona. El modo de escritura en tercera persona es el predominante, el que se enseña en las escuelas y el mundo académico. También es el modo dominante de escribir y hablar en los medios de comunicación, donde se requiere dar la impresión de que los informes están libres de prejuicios. Aunque ha sido desafiado recientemente por feministas y otros con cierto éxito, no ha podido desplazar el dominio del modo de pensar y escribir en tercera persona en el sistema educativo. La propia participación de uno en el mundo se pone automáticamente entre corchetes, lo que lleva a que tal participación, al final, se vuelva invisible para uno mismo: el observador, el escritor, el experimentador mismo. Por lo tanto, la alienación de la naturaleza/cosmos es también una alienación de las propias emociones, de la propia vida encarnada. Cuando se combina con un énfasis en la mente racional del cerebro izquierdo y un trasfondo de nuestro hemisferio derecho, el resultado se convierte en el estancamiento mental, el que Rosalind Watt encuentra en los voluntarios de los estudios psicodélicos donde la mente y el corazón se separan radicalmente.

Para terminar, quiero enfatizar el vínculo histórico común entre el tipo de conocimiento que provocó la revolución mecanicista, y que, finalmente, se convirtió en hegemónico, y lo que he llamado «males de la modernidad». Abordar la crisis climática con muchos remedios específicos diseñados para reducir las emisiones de gases de efecto invernadero y otros que extraen dichos gases de la atmósfera, como la agricultura y la ganadería regenerativa, es una necesidad urgente. Sin embargo, si no abordamos simultáneamente la naturaleza fragmentada de nuestro sistema de conocimiento moderno y su negación de la existencia de una mente y un corazón del cosmos que genera la diversidad de experiencias espirituales en el mundo, habremos hecho solo la mitad del trabajo de curar los males de la modernidad. Las enfermedades mentales, la adicción a las drogas y otras enfermedades del alma, probablemente, continuarán, como también, probablemente, una destrucción ecológica.

Conclusiones

La modernidad, nacida durante la Era de la Razón y en la Época de la Hoguera, en los siglos XVI y XVII en Europa occidental, provocó lo que he denominado el cercamiento del yo, es decir, una separación de la persona humana del todo en el que está incrustada y de donde recibe su sustento y significado. La separación de la persona de sus fuentes que le dan vida crea alienación. La alienación está en el corazón de dos tipos de males de la modernidad, la devastación ecológica y la enfermedad mental, que incluye la adicción a las drogas, y ambos han adquirido proporciones epidémicas, especialmente en el norte global. Estas condiciones se amplifican a niveles colectivos por la adicción de la modernidad a la certeza, también conocida como universalidad en la esfera del conocimiento.

La negación colectiva por parte de lo que se llama «ciencia» en general de su fundación europea occidental en la historia político-religiosa de esa región ha significado un ímpetu colonizador. Este tipo de sistema de conocimiento, desvinculado de sus verdaderos fundamentos político-culturales y revestido con el atuendo de la universalidad, ha extendido por todo el mundo su dogma de una naturaleza/cosmos mecánico insensible como la única realidad, puramente material, que requiere su separación de lo bueno y lo bello. Esta colonización ha transformado todos los demás sistemas de conocimiento o ciencias en conocimiento local precientífico que, a su vez, transformó todo el planeta y el cosmos en objetos materiales mecánicos insensibles que hacen invisible su numinosidad, o se ven como las creencias precientíficas de los pueblos menos ilustrados. Este desarrollo ha abierto todo el planeta al extractivismo y la explotación, así como a la propagación del virus de la alienación.

Permítanme aclarar de inmediato que la ciencia occidental no es un sistema de conocimiento equivocado, sino que es uno, entre muchos otros sistemas de conocimiento, con sus propias fortalezas y debilidades, como es el caso de todos los sistemas de conocimiento. Sin embargo, creo que es la única en todo el mundo en despojarse de las limitaciones éticas, estéticas y espirituales a través de su invención de una naturaleza/cosmos mecánico e insensible y el modo de conocimiento en tercera persona. La libertad de las limitaciones éticas, estéticas y espirituales ha desencadenado una gigantesca expansión de los inventos tecnológicos. No obstante, como revelan mis ejemplos del estudio de Zygmunt Bauman, sobre el Holocausto, y las reflexiones de Victor Weisskopf, sobre la fabricación de la bomba atómica, las sombras proyectadas por la eliminación de estas restricciones han sido de proporciones asombrosas, inalcanzables por ningún otro sistema de conocimiento. Es, realmente, el vivir el mito fáustico en tiempo real.

El estudioso de la ciencia china Jatinder Bajaj ha señalado que China era mucho más avanzada tecnológicamente que Europa en el siglo XVI, pero no creó la «ciencia», es decir, una ciencia siguiendo el patrón europeo, basada en un mundo mecánico insensible. Bajaj comenta que en la China del siglo XVI:

> La naturaleza se autogobernaba y se desarrollaba de acuerdo con sus propias armonías internas. El objeto de la ciencia para los chinos no era, por lo tanto, descifrar la ley para dar uso de la naturaleza a los humanos, sino descubrir el camino de la naturaleza, el Tao del Cielo, para acompañarla, vivir según el Tao.[1]

1.   Bajaj, 1988: 57-58.

Es decir, la naturaleza era sensible y viva para los chinos. Y el objetivo de la vida y el conocimiento para ellos era sintonizarse con sus formas, sus ritmos, sus armonías. Esto significa un sistema de conocimiento basado en los valores y la ética, así como en la estética, no despojado de ellos. Una de las consecuencias de esta diferencia es que China, como muchos otros países en ese momento, no desarrolló el tipo de armamento devastador desarrollado por los europeos. Los chinos poseían el conocimiento para crear una pólvora capaz de explotar, pero se usaba para fuegos artificiales y no como armamento. La necesidad de protegerse de armas tan devastadoras ha sido –y sigue siendo– un poderoso impulso para la adopción generalizada de la ciencia occidental.

Otra forma de decir esto es que poner entre paréntesis el todo –en nuestro ejemplo chino, el Tao– en las búsquedas de conocimiento requeridas para la supervivencia necesita que la forma racional y enfocada de saber siempre esté incorporada bajo el paraguas más amplio del todo, el Tao.[2] Esto es algo que se ha declarado fuera del dominio de la «ciencia» desde la revolución mecanicista en Europa occidental. Además, introducir consideraciones de conjunto en la búsqueda del sistema de conocimiento mecanicista se considera un grave error de categoría. Como nos dicen las palabras de Einstein citadas, la ciencia debe guardar silencio en cuanto a lo bueno, lo justo y lo bello. La consideración de «el todo» se desplazó a otro dominio que no se solapaba, tanto el religioso como el del arte. El dominio religioso se refiere a las «creencias», mientras que la ciencia se refiere a la racionalidad y la evidencia empírica, que también se conoce como «realidad». Sin embargo, los psicodélicos chamánicos,

---

2. China, como se sabe, ha abandonado por completo esta subsunción de la racionalidad al Tao en el siglo xx. Es bueno recordar que el comunismo surgió de una cosmovisión occidental, en el siglo xix, una cosmovisión materialista que no ha sido descartada.

al disolver nuestro ego, nuestro yo moderno muy cercado, permiten el surgimiento a la conciencia de algo que es simultáneamente verdadero y numinoso, sagrado. Es algo que logra poner en trasfondo nuestro hemisferio izquierdo, como Jill Taylor experimentó y como Iain McGilchrist ha argumentado.

Además, tal experiencia es terapéutica, cura nuestras ansiedades modernas, el miedo a la muerte, el estancamiento mental, y revela el corazón y la mente del mundo. Es decir, no es posible retener el ego/yo/la racionalidad de uno y experimentar el corazón numinoso del mundo y ser sanado por la experiencia. Sin embargo, dado que esta es una experiencia personal de aquellos que ingieren un psicodélico, la ciencia convencional declara que es una evidencia anecdótica. El renacimiento del estudio científico de los psicodélicos desde el año 2000 constituye un serio desafío a este punto de vista. Los psicodélicos ingeridos (o inyectados) con cuidado y el monitoreo calificado, idealmente por un chamán, nos permiten silenciar nuestro cerebro izquierdo de manera segura y temporal, permitiendo así que nuestro cerebro derecho revele la numinosidad del mundo.

Benny Shanon tituló su estudio sociológico de los participantes de la ayahuasca *Las antípodas de la mente: trazando la fenomenología de la experiencia con ayahuasca* (*The Antipodes of the Mind: Charting the Phenomenology of the Ayahuasca Experience*).[3] Pudo haber sido más exacto y haber titulado su libro *Las antípodas de la mente occidental*. La experiencia chamánica de la ayahuasca es de hecho la antípoda de la mente moderna occidental, pero otras culturas no han creado dominios tan completamente no superpuestos entre la mente racional y la integral. Iain McGilchrist ha argumentado de manera persuasiva que la mente racional enfocada necesita estar subordinada al cerebro derecho holístico. Desde el punto de vista

3. Shanon, 2003.

de McGilchrist, uno podría imaginar una relación complementaria asimétrica entre el cerebro derecho y el izquierdo, donde el último se subsume al primero. Si los dos hemisferios del cerebro se concibieran como receptores de los campos vibratorios y sus patrones de resonancia, en lugar de como emisores, tal punto de vista parece razonable. La manera como Sheldrake entiende la mente, la percepción, los hábitos y la memoria nos permite entender los seres desencarnados como emanando de esos campos vibratorios. Es decir, considerar el cerebro como un receptor e intérprete de los campos mórficos y las resonancias en vez de como su emisor.

Sin embargo, lo que deja claro la teoría de Sheldrake es que no existe un mundo mecánico ahí afuera. Cualquier sistema autoorganizado, desde los átomos hasta las sociedades humanas, tiene campos mórficos que son patrones de actividad vibratoria que crean hábitos y memorias a través de resonancias mórficas por el tiempo y el espacio. Parece que el silenciamiento sostenido de nuestro hemisferio derecho, en la modernidad, atrofia y deshabilita nuestra capacidad de recibir lo que este hemisferio revela. Lo que la habilidad de oír y sentir nuestro hemisferio derecho, ofrece es la numinosidad del cosmos. También hace visible los miles de seres sagrados desencarnados en el mundo. La habilidad de poder oír y sentir nuestro hemisferio derecho resulta fiable al ingerir un psicodélico bajo un guía adecuado.

Toda la naturaleza, todo el cosmos, tiene hábitos y recuerdos. Los humanos somos del cosmos. Cuando nuestros egos desaparecen, cuando se disuelven en experiencias chamánicas, así como en la ingestión de psicodélicos en entornos hospitalarios o universitarios,[4] se revela la naturaleza numinosa del corazón del cosmos. Tal experiencia sana. También confío en que, al revelar la sensibilidad del cosmos, tal experiencia hará que las relaciones puramente ins-

---

4. Y en muchos tipos de prácticas, como la meditación, la privación sensorial y otras.

370 Conclusiones

trumentales con el mundo sean mucho más difíciles y, con suerte, imposibles. Comenzaremos una vez más a vernos a nosotros mismos como parientes de todos los demás seres del cosmos, en lugar de como únicos, excepcionales y superiores. También es una experiencia que abruma por completo al consumidor al disolver su apego anterior a una cosmovisión secular, como le sucedió a Randy en su iniciación, así como a muchos voluntarios en el renacimiento psicodélico. La experiencia de la sacralidad del corazón del cosmos sana. A Randy le abrió el camino para recibir poderes de seres sobrenaturales desencarnados. Lo curó de su secularismo. El secularismo, la incapacidad de experimentar la numinosidad del mundo, ha alienado a muchos en la modernidad y ha causado una serie de enfermedades mentales y destrucción ecológica.

El hecho de que la experiencia del corazón numinoso del cosmos nunca se haya manifestado como un ser específico con un nombre específico y atributos correspondientes a una divinidad particular en la multitud de tradiciones espirituales del mundo es, creo, extremadamente significativo. A Randy se le han aparecido seres sobrenaturales sagrados desencarnados, como la popular y muy conocida Virgen de Guadalupe. Sin embargo, como deja claro el recuento de sus visiones y las ilustraciones de este libro, se le han aparecido seres sobrenaturales sagrados de diversas tradiciones, como el dios hindú con cabeza de elefante, Ganesha, y la yoruba orisha Olokun, dueña de las profundidades marinas. Su abandono del secularismo no lo ha impulsado a una tradición religiosa particular; la diversidad de sus visiones lo atestigua.

En este punto me gustaría insertar una anécdota. Jacques Mabit había organizado un encuentro para católicos, formado por varios sacerdotes y algunas monjas, sobre el tema de la ayahuasca. Vinieron y visitaron el santuario de la Virgen de Guadalupe que Randy había construido cerca de nuestro centro y pudimos conversar con algunos de ellos. Uno de ellos era un sacerdote católico perteneciente a un grupo indígena amazónico en Bolivia y tenía una parroquia en una aldea indígena. Nos dijo a Randy y a mí que, debido a que la mayoría de sus feligreses tomaban ayahuasca, él también participaba de ella, y confirmó su eficacia terapéutica. En una de sus visiones de ayahuasca, Krishna –el dios hindú azul oscuro– apareció y le habló. Krishna sostuvo una hermosa flor en su mano y le explicó que esta flor era sagrada y que la sacralidad no era propiedad exclusiva de ninguna tradición espiritual. Más bien, la sacralidad, la numinosidad, invadía el mundo si tienes ojos para verlo. El sacerdote nos dijo que este encuentro visionario lo conmovió profundamente y que encontró lo que esta divinidad hindú le había dicho como una profunda revelación.

Dada la antigua y violenta historia entre la Iglesia católica y el chamanismo en Europa, lo que a este sacerdote un dios hindú le había revelado es notable. Como vimos en capítulos anteriores, esta violencia de la Iglesia se dirigió también hacia otras tradiciones consideradas heréticas, como los cátaros, los judíos y, en España, los musulmanes. Apostaría a que, si hubiera habido hindúes en la Europa medieval y renacentista, ellos habrían también sido declarados herejes.

La aparición del nuevo conocimiento mecanicista, separado de cualquier tradición religiosa, pronto motivó un secularismo creciente. Según la historiadora de las religiones Karen Armstrong, uno de los resultados de este nuevo conocimiento fue la introducción de una nueva práctica, la del estudio científico de los textos sagrados. Ella escribe:

> El lenguaje mítico no podría traducirse satisfactoriamente a un lenguaje racional sin perder su *raison d'être*. Como la poesía, esta contenía significados que eran demasiado esquivos para ser expre-

372   Conclusiones

sados de otra manera. Una vez que la teología intentó convertirse en ciencia, solo pudo producir una caricatura del discurso racional, porque estas verdades no son susceptibles de demostración científica.[5]

Armstrong describe, en gran parte del resto de su libro, cómo este esfuerzo condujo al fundamentalismo en la esfera religiosa. Según ella, un movimiento fundamentalista apareció por primera vez dentro del cristianismo a mediados del siglo xix, pero pronto se extendió a la mayoría de las otras tradiciones religiosas, con los terribles conflictos que aún son noticia en la actualidad. El fundamentalismo fue también alimentado y alentado por la uniformidad requerida por el Estado-Nación, tratado en capítulos anteriores, que en sus inicios en Francia declaró: *une foi, une loi, un roi* (una fe, una ley, un rey). Pero antes del fundamentalismo, ya existía lo que algunos han llamado «triunfalismo», es decir, la opinión de que la propia tradición religiosa de uno es la única verdadera. Como hemos visto, este punto de vista tiene profundas raíces en Europa occidental y, como he argumentado en gran parte de esta tercera parte, estuvo en el corazón de las guerras de religión y el surgimiento de la revolución mecanicista.[6]

Los espíritus y seres sobrenaturales sagrados que iniciaron y dieron poderes chamánicos a Randy, o no declararon sus afiliaciones espirituales, o pertenecían a una diversidad de tradiciones espirituales, combinado con el hecho de que el fundamental y sagrado corazón del cosmos, lo que muchos llaman Dios, no tiene atributos o forma visible en las experiencias místicas inducidas por psicodélicos, lo que

---

5. Armstrong, 2000: 141.
6. Como se mencionó en una nota al pie de página anterior, incluso el hinduismo con su diversidad incorporada está sucumbiendo a la epidemia fundamentalista bajo el actual gobierno del Partido Popular Indio. Sin embargo, las tradiciones indígenas parecen no haber ido por ese camino, como ilustra el ejemplo de dangaleat de África, entre muchos otros.

Conclusiones 373

significa que Dios –que es la mente y el corazón del cosmos– está más allá de cualquier lenguaje humano. Las tradiciones espirituales son intrínsecamente diversas, paralelas a la vertiginosa biodiversidad del planeta.

La diversidad de encarnaciones espirituales es también paralela a la gran diversidad de idiomas, una diversidad que, bajo el embate de la modernidad, está disminuyendo triste pero constantemente. Es notable que un sacerdote católico y filósofo de la religión como Raimon Panikkar se llame a sí mismo católico, hindú y budista.[7] Debo agregar que el rabino Zalman Schachter-Salomi, el fundador de Jewish Renewal (Renovación Judía), ha desarrollado también esta diversidad en su reimaginación y resurgimiento de la muy antigua tradición mística judía. Él aprendió de las prácticas de muchas otras tradiciones, como el sufismo, el budismo, el hinduismo, el cristianismo místico y el chamanismo, especialmente de América, y envolvió a muchas de ellas en esta nueva tradición judía. Reb Zalman participó en la ceremonia de la ayahuasca y también en otras prácticas indígenas.

En el momento en que los seres humanos intentan capturar la experiencia inefable del corazón del cosmos, se reviste a la moda de esa tradición lingüística, cultural e histórica. La diversidad de esta configuración de lo inefable no solo es inevitable dada la diversidad de idiomas y culturas, sino también inevitable y necesaria. Esto debe ser celebrado y atesorado como hemos llegado a atesorar la biodiversidad y la diversidad lingüística del planeta. La modernidad ha generado, lamentablemente, una tendencia inversa de intensificación de los fundamentalismos, cada uno en guerra con sus otros. Sin embargo, la cura no es el secularismo, centralmente implicado

---

7. Véase especialmente Panikkar, 1993. Panikkar escribió unos 60 libros y es difícil elegir entre ellos. Hacia el final de su vida es cuando abrazó esa identidad multirreligiosa.

374 Conclusiones

en sí mismo en el surgimiento del fundamentalismo. El secularismo, como he argumentado en esta tercera parte, está estrechamente relacionado con la búsqueda de la certeza que, a su vez, ha generado lo que Karen Armstrong ha llamado «el agujero en forma de Dios en la conciencia de los seres humanos totalmente racionales».[8] Este agujero tiene mucho que ver con las epidemias de alienación, generadoras de muchos trastornos mentales.

A menudo se escuchan llamadas para superar el divorcio entre la ciencia y la religión. Tal puente entre estos dos dominios requiere una transformación de ambos y el reconocimiento de que la racionalidad debe subsumirse al todo. Muchas tradiciones religiosas, sin embargo, han comenzado a reconocer que el corazón del cosmos es inefable y no puede pertenecer a una sola tradición humana. Cuando ese corazón inefable está revestido de una de las muchas tradiciones lingüísticas del mundo, se vuelve más fácil olvidar que es de toda la naturaleza/cosmos y pertenece a todos sus seres, incluidos los humanos. Cuando los humanos hablan de ello, este inefable corazón del cosmos se reviste inevitablemente en una gloriosa variedad de formas. Tal diversidad de formas religiosas, prácticas y «creencias» debe ser celebrada y atesorada, recordándonos a los humanos que también surgen de todos los seres distintos de los humanos y de los no humanos en el cosmos.

La propia ciencia mecanicista está también cambiando. Solo es necesario invocar la física cuántica o la teoría del caos o los campos mórficos y sus resonancias para darse cuenta enseguida de cuán radicalmente diferentes son estas teorías científicas del paradigma científico clásico. No hay duda de que en el siglo xxi ya se está haciendo un puente entre la ciencia y la religión y se está volviendo mucho menos imposible.

---

8.   Armstrong, 2000: 141.

Me gustaría terminar con una nota que aborde la diferencia percibida entre los seres desencarnados específicamente religiosos –a los que comúnmente se llaman «sobrenaturales»– y los espíritus de la naturaleza. Ambos tipos se le han aparecido a Randy y le han otorgado poderes curativos chamánicos como también de protección. Creo que es difícil dar a estas dos clases de seres desencarnados un estatus ontológico diferente. Los sobrenaturales tienden a pertenecer a una tradición religiosa dada y los espíritus de la naturaleza tienden a existir para los pueblos indígenas. En la actualidad, al menos entre los curanderos de la Alta Amazonía, los dos tipos se consideran asimismo sagrados, igualmente efectivos e igualmente reales. Como he argumentado, especialmente en los capítulos 1 y 2 de esta tercera parte, la erradicación del chamanismo en Occidente y su categorización como una práctica herética satánica están completamente entrelazadas con el nacimiento de la modernidad occidental durante la revolución mecanicista. El resultado es que, para los habitantes seculares de la modernidad, ambos tipos de seres desencarnados son alucinaciones o invenciones y no poseen ninguna realidad en absoluto. Para las personas con inclinaciones religiosas, los únicos seres verdaderamente desencarnados son, muy a menudo, los certificados por su propia tradición. Tanto la experiencia de Randy como la mía nos obligan a reconocer que los seres desencarnados pueden efectuar cambios reales en las personas, incluso en personas que inicialmente no reconocieron su existencia o son incapaces de reconocer sus identidades culturales específicas. Para mí, la teoría de Sheldrake hace estos fenómenos tanto comprensibles como posibles.

Ahora tenemos, con el renacimiento psicodélico, más evidencia proveniente de personas seculares que también se han transformado profundamente al ingerir una sustancia psicodélica chamánica. Comparando a Randy con aquellos, es evidente que su iniciación chamánica es mucho más amplia y compleja. Sin embargo, en ambos casos, el hecho de su postura secular compartida los obliga a ellos, y a quienes leen sobre ellos, a cuestionar profundamente la asunción en la modernidad de la naturaleza ilusoria de tales entidades desencarnadas. Esas entidades están mostrando una extraordinaria compasión y generosidad, especialmente hacia los escépticos habitantes de la modernidad, herederos de un prolongado y sangriento exterminio del chamanismo. Tal compasión y generosidad surgen de un corazón y una mente del cosmos, bañándonos a todos en amor incondicional. Una experiencia que muchos de nosotros ignoramos debido a nuestro yo intensamente cercado y, por lo tanto, al cerebro derecho demasiado reprimido.

Dado que Randy también se ha encontrado con entidades desencarnadas negativas –incluso fue lastimado por ellos–, como la entidad que salió del cuerpo de Grimaldo y el hechicero amazónico que intentó cegarlo, no existe duda de que, en la dimensión de donde se originan los seres desencarnados, existen otros que pueden hacer daño. En la literatura etnográfica sobre chamanismo, esto está bien atestiguado. La brujería en realidad existe y realmente hace daño, a veces de manera letal. La decisión de las Iglesias –tanto católicas como protestantes– de considerar malas todas las prácticas chamánicas tiene más que ver con el deseo de afirmar su propia verdad y bondad únicas que con la evidencia chamánica. En cuanto a los filósofos naturales –los inventores de la revolución mecanicista–, su necesidad de distanciarse efectivamente de la filosofía oculta los obligó a adoptar la misma actitud, una que incluso hizo que la metafísica se saliera de sus límites.

Somos herederos de esta larga y brutal historia. Es en verdad extraordinario que precisamente sean las plantas y los hongos chamánicos los que puedan curar algunos de los males más intratables de la modernidad. Tengo la profunda esperanza de que, una vez que se legalicen, no solo con fines terapéuticos, sino también ecológicos y espirituales,[9] ellos transformarán profundamente nuestra visión de la naturaleza, del cosmos como un mecanismo insensible que existe para extraer recursos naturales o dejarlos intactos para nuestra edificación, en un cosmos numinoso viviente con el que comenzaremos a corresponder.

9. Creo que la categoría «recreativo», que se encuentra en la terminología legal relativa a los psicodélicos, es muy problemática, ya que lleva a considerar que la ingestión de plantas y hongos chamánicos no requiere una guía cuidadosa ni un ritual, siendo ambos necesarios.

Bibliografía

Abram, David. *The Spell of the Sensuous*, Nueva York: Pantheon Books, 1996. [Versión en castellano: *La magia de los sentidos*. Editorial Kairós: Barcelona, 1996.]

Adas, Michael. *Machines as the Measure of Men: Science, Technology, and Ideology of Western Dominance*. Ithaca NY: Cornell University Press, 1989.

Alexander, Eben y Karen Newell. *Living in a Mindful Universe: A Neurosurgeon's Journey into the Heart of Consciousness*. Rodale Wellness, 2017. [Versión en castellano: *La conciencia infinita: el viaje de un cirujano al corazón del universo consciente*. Editorial Sirio: Málaga, 2019.]

Alvarado Bremer, Jaime. «Las fases de la luna y su influencia en los cultivos agrícola», 2005 CD. Universidad Nacional de San Martín.

Apffel-Marglin, Frédérique. *Wives of the God-King: The Rituals of the Devadasis of Puri,* Delhi: Oxford University Press, 1985.

–. *Rhythms of Life: Enacting the World with the Goddesses of Orissa,* Delhi: Oxford University Press, 2008.

–. «Under the Guns». *Cultural Survival*. Vol. 33, n.º 4, invierno de 2009: 20-27.

–. *Subversive Spiritualities: How Rituals Enact the World*. Nueva York: Oxford University Press, 2011.

–. «Introduction: Rationality and the World». En: Frédérique Apffel-Marglin y S. A. Marglin (eds.). *Decolonizing Knowledge: From Development to Dialogue*. Oxford: Clarendon Press, 1996: 1-40.

–. «Rationality, the Body, and the World: From Production to Regeneration». En: Frédérique Apffel-Marglin y S.A. Marglin (eds.). *Decolonizing Knowledge: From Development to Dialogue*. Oxford: Clarendon Press, 1996: 142-181.

–. y Pramod Parajuli. «"Sacred Grove" and Ecology: Ritual and Science». En: Christopher Chapple y Mary Evelyn Tucked (eds.). *Hinduism and Ecology: The Intersection of Earth, Sky, and Water*. Cambridge, Massachusetts: Harvard University Press, 2000: 291-316.

380   Bibliografía

Appleby, Joyce Oldham. *Economic Thought and Ideology in Seventeenth century England*. Princeton: Princeton U. Press, 1978.

Armstrong, Karen. *The Battle for God*. Nueva York: Alfred Knopf, 2000. [Versión en castellano: *Los orígenes del fundamentalismo: en el judaísmo, el cristianismo y el islam*. Tusquets Editores: Barcelona, 2004.]

Bache, Christopher. *LSD and the Mind of the Universe: Diamonds from Heaven*. Rochester, Vermont: Part Street Press, 2019.

Báez, Fernando. *El saqueo cultural de América latina: de la conquista a la globalización*. Ciudad de México: Random House, 2008.

Bajaj, Jatinder. «Francis Bacon, the first philosopher of Modern science: A non-western view». En: Ashis Nandy (ed.). *Science, Hegemony, and Violence: A Requiem for Modernity;* Delhi: Oxford University Press, 1988: 57-58.

Balée, William. *Footprints of the Forest: Ka'apor Ethnobotany: The Historical Ecology of Plant Utilization by an Amazonian People*. Nueva York: Columbian University Press, 1994.

–. *Cultural Forests of the Amazon: A historical ecology of people and their landscapes*. Tuscaloosa; Alabama University Press, 2013.

Barad, Karen. *Meeting the Universe Halfway: Quantum Physics and the Entanglement of Matter &Meaning*. Durham y Londres: Duke University Press, 2007.

–. «Reconceiving scientific literacy as agential literacy, or learning how to intra-act responsibly within the world». En: Roddey Reid y Sharon Traweek (eds.). *Doing Science+Culture*. Nueva York: Routledge, 2000: 232.

Barbira-Freeman, Françoise. «"Vegetalismo" and the Perception of Biodiversity: Shamanic values in the Peruvian Upper Amazon». En: Darrell Posey (ed.). *Cultural and Spiritual Values of Biodiversity*. Londres: United Nations Environment Program, 1999: 277-278.

Baring, Anne. *The Dream of the Cosmos and the Quest for the Soul*. Shaftsbury, Reino Unido: Archive Publishing (2013), edición revisada de 2019.

Batnitzky, Leora. *How Judaism Became a Religion: An Introduction to Modern Jewish Thought*. Princeton: Princeton University Press, 2011.

Bauman, Zygmunt. *Modernity and the Holocaust*, Ithaca, Nueva York: Cornell University Press, 2000. [Versión en castellano: *Modernidad y holocausto*. Ediciones Sequitur: Madrid, 1997.]

Bayou, François. *Ils portaient l'écharpe blanche: l'aventure des premiers ré-*

formés, des guerres de religion à l'édit de Nantes, de la Révocation à la Révolution. París: Bernard Grasset, 1998.

Beauregard, Mario. *Brain Wars: The scientific battle over the existence of the mind and the proof that will change the way we live our lives*. HarperCollins, 2013.

Belmont, Nicole. «Superstition and Popular Religion in Western Societies». En: Michel Izard y Pierre Smith (ed.). *Between Belief and Transgression: Structuralist Essays in Religion, History, and Myth*. Traducido por John Levitt; Chicago U. Pr., 1983: 9-23.

Bigwood, Carol. *Earth Muse: Feminism, Nature, and Art*. Filadelfia, Pensilvania: Temple U. Press, 1993.

Bohm, David y David Peat. *Science, Order, and Creativity: A Dramatic New Look at the Creative Roots of Science and Life*. Nueva York: Bantam Books, 1987. [Versión en castellano: *Ciencia, orden y creatividad: las raíces creativas de la ciencia y la vida*. Editorial Kairós: Barcelona, 1988.]

Bohr, Niels. *Essays, 1958-1962*. En: *Atomic Physics and Human Knowledge*, vol. 3 de *The Philosophical Writings of Niels Bohr* (1963: 59-60). [Versión en castellano: *Física atómica y conocimiento humano*. Editorial Aguilar: Madrid, 1964.]

Boyle, Robert. *A Free Inquiry into the Vulgarly Received Notion of Nature*, editado por Edward B. Davis. Cambridge: Cambridge University Press 2012.

Bruckman, Monica (en la edición francesa de setiembre de 2009). *Le Monde Diplomatique* (p. 17).

Buckley, Thomas y Selma Gottlieb. *Blood Magic: The anthropology of Menstruation*. Berkeley: U of California Pr., 1988.

Butler, Judith. *Gender Trouble: Feminism and the Subversion of Identity*. Nueva York: Routledge, 1990. [Versión en castellano: *El género en disputa: el feminismo y la subversión de la identidad*. Ediciones Paidós Ibérica: Barcelona, 2007.]

Carroll, James. *Constantine's Sword: The Church and the Jews*. Boston: Houghton Mifflin Co., 2001.

Clottes, Jean y David Lewis-Williams. *Les Chamanes de la Préhistoire*. París: Réalisations Cursives, 2007. [Versión en castellano: *Los chamanes de la prehistoria*. Editorial Ariel: Barcelona, 2001.]

Connolly, John. «The Academy's Freedom. The Academy's Burden», conferencia sobre la toma de posesión de Ruth Simmons, setiembre de 1995.

382 Bibliografía

Corbin, Henry. *Spiritual Body and Celestial Earth: From Mazdean Iran to Shi"ite Iran.* Bollingen Series; XCI, 2: 1960. [Versión en castellano: *Cuerpo espiritual y tierra celeste.* Ediciones Siruela: Madrid, 1996.]

–. *Alone with the Alone: Creative Imagination in the Sufism of Ibn 'Arabi.* Bollingen Series XCI, Princeton University Press: 1960. [Versión en castellano: *La imaginación creadora en el sufismo de Ibn 'Arabi.* Ediciones Destino: Barcelona, 1993.]

Craffert, Pieter F., John R. Baker y Michael Winkelman (eds.). *The Supernatural After the Neuro-Turn.* Routledge, 2021.

Cronon, William. «The Trouble with Wilderness or Getting Back to the Wrong Nature». En: William Cronon (ed.). *Uncommon Ground: Rethinking the Human Place in Nature.* Nueva York: W.W. Norton & Co., 1996.

Descartes, René (1641). 1998, *Pr. Phil.*, Pt. 4, § 187.

Diamond, Jared. *Guns, Germs, and Steel: The Fate of Human Societies.* Nueva York: W.W. Norton and Co., 1997. [Versión en castellano: *Armas, gérmenes y acero: la sociedad humana y sus destinos.* Editorial Debate: Barcelona, 1998.]

–. *How Societies Choose to Fail or Succeed.* Nueva York: Viking, 2005. [Versión en castellano: *Colapso: por qué unas sociedades perduran y otras desaparecen.* Editorial Debate: Barcelona, 2006.]

Duerr, Hans Peter. *Dreamtime: Concerning the Boundary between Wilderness and Civilization.* Oxford: Basil Blackwell, 1985.

Eliade, Mircea. *Shamanism: Archaic Techniques of Ecstasy.* Princeton: Princeton U Pr., 1972. [Versión en castellano: *El chamanismo y las técnicas arcaicas del éxtasis.* Fondo de Cultura Económica: Ciudad de México, 1960.]

Espeland, Wendy. *The Struggle for Water: Politics, Rationality, and Identity in the American Southwest.* Chicago: Chicago University Press, 1998.

Federici, Silvia. *Caliban and the Witch: Women, the Body, and Primitive Accumulation.* Brooklyn, Nueva York: Basic Books, 2004. [Versión en castellano: *Calibán y la bruja: mujeres, cuerpo y acumulación originaria.* Traficante de Sueños: Madrid, 2010.]

Foucault, Michel. *Discipline and Punish: The Birth of the Prison.* Traducción de Allan Sheridan. Nueva York: Vintage Books, 1979. [Versión en castellano: *Vigilar y castigar: el nacimiento de la prisión.* Siglo XXI Editores: Ciudad de México, 1978.]

Ghosh, Amitav. *The Nutmeg's Curse: Parables for a Planet in Crisis.* Chicago: The University of Chicago Press, 2021.

Gillespie, Gerry. «City to Soil: Returning Organics to Agriculture: A Circle of Sustainability». En: Woods *et al. Amazonian Dark Earths: Wim Sombroek"s Vision.* Heidelberg, Alemania, 2009: 465-472.

Ginzburg, Carlo. *The Cheese and the Worm: The Cosmos of a 16th century Miller.* John Hopkins U Pr. 1980. [Versión en castellano: *El queso y los gusanos.* Ediciones Península: Barcelona, 2009.]

–. *Ecstasies: Deciphering the Witches' Sabbath.* Pantheon Bks., 1991. [Versión en castellano: *Historia nocturna: las raíces antropológicas del relato.* Ediciones Península: Barcelona, 2003.]

–. *Night Battles: Witchcraft and Agrarian Cults on the 16th and 17th centuries.* Penguin, 1985.

Glass-Coffin, Bonnie. *The Gift of Life: Female Spirituality and Healing in Northern Peru.* Albuquerque: University of New Mexico Press, 1998.

Gould, Stephen Jay. *Rocks of Ages: Science and Religion in the Fullness of Life.* Nueva York: Ballantine Books: 1999. [Versión en castellano: *Ciencia versus religión: un falso conflicto.* Editorial Crítica: Barcelona, 2000.]

Grahn, Judy. *Blood, Bread, and Roses: How Menstruation Created the World.* Beacon, 1993.

Green, Arthur. «Jewish Mysticism in Medieval Spain». En: Lawrence Fine (ed.). *Essential Papers on Kabbalah.* Nueva York: New York University Press, 1995: 27-66.

Halifax, Joan. *Shaman: The Wounded Healer.* Nueva York: Crossroad, 1982.

Hancock, Graham. *Supernatural: Meetings with the Ancient Teachers of Mankind.* Edición revisada. San Francisco: Disinformation Books, 2007.

Haraway, Donna. *Modest_Witness@Second_Millenium.Female_Man_Mreets_ OncoMouse: Feminism and Technoscience.* Routledge, 1997.

–. «Teddy Bear Patriarchy». En: *Primate Visions: Gender, Race, and Nature in the World of Modern Science.* Nueva York: Routledge, 1989: 26-58.

Hecht, Susanna y Kathleen Morrison. *The Social Lives of Forests: Past, Present, and Future of Woodland Resurgence.* Chicago: Chicago University Press, 2014.

Hillman, James. *The Thought of the Heart & the Soul of the World.* Dallas, Texas: Spring Publications, Inc. 1992. [Versión en castellano: *El retorno del alma al mundo y El pensamiento del corazón.* Ediciones Siruela: Madrid, 1998.]

384 Bibliografía

Hyde, Lewis. *The Gift: imagination and the erotic life of property*. Nueva York: Random House: 1983. [Versión en castellano: *El don: el espíritu creativo frente al mercantilismo*. Editorial Sexto Piso: Madrid, 2021.]

Jacobs, Margaret. *The Cultural Meaning of the Scientific Revolution*. Filadelfia: Temple University Press: 1988.

James, William. *The Varieties of Religious Experience*. Penguin Classic, 1985 (1902). [Versión en castellano: *Las variedades de la experiencia religiosa: estudio de la naturaleza humana*. Ediciones Península: Barcelona, 1986.]

Jung, Carl G. *El libro rojo*. Editorial El Hilo de Ariadna, traducción de Romina Scheuschner-Valentín Romero de la edición alemana e introducción de Sonu Shamdasani. Prólogo de Ulrich Hoerni, Buenos Aires, 2012.

Kant, Immanuel. *The Conflict of the Faculties*. Traducción e introducción de Mary J. Gregor. Nueva York: Abaris Books; 1979 (1798). [Versión en castellano: *La contienda entre las facultades de filosofía y teología*. Editorial Trotta: Madrid, 1999.]

Kimmerer, Robin W. *Braiding Sweet Grass: Indigenous Wisdom, Scientific Knowledge, and the Teachings of Plants*. Canadá: Milkweed Editions, 2013. [Versión en castellano: *Una trenza de hierba sagrada*. Capitán Swing Libros: Madrid, 2021.]

Knight, Chris. *Blood Relations: Menstruation and the Origin of Culture*. New Haven: Yale U Pr., 1991.

Kopenawa, Davi y Bruce Albert. *The Falling Sky: Words of a Yanomami Shaman*. Traducción de Nicholas Elliott y Alison Dundy. Cambridge, Massachusetts: The Belknap Press of Harvard University Press. 2013.

Kripal, Jeffrey J. *The Flip: Epiphanies of Mind and the Future of Knowledge*. Nueva York: Bellevue Library Press, 2019.

Kuhn, Thomas S. *The Structure of Scientifics Revolutions*, 2nd ed. University of Chicago Press, 1970. [Versión en castellano: *La estructura de las revoluciones científicas*. Fondo de Cultura Económica: Ciudad de México, 1971.]

Lamp, Frederick. «Heavenly Bodies: Menses, Moon, and Rituals of License among the Temne of Sierra Leone». En: Buckley y Gottlieb (eds.). *Blood Magic*. Berkeley: U. of California Pr. Berkeley, 1988: 210-231.

Latour, Bruno. *We Have Never Been Modern*. Traducción del francés de Catherine Porter. Cambridge, Massachusetts: Harvard University Press, 1993. [Versión en castellano: *Nunca hemos sido modernos*. Editorial Debate: Barcelona, 1993.]

Lee, Richard. *The Dobe! Kung*. Nueva York: Rinehart & Winston, 1984.

Lehman, Johannes *et ál.* (eds.). *Amazonian Dark Earths: Origins, Properties, Management*. Boston: Kluwer Academic Publishers, 2003.

Lewis-Williams, David. *A Cosmos in Stone*. Walnut Creek, California: Altamira Press, 2002. [Versión en castellano: *Dentro de la mente neolítica: conciencia, cosmos y el mundo de los dioses*. Ediciones Akal: Madrid, 2014.]

Lincoln, Bruce. *Emerging from the Chrysalis: Rituals of Women's Initiation*. Nueva York: Oxford University Press, 1991.

Luna, Luis Eduardo y Pablo Amaringo. *Ayahuasca Visions: The religious iconography of a Peruvian shaman*. North Atlantic Books, 1999.

Mabit, Jacques. «Ayahuasca and the treatment of addictions». En: Thomas Roberts y Michael Winkelman (eds.). *Psychedelic Medicine: New Evidence for Hallucinogenic Substances as Treatments,* Westport CT, Praeger: 2007, vol. 2: 87-105.

–. «The Sorcerer, the Madman, and Grace: Are Archetypes Desacralized Spirits? Thoughts on Shamanism in the Amazon». En: Frédérique Apffel-Marglin y Stefano Varese (eds.). *Contemporary Voices from anima mundi: A Reappraisal*. Nueva York, Verna, Berlín, Bruselas, Viena, Oxford, Varsovia: Peter Lang; 2020: 113-154.

Macaulay, Thomas. «Minute on Education». En: H. Sharp (ed.). Selection from Educational Records, Part I. 1781-1839. Calcuta: Superintendent Government Printing, 1920: 114, 115 (1835).

Malinowsky, Bronislaw. *Coral Gardens and Their Magic* 2 vols. Nueva York: American Book Co. 1935. [Versión en castellano: *Cultivo de la tierra y ritos agrícolas en las islas Trobriand*. Editorial Labor: Barcelona, 1977.]

Mann, Charles. *1491: New Revelations of the Americas Before Columbus*. Nueva York: Knopf, 2005. [Versión en castellano: *Una nueva historia de América antes de Colón*. Taurus Ediciones: Madrid, 2006.]

–. *1493: Uncovering the New World Columbus Created*. Nueva York: Vintage Books, 2012. [Versión en castellano: *1493: una nueva historia del mundo después de Colón*. Katz Editores: Madrid, 2013.]

Marglin, Stephen A. «What Do Bosses Do? The Origins and Functions of Hierarchy in Capitalist Production, Part I». *Review of Radical Political Economy*, 1974; 6: 60-112.

–. «Farmers, Seedsmen, and Scientists: Systems of Agriculture and Systems of Knowledge». En: Frédérique Apffel-Marglin y S. A. Marglin (eds.). *Decolonizing Knowledge: From Development to Dialogue*. Oxford: Clarendon Press, 1996: 185-248.

–. «Losing Touch: The cultural conditions of worker accommodation and resistance». En: Frédérique Apffel-Marglin y S.A. Marglin (eds.). *Dominating Knowledge: Development, Culture, and Resistance*. Oxford: Clarendon Press, 1990: 217-282.

–. *The Dismal Science: How Thinking Like and Economist Undermines Community*. Cambridge: Harvard University Press, 2008.

Mauss, Marcel. *The Gift: Forms and functions of exchange in archaic societies*, trans. Ian Cunnison. Nueva York: Norton, 1967. Originalmente publicado en francés como *Essai sur le Don*, en 1925. [Versión en castellano: *Ensayo sobre el don: forma y función del intercambio en las sociedades arcaicas*. Katz Editores: Madrid, 2011.]

Maxwell, Nicholas. *From Knowledge to Wisdom: A Revolution in the Aims and Method of Science*. Oxford: Basil Blackwell, 1984.

McGilchrist, Iain. *The Master and His Emissary: The divided brain and the making of the Western world*. New Haven: Yale University Press, 2009.

McKenna, Dennis. «The Healing Vine: Ayahuasca as Medicine in the 21st century». En: Thomas Roberts y Michael Winkelman (eds.). *Psychedelic Medicine: New Evidence for Hallucinogenic Substances as Treatments*. Westport Ct: Praeger, 2007: 21-44.

Merchant, Carolyn. *The Death of Nature: Women, Ecology, and the Scientific Revolution*. San Francisco: Harper and Row, 1980. [Versión en castellano: *La muerte de la naturaleza: mujeres, ecología y revolución científica*. Editorial Comares: Granada, 2020.]

Morgan, Davis. *Chachapoyas, The Cloud People: An Anthropological Survey*. Folio inédito depositado en Harvard University Tozzer Anthropological Library, 1985.

Morin, Edgar. *La Voie: Pour l'avenir de l'humanité*. París: Fayard, 2011. [Versión en castellano: *La vía: para el futuro de la humanidad*. Ediciones Paidós Ibérica: Barcelona, 2011.]

Muraresku, Brian. *The Immortality Key: The Secret History of the Religion with No Name*. Nueva York: St. Martin's Press, 2020: 21.

Narby, Jeremy. *La serpiente cósmica, el ADN y los orígenes del conocimiento*.

Traducción del original en francés por Alberto Chirif, edición en castellano por Takiwasi y Racimos de Ungurahui, Lima, 1997.

Noble, David. *A World Without Women: The Clerical Culture of Western Science*. Nueva York: Knopf, 1992.

Oldham Appleby, Joyce. *Economic Thought and Ideology in Seventeenth century England*. Princeton: Princeton University Press, 1978.

Pacheco, Luis Calderón. «Relaciones entre kechwa-mestizo en Lamas en el contexto de la globalización». En: *comunidades locales y transnacionales, cinco estudios de caso en el Perú*, editado por Carlos Iván Degregori, Instituto de Estudios Peruanos, Lima, 2003: 1-100.

Panduro, Rider y Grimaldo Rengifo. *Montes y Montaraces*. Lima: Pratec, 2001.

Panikkar, Raimon (ed.). *The Cosmotheandric Experience: Emerging Religious Consciousness*. Nueva York: Orbis Books, 1993. [Versión en castellano: *La intuición cosmoteándrica: las tres dimensiones de la realidad*. Editorial Trotta: Madrid, 1999.]

Parpola, Asko. *From Ishtar to Durga*. Manuscrito, 1988.

Peat, David. *Synchronicity: The Bridge Between Matter and Mind*. Nueva York: Bantam Books, 1987. [Versión en castellano: *Sincronicidad: puente entre mente y materia*. Editorial Kairós: Barcelona, 1989.]

Plumwood, Val. *Feminism and the Mastery of Nature*. Londres: Routledge, 1993.

Polanyi, Karl. *The Great Transformation*. Nueva York: Rinehart and Co., 1944. [Versión en castellano: *La gran transformación*. Ediciones Endymion: Madrid, 1989.]

Pollan, Michael. *How to Change Your Mind: What the New Science of Psychedelics Teaches Us About Consciousness, Dying, Addiction, Depression and Transcendence*. Nueva York: Penguin Random, 2018. [Versión en castellano: *Como cambiar tu mente*. Editorial Debate: Barcelona, 2018.]

–. *The Botany of Desire: A Plants-Eye View of the World*. Nueva York: Random House, 2002. [Versión en castellano: *La botánica del deseo: el mundo visto a través de las plantas*. Ixo Editorial: San Sebastián, 2008.]

Poole, Stafford C. M. *Our Lady of Guadalupe*. Tucson: Universidad de Arizona, 1995.

Posey, Darrell (ed.). *Cultural and Spiritual Values of Biodiversity*. Nairobi: UN Environment Program, 1999.

Potter, Elizabeth. *Gender and Boyle's Law of Gasses*. Bloomington: Indiana University Press, 2001.

388 Bibliografía

Pouillon, Jean. «Remarks on the verb "To Believe"». En: Michel Izard y Pierre Smith (eds.). *Between Belief and Transgression: Structural Essays in Religion, History, and Myth*. Chicago: Chicago University Press, 1982.

Proctor, Robert. *Value-Free Science? A Cultural Account*. Cambridge: Harvard University Press. 2nd edición, 1991.

Ramanujan, A. K. «Is there an Indian Way of Thinking?». En: McKim Marriott (ed.). *India Through Hindu Categories*. Nueva Delhi: Sage, 1990.

Richards, William. *Sacred Knowledge: Psychedelics and Religious Experience*. Nueva York: Columbia University Press, 2016.

Schultes, Richard Evan, Albert Hoffman y Christian Rätsch (eds.). *Plants of the Gods: Their sacred, healing, and hallucinogenic powers*. Rochester, Vermont: Healing Arts Press, 2003. [Versión en castellano: *Plantas de los dioses: orígenes del uso de alucinógenos*. Fondo de Cultura Económica: Ciudad de México, 2000.]

Scott, James. *Seeing Like a State: How Certain Schemes to Improve the Human Condition have Failed*. New Haven, Connecticut: Yale University Press, 1998.

Shanon, Benny. *The Antipodes of the Mind: Charting the Phenomenology pf the Ayahuasca Experience*. Oxford: Oxford University Press, 2003.

Shapin, Steven y Simon Schaffer. *Leviathan and the Air-Pump: Hobbes, Boyle, and the Experimental Life*. Princeton, Nueva Jersey: Princeton University Press, 1985.

Sheldrake, Rupert. *The Science Delusion: Freeing the Spirit of Enquiry*. Reino Unido: Coronet Press, 2013. [Versión en castellano: *El espejismo de la ciencia*. Editorial Kairós: Barcelona, 2013.]

–. Terence McKenna y Ralph Abraham. *Chaos, Creativity, and Cosmic Consciousness*. Rochester, Vermont: Park Street Press, 2001. [Versión en castellano: *Caos, creatividad y conciencia mística*. Ellago Ediciones: Castellón de la Plana, 2005.]

Shiva, Vandana. *Monocultures of the Mind: Perspectives on Biodiversity and Biotechnology: Perspectives on biodiversity and biotechnology*. Londres: Zed Books, 1993. [Versión en castellano: *Los monocultivos de la mente*. Fineo Editorial: Ciudad de México, 2008.]

Silva, Fabiola Andrea. «Cultural behaviors of indigenous populations and the formation of the archaeological record in Amazonian dark earth: The Asurini Do Xingú case study». En: Johannes Lehmann *et al.* (eds.). *Am-*

azonian Dark Earth: Origin, Properties, Management. Boston: Kluwer Academic Publishers, 2003: 373-385.

Silverblatt, Irene. *Moon, Sun, and Witches*. Princeton: Princeton University Press, 1987.

Stengers, Isabelle. «Reclaiming Animism», *e-flux journal*. 2012; vol. 36, 7.

Swimme, Brian. *The Hidden Heart of the Cosmos: Humanity and the New Story*. Nueva York: Orbis Books, 1996. [Versión en castellano: *El corazón secreto del cosmos*. Ediciones San Pablo: Madrid, 2000.]

– y Thomas Berry. *The Universe Story*. Nueva York: HarperCollins, 1992.

Takiwasi (ed.). *Medicinas tradicionales, interculturalidad y salud mental: memorias del Congreso Internacional, Tarapoto 2009*. 2012.

Tambiah, Stanley. *Culture, Thought, and Social Action;* Cambridge, Massachusetts: Harvard U. Pr., 1985.

Taylor, Charles. *Sources of the Self: The Making of Modern Identity*. Cambridge: Cambridge University Press, 1989. [Versión en castellano: *Fuentes del yo*. Ediciones Paidós Ibérica: Barcelona, 1996.]

Taylor, Jill Bolte. *Whole Brain Living*. California, Nueva York, Londres, Sídney y Nueva Delhi: Hay House, Inc., 2021.

–. *My Stroke of Insight*. Nueva York: Penguin Random House, 2008. [Versión en castellano: *Un ataque de lucidez*. Editorial Debate: Barcelona, 2009.]

Thomas. Keith. *Religion and the Decline of Magic*. Nueva York: Scribner & Sons, 1971.

Thompson, E.P. «Time, work, discipline, and industrial capitalism». En: *Past & Present*, 1967; 38: 59-97.

Tindall, Robert, Frédérique Apffel-Marglin y David Shearer. *Sacred Soil: Biochar and the Regeneration of the Earth*. Berkeley, California: North Atlantic Books, 2017. En 2019 una traducción al español fue publicada por Apus Graph en Lima con el siguiente título: *Yana Allpa: el biocarbón, una solución ancestral amazónica a la crisis climática*.

Todorov, Tzvetan. *The Conquest of America*. Traducido del francés por Richard Howard. Nueva York: Harper and Rowe, 1984. [Versión en castellano: *La conquista de América*. Siglo XXI Editores: Ciudad de México, 1987.]

Toulmin, Stephen. *Cosmopolis: The Hidden Agenda of Modernity*. Nueva York: Free Press, 1990. [Versión en castellano: *Cosmópolis: el trasfondo de la modernidad*. Ediciones Península: Barcelona, 2001.]

390   Bibliografía

Tucker, Mary Evelyn y Brian Swimme. *Journey of the Universe*. Yale U. Pr., 2011. [Versión en castellano: *La aventura del universo*. Herder Editorial, Barcelona, 2017.]

Urbano. Henrique. *La extirpación de la idolatría en el Pirú* (1631). Cuzco, Perú: Centro de Estudios Regionales Andinos Bartolomé de las Casas, 1999, XXIV-XXV.

Varela, Francisco, Evan Thompson y Eleanor Rosch. *The Embodied Mind: Cognitive Science and Human Experience*. Cambridge, Massachusetts: MIT Press, 1993. [Versión en castellano: *De cuerpo presente: las ciencias cognitivas y la experiencia humana*. Editorial Gedisa: Barcelona, 1992.]

Varese, Stefano. «La ética cosmocéntrica de los pueblos indígenas de la Amazonía: elementos para una crítica de la civilización». En: *Selva vida* (eds.). Stefano Varese, Frédérique Apffel-Marglin y Róger Rumrrill. 2013: 61-81.

–. *The Art of Memory: An Ethnographer's Journey*. Traducido por Margaret Randall. Carolina del Norte: Raleigh Press, 2020. [Versión en castellano: *El arte del recuerdo*. Penguin: Lima, 2021.]

Vitebsky, Piers. *The Shaman: Voyages of the Soul, Trance, Ecstasy, and Healing from Siberia to the Amazon*. Barnes & Noble, 2008. [Versión en castellano: *El chamán: rituales, visiones y curaciones desde el Amazonas hasta Siberia*. Editorial Debate: Barcelona, 1996.]

Vivanco, Luis. *Green Encounters: Shaping and Contesting Environmentalism in Rural Costa Rica*. Nueva York: Berghahn Books. 2006.

Viveiros de Castro, E.B. «Exchanging Perspectives: the transformation of objects into subjects in Amerindian ontologies». *Common Knowledge,* 2004; 10: 463-484.

Wasson, R.G., Albert Hoffman y Carl Ruck. *El camino a Eleusis: una solución al enigma de los misterios*. Segunda edición, Ciudad de México: Fondo de Cultura Económica, 2008.

Watanabe, John. «Unimagining the Maya: anthropologists, others, and the inescapable hubris of authorship». *Bulletin of Latin American Research*. 1995: 14 (1).

Weisskopf, Victor. *The Joy of Insight: Passions of a Physicist*. Nueva York: Basic Books, 1991.

Wertheim, Margaret. *Pythagoras' Trousers: God, Physics, and the Gender Wars*. Nueva York: Times Book, Random House, 1995.

Whitehead, A.N. *Science and the Modern World*. Nueva York: MacMillan,

1925. [Versión en castellano: *La ciencia y el mundo moderno*. Editorial Losada: Buenos Aires, 1949.]

Woods, William *et al*. (eds.). *Amazonian Dark Earths: Wim Sombroek's Vision*. Heidelberg, Alemania: 2009.

Yaden, David B. *et al*. «Of Roots and Fruits: A Comparison of Psychedelic and Nonpsychedelic Mystical Experiences». *Journal of Humanistic Psychology*. 2017; 57(4).

Yates, Frances. *Occult Philosophy in the Elizabethan Age*. Londres: Routledge, 1979. [Versión en castellano: *La filosofía oculta en la época isabelina*. Ciudad de México: Fondo de Cultura Económica, 1982.]

Agradecimientos

Este libro es el producto de años de investigación, lectura, enseñanza, y conversaciones con una larga lista de amigos y amigas,
así como colegas. Quiero resaltar la lectura de una primera versión
de este libro por mi amiga Anne-Marie Codur, cuyas sugerencias
y críticas me hicieron repensar a fondo la organización del libro.
Otra querida amiga y colega, Neela Bhattacharya Saxena, compartió conmigo un gran número de referencias vitales, así como su
sostenida amistad. Otros amigos, amigas y familiares me dieron
información crucial para parte de este libro. Varios de ellos leyeron
el manuscrito entero realizando valiosas sugerencias. Agradecemos
de todo corazón a las siguientes personas (por orden alfabético):
Jennifer Browdy; Peter Cole; Thomas Cummins; Barbara Galindo
M.; Jesús Gonzalez M.; John Grim; Susan James; Jacques Mabit;
Elizabeth Marglin; Jessica Marglin; Alfredo Narvaez V.; Sturre
y Aina Nilsson; Pat O'Riley; Anel Pancorvo; Grimaldo Rengifo;
Richard Sclove; Robert Tindall; Mary Evelyn Tucker; Stefano
Varese; Marc Weisskopf; Funlayo Woods.

editorial **K**airós

Puede recibir información sobre
nuestros libros y colecciones inscribiéndose en:

www.editorialkairos.com
www.editorialkairos.com/newsletter.html

Numancia, 117-121 • 08029 Barcelona • España
tel. +34 934 949 490 • info@editorialkairos.com